美国大学优秀篮球教练员领导力理论及对我国的启示

徐建华 著

人民体育出版社

图书在版编目（CIP）数据

美国大学优秀篮球教练员领导力理论及对我国的启示／徐建华著. -- 北京：人民体育出版社，2021（2024.1重印）
ISBN 978-7-5009-5961-8

Ⅰ.①美… Ⅱ.①徐… Ⅲ.①高等学校－篮球运动－教练员－能力培养－研究－美国 Ⅳ.①G841.25

中国版本图书馆CIP数据核字（2021）第026736号

*

人 民 体 育 出 版 社 出 版 发 行
北京中献拓方科技发展有限公司印刷
新 华 书 店 经 销

*

710×1000 16开本 13印张 216千字
2021年3月第1版 2024年1月第2次印刷

*

ISBN 978-7-5009-5961-8
定价：60.00元

社址：北京市东城区体育馆路8号（天坛公园东门）
电话：67151482（发行部） 邮编：100061
传真：67151483 邮购：67118491
网址：www.psphpress.com

（购买本社图书，如遇有缺损页可与邮购部联系）

前 言
Foreword

  我国大学生篮球联赛（CUBA）蓬勃发展，迄今为止已经举行了20届，参赛运动队分为普通大学生运动员组成的三级联赛篮球队和由特招运动员组成的参加一级联赛的篮球队，总计多达上千支。参赛大学生篮球运动员达上万人，每个赛季从以省为单位的基层赛、分区赛、24强赛和四强赛，赛季比赛数量达到几千场次，媒体、球迷、大学和社会的关注度也越来越高，已成为我国高校中最有影响力的品牌赛事。在这些繁荣景象的背后，却难掩大学篮球竞技水平不高的现实，而其中的关键就是大学篮球教练员的执教水平不高，而执教能力不高的关键又是篮球教练员领导力的不足，这已成为阻碍高校竞技体育发展中"育人夺标"目标实现的关键因素。美国NCAA大学篮球联赛迄今为止已经走过了83个赛季，发展成为一个竞技水平高超和具有广泛影响力的联赛，培养了大量的高水平篮球运动员，是NBA最重要的人才库，这主要得益于他们完备的竞赛体系和教练的高超领军水平。那么，他们的领导力有哪些特色？是如何组织和实施的？执教理念是什么？这些问题的答案有助于我们借鉴美国大学高水平教练的领导方法和思路。因此，本书借助于发展日益成熟的领导力理论对美国优秀大学篮球教练员执教领导力特征以及形成机制展开研究，以期能给我国大学篮球教练员执教水平的提升和高校联赛的可持续发展提供借鉴和参考。主要运用了文献资料法、访谈法、文本分析法、个案分析法、数理统计法对问题展开研究。主要结论如下：

  （1）篮球教练员领导力的定义为"教练员从目的意义和行为方式上影响运动员及其他相关人员，促进他们实现共同目标而产生的实际作用力的总称。"

  （2）目前国内外关于领导力的研究主要从不同学科、不同角度、不同层次进行了探索，并取得了一定的成效。但客观地说，上述研究主要集中在领导力内涵、目的、功能、手段等应用性方面，而有关篮球教练员领导力的基础理论方面和实践能力方面的研究尚显得十分薄弱，尤其是美国优秀篮球教练员领导力特征及策略的研究尚非常匮乏。

（3）美国大学校际竞技体育发展的核心理念主要包括：始终坚持教育第一，体育为教育服务的理念；强调各运动项目全面协调发展；强调参赛机会的男女性别平等；强调完善的竞赛体系；强调校际竞技体育发展过程中的各项历史数据记载；强调对会员单位运动计划项目的监管和积极引入市场开发渠道。

（4）NCAA 名帅伍登教练领导力的高明之处是他很好地处理了结构型领导力行为、人力资源型领导力行为、符号型领导力行为和政治型领导力行为之间的关系，很好地满足了一个高明领导必须擅长处理及满足情景领导和变革领导的现实需求。同时，伍登教练执教领导力注重球员教育、注重团队建设、注重加强自身学习等特点。以上领导力特征是成就他光辉执教生涯的关键所在。

（5）NCAA 瓦尔帕莱索大学主教练布莱斯·德鲁教练执教领导力特征主要表现为：计划性强；重视数据记录和评估；重视执教过程中的激励；注重球员的领导力培养；注重场内外一体化；强调纪律性等。

（6）NCAA 前北卡罗来纳大学男篮主教练迪恩·史密斯执教领导力特征主要表现为：强调教练员角色的多样化；强调自我学习和提高；强调因材施教；强调球员激励和品格塑造；强调计划的制订和实施等。

（7）NCAA 杜克大学主教练迈克·沙舍夫斯基的执教领导力特征表现为：注重球员招募；注重团队建设；注重树立正确的比赛胜负观；注重球员的教育；注重团队训练；注重沟通；注重与媒体关系的处理等。

（8）NCAA 罗格斯大学女篮主教练薇薇安·斯金格（C. Vivian Stringer）执教领导力特征为：勇于挑战执教过程、善于共启团队愿景、善于激发调动团队成员的积极性、能够以身则、善于激励团队成员奋发向上的精神。

（9）当今大学篮球教练员所面临的领导力挑战主要源于教练员的特征（自身高质量的篮球运动和执教经历的缺失）、球员的特征（自我浮躁的一代）及现实情景（联赛竞争激烈性加剧）。

（10）大学篮球教练员领导力具有教育性、权威性和复杂性三大特征。

（11）大学篮球教练员领导力来源于合法权、奖励权、强制权、专家权和典范权。

（12）大学篮球教练员领导力理论研究的基础是特质理论、行为理论、情境理论和当代新的领导力理论。

（13）我国大学篮球教练员领导力提升策略和路径主要包括：完善知识结构；反思；师从名帅跟队学习；深入了解并关心自己所带领的球员；建立执教哲学；设立教练员资质认证制度，教练员须持证上岗等。

目录

第一章 绪论 ··· 001
第一节 选题的缘由及问题的提出 ·· 001
一、大学篮球竞技水平提高与育人目标达成的共同需要 ·················· 002
二、国青教练范斌兵谏门和厦门大学男篮联名举报教练的启示 ·········· 002
三、近年来我国大学篮球队在国际赛中的欠佳表现的启示 ················ 004
四、来自NCAA优秀大学篮球教练员的启示 ································ 004
五、来自国内精英级篮球教练的启示 ······································· 005
六、个人执教实践经历及培训经历的启示 ································· 006
第二节 研究的理论价值与实践意义 ··· 007
一、研究的理论价值 ·· 007
二、研究的实践意义 ·· 008
第三节 研究对象与研究方法 ·· 008
一、研究对象 ··· 008
二、研究方法 ··· 009

第二章 国内外教练员领导力研究现状评述 ·································· 012
第一节 核心概念的界定 ·· 012
一、教练员 ·· 012
二、领导 ··· 013
三、领导力 ·· 015

四、教练员领导力 ·· 017

第二节 国内外关于领导力的研究 ·· 018
一、国内关于领导力的研究 ·· 018
二、国外关于领导力的研究 ·· 020

第三节 国内外关于体育教练员领导力的研究 ······················ 025
一、国内关于体育教练员领导力的研究 ································ 025
二、国外关于体育教练员领导力的研究 ································ 032

第三章 美国NCAA大学校际竞技体育发展的核心理念 ········ 041

第一节 美国NCAA校际竞技体育发展历程的沿革 ·············· 042
一、NCAA初创阶段——20世纪初到"二战" ·················· 043
二、NCAA发展探索阶段——"二战"结束到20世纪80年代 ··· 043
三、体制完善阶段——20世纪90年代至今 ························ 044

第二节 美国NCAA校际竞技体育发展的核心理念 ·············· 044
一、强调教育第一，体育为教育服务原则 ···························· 044
二、强调运动项目的全面平衡发展 ·· 048
三、强调学生运动员的男女性别平等 ···································· 050
四、强调完善的竞赛体系 ·· 051
五、强调校际竞技体育发展过程中的历史数据记载 ············ 053
六、强调学生运动员的权益保障 ·· 054
七、强调对会员单位运动计划项目的监管 ···························· 054
八、积极引入市场开发渠道 ·· 055

第四章 美国NCAA大学篮球教练员领导力特征探析 ············ 058

第一节 NCAA-UCLA洛杉矶分校传奇教练约翰·伍登（John Wooden）
执教领导力研究 ·· 059
一、约翰·伍登教练简介 ·· 059
二、伍登教练员领导力的根基——成功金字塔 ···················· 061

三、四力框架结构下的伍登教练执教领导行为观察 ………………… 065

四、基于伍登教练著作文本分析的执教领导力解析 ………………… 070

五、约翰·伍登教练执教领导力对我国大学篮球教练员的启示 …… 083

六、约翰·伍登教练执教领导力格言及评价 ………………………… 085

第二节 NCAA 瓦尔帕莱索大学男篮主教练布鲁斯·德鲁
（Bryce Drew）的执教领导力特征分析 ……………………… 086

一、布鲁斯·德鲁教练简介 …………………………………………… 086

二、布鲁斯·德鲁执教领导力特征解析 ……………………………… 087

三、小结 ………………………………………………………………… 095

第三节 NCAA 前北卡罗来纳大学男篮主教练迪恩·史密斯
（Dean Smith）的执教领导力分析 …………………………… 095

一、迪恩·史密斯教练简介 …………………………………………… 095

二、三维度模型视角下迪恩·史密斯的执教领导力的解读 ………… 096

三、迪恩·史密斯教练执教领导力形成过程和其影响力 …………… 112

四、迪恩·史密斯教练执教领导力对我国篮球教练员的启示 ……… 116

五、迪恩·斯密斯教练执教领导力格言及评介 ……………………… 117

第四节 NCAA 杜克大学主教练迈克·沙舍夫斯基（Mike Krzyzewski）
的执教领导力分析 ……………………………………………… 118

一、迈克·沙舍夫斯基教练简介 ……………………………………… 118

二、老 K 教练执教领导力分析 ………………………………………… 121

三、老 K 教练执教理念形成与启示 …………………………………… 136

四、老 K 教练执教领导力格言及评介 ………………………………… 148

第五节 NCAA 罗格斯大学（Rutgers）女篮的主教练薇薇安·斯金格
（C. Vivian Stringer）执教领导力研究 ……………………… 150

一、薇薇安·斯金格教练简介 ………………………………………… 150

二、基于库泽尔和巴斯领导力理论的薇薇安·斯金格教练
执教领导力分析 ……………………………………………… 151

三、薇薇安·斯金格教练执教领导力格言及评介 …………………… 159

第五章 大学篮球教练员领导力理论体系的构建 ………………… 163

第一节 当今大学篮球教练员所面临的现实挑战 ………………… 163
一、领导者（教练员）特征带来的挑战 …………………………… 164
二、追随者（球员）特征带来的挑战 ……………………………… 164
三、情景特征带来的挑战 …………………………………………… 166

第二节 大学篮球教练员领导力的特点 …………………………… 167
一、教育性 …………………………………………………………… 167
二、权威性 …………………………………………………………… 169
三、复杂性 …………………………………………………………… 169

第三节 大学篮球教练员领导力从何而来 ………………………… 170
一、合法权 …………………………………………………………… 171
二、奖惩权 …………………………………………………………… 171
三、强制权 …………………………………………………………… 171
四、专家权 …………………………………………………………… 171
五、典范权 …………………………………………………………… 172

第四节 篮球教练员领导力的理论基础 …………………………… 172
一、领导力特质理论（Traits theories of leadership） …………… 172
二、领导行为理论（模式研究理论） ……………………………… 173
三、领导权变理论（又称情景理论） ……………………………… 175
四、新领导力理论 …………………………………………………… 176

第六章 大学篮球教练员领导力的提升策略和路径
——来自 NCAA 的启示 …………………………………… 177
一、完善教练员知识结构 …………………………………………… 178
二、反思——教练员领导力提升的关键 …………………………… 178
三、师从名师跟队学习 ……………………………………………… 180

四、深入了解并关心自己所带领的球员 …………………………… 184

五、我国大学篮球教练要建立自己的执教哲学 ………………… 185

六、设立教练员资质认证制度，教练员须持证上岗——来自
国际范围内教练员认证体系的启示 ……………………… 185

第七章 本研究的局限性和对未来的展望 …………………… 188

一、本研究的局限性 ……………………………………………… 188

二、未来的研究展望 ……………………………………………… 189

主要参考文献 ………………………………………………………… 190

后 记 ………………………………………………………………… 194

第一章 绪论

第一节 选题的缘由及问题的提出

当今社会已经步入了一个以竞争激烈、信息化为基本特征的时代,给人类社会生活的各个领域乃至各个层面带来了前所未有的变革和挑战。领导学问题一直备受政治学、经济学、教育学和心理学等不同领域研究者们的青睐,他们对这一复杂的社会现象进行不断的探索、阐释,并做了大量的实证研究,试图构建一个清晰、具体、明确的整体图像,来说明各种组织中,领导起到怎样的作用,以及管理者如何才能进行有效领导。近年来,领导力(leadership)被许多企业作为高层管理者最重要的一项能力,越来越受到企业、学习、研究和咨询机构的重视。在竞争日益激烈的今天,领导力已成为各类领域中组织竞争力的重要来源,体育组织和运动团队作为社会组织的一个重要组成部分也不例外。在篮球队这一微组织中,教练员是团队的领导者,运动员在团队中是追随者(下属)。因此,教练员的领导能力和决策能力已逐渐成为衡量一个运动队竞争力的重要指标,对我国的竞技体育和学校体育的良性和可持续发展具有重要的作用和价值。随着学校竞技体育改革的不断推进和体育教育观念的改变,为了快速提高大学篮球的竞技水平,培养更多的篮球后备人才,作为一名大学篮球教练员究竟需要什么样的领导力来应对这种改变,已成为一个需要从理论和实践上加以探讨的重要课题。通过本课题的研究,不仅可以为我国大学篮球教练员执教能力的提升指明方向,也可以为在体育系统内进行执教的篮球教练员提供很好的借鉴。

一、大学篮球竞技水平提高与育人目标达成的共同需要

2000年6月国家体育总局前副局长李富荣在全国教练员培训工作会议上的讲话中指出:"从我国体育事业发展的历程看,教练员是竞技体育人才建设的关键,他们在运动训练过程中起主导作用,教练员不仅担负着提高运动技术水平、攀登世界竞技体育高峰的重任,更重要的是我们的教练员也是一个教育者,他们担负着教育运动员、培养他们成人的重大责任,他们必须为人师表,率先垂范。"教练员的发展是我国体育事业尤其是竞技体育发展的关键,也是我国跨入体育强国的关键。教练员的素质直接关系到体育运动人才的培养和竞技运动水平的提高。教练员是运动项目持续发展的重要保证,俗话说:"没有金牌教练员就没有金牌运动。"① 因此,从以上意味深长的讲话中不难看出,作为一名体育教练员的两大责任:提高运动员竞技水平和促进他们健全人格的发展。大学篮球教练员也不例外,在球员的整个四年大学求学和打球生涯中,作为朝夕相处的教练员对球员的成长扮演着至关重要的角色。教练员作为球队组织的主要领导者同样有两大目标,一是要提高球队的竞技能力水平,获得优异的竞赛成绩;二是要将正处在青春期成长关键阶段(18~25岁)的球员培养成全面发展(well-rounded)的人,从而能在走上工作岗位后在各个领域为社会作出更多的贡献。美国大学女篮主教练薇薇安·斯金格(C. Vivian Stringer)的话同样也印证了这一观点,她说,当大学球队的教练不仅是教篮球,而且是育人。这两项目标的实现与达成,都需要他们具有较高的领导力水平。高校竞技体育实践也表明,教练员的领导力已成为高校运动队竞技能力水平提高和教育目标实现的关键所在。从1987年我国高校试办高水平运动队以来,迄今为止已经走过了30多年的历程。各种级别的大学篮球联赛(CUBA 和 SCBA 等)也迅猛发展,活跃在这些联赛中的教练员数千人,他们担负着重要的执教和育人责任。回顾过往,就篮球项目而言,这两项目标完成得都不理想,这与大学篮球教练员领导力水平不足有重要的关系。

二、国青教练范斌兵谏门和厦门大学男篮联名举报教练的启示

2011年4月3日,国青男篮发生了震惊篮坛的兵谏门,矛头直指当时的主教

---

① 朱佩兰. 教练员——中国体育腾飞的关键 [M]. 北京:北京体育大学出版社,2002.

练范斌。因为无法忍受范斌的"辱骂",国青男篮球员写了一封联名信,要求篮管中心更换主教练。整封信血红一片,像一封"血书"。这封信的抬头是"联名信"。内容直接而简单:"我们国青男篮全体队员,因无法忍受主教练范斌在这三年来屡次出现对大家人格上的侮辱与打骂且从未改正,在此向中心领导提出抗议,(要求)更换主教练。"整个"兵谏门"所反映的问题并不是范斌骂人,而是说明他缺乏足够的带领团队的领导艺术,只知道一味地用传统高压管理模式,忽视这些正处在社会大变革时代青春叛逆期孩子的心理感受和需求。事后,范斌接受采访的话语也说明了问题所在。面对镜头范斌坦言自己的有些做法不对,他说道:"今后需要平等地对待这些球员们。"他表示自己再也不会用以前的方式执教了,同时也希望能重新执教国青男篮。"在带国青的过程中,尤其是去年在世青赛上取得好成绩之后,我没有用发展的眼光去认识他们。其实我没有把他们当外人,日常训练比赛中,有时会说两句骂两句,着急时会向屁股上踢一下,我是恨铁不成钢。"至于有时在训练中直接"问候"球员家长,范斌也做出了解释:"我是作为运动员、作为军人走到今天的,也是在大运动量以及骂声中扛过来的。我的经验是:只有扛过来才能出成绩,只有扛得住才能成为人才。"范斌承认,急性子是他执教的一大特点,不过,他表示自己骂人并非针对队员,"训练比赛时,我口无遮拦骂两句,不是针对他们本人、他们的父母,是我性子急的一个体现。""如果篮管中心让我继续带这支队伍的话,我将从提高自身修养开始,好好打造这支队伍。不会因为这些孩子做出这件事,而和他们过不去。"

2019年,厦门大学男篮全体队员集体发布网络文章控诉教练林晨耀在执教过程中的"七大罪状"。包括随意处罚球员、人身攻击和辱骂、以权谋私、不顾球员的学习、阻止球员的进一步职业发展、不顾球员的身心健康、缺乏教练员的纪律性和责任心七种令全体球员不堪重负、不堪压力的领导行为,在网络上造成了很坏的影响。这虽然是已经被曝光的极端案例,但足以说明我国篮球教练员领导力不足的严重问题,不得不引起我们的深思。在大学篮球赛场上观察发现,当场顶撞教练的现象比比皆是,这也需要引起我们的深度探究和思考。受传统观念和我国体育训练体制的影响,教练员习惯于一些强权式的领导风格,一些执教理念和管理方法已经不能适应当代大学生球员的时代特征,教练员领导团队的技能急需进一步地提升。因此,我国大学篮球教练员带领新时代高校篮球队的管理思维、方法、技巧必须尽快与国际接轨,适应新时代高校竞技体育发展的需要,快速提高我国大学篮球教练员执教能力。

三、近年来我国大学篮球队在国际赛中的欠佳表现的启示

从 2011 年在深圳举行的第 26 届世界大学生夏季运动会开始,我国的篮球参赛队伍开始派出真正意义上的在校大学生参赛,男篮派出了以当年大超联赛冠军广东工业大学为班底的队伍,女篮派出了以当年 CUBA 联赛冠军北京师范大学为班底的队伍。结果,男篮小组仅收获两场胜利,获得第 18 名,女篮最终获得第 16 名。从 2012 年在中国台湾举行的亚洲大学生篮球邀请赛来看,我国男篮同样派出了当年大超联赛的冠军天津工业大学男篮参赛,结果接连败给中国台北、蒙古、中国香港等队,实在令人不可思议。2015 年在韩国光州举行的第 28 届世界大学生运动会中,我国男女篮都未进入前八强,且每场球赛都输对手 20 分以上。2019 年 7 月 15 日落幕的在意大利举行的第 30 届世界大学生运动会,中国大学生男篮战绩为 1 胜 5 负,更是以 53 分的差距输给并非篮球强国的乌克兰,最终排名第 14,也就是倒数第 3。一系列糟糕的国际赛成绩显示出我国大学篮球竞技水平难如人意,与世界强国大学生篮球竞技水平尚存在很大的差距。我们队员身高、体重、弹跳等体能素质条件不落下风,我们的训练时间远超国外大学球队,我国大学对竞技运动训练和比赛投入也很大,我们的场馆设施也比原来得到了很大的改善,我们不禁要问,是何种原因造成了我们竞技水平不佳呢?俗话说,比赛是训练的一面镜子,通过观看比赛录像我们发现,球队最大的问题之一就是打得不够团队,凝聚力、拼劲和坚韧很不够、场内外互动不够、团队沟通不畅。究其原因,我们不缺硬件,缺的是我国大学篮球教练员的领军能力和执教能力尚不能够满足大学篮球竞技水平提高的需要。这就迫使我们不得不深入地思考,造成我国大学篮球教练员领导和执教水平欠佳的原因在哪里?背后的理论基础是什么?有哪些路径可以有效提高和培养他们的领导水平?

四、来自 NCAA 优秀大学篮球教练员的启示

翻阅美国 NCAA 大学篮球联赛 70 余年的发展历程中胜率排名在前 50 位的教练履历我们不难发现,有很大比重的教练并没有显赫的运动员背景,他们的成功均源于他们具有高超的领导团队的能力。NCAA 著名的执教杜克大学男篮 35 个赛季的千胜教头迈克·沙舍夫斯基(Mike Krzyzewski)从 2006 年开始,每年举办一届:K 教练领导力理论研讨会(Coach K Conference on Leadership),其听课

的对象均是来自世界知名企业和组织的高层管理人员及体育教练员，每场授课费高达10万美元。一个大学篮球教练到底有什么魔力吸引着这些企业界的管理层？在观看K教练的授课录像后发现，他讲课的主题内容即是作为一名团队的领导者如何打造一支有战斗力、有强大凝聚力、有竞争力的集体，这恰恰也是商业组织中的领导者最需要的。

查阅NCAA知名教练在功成名就之后所出版的专著发现，他们论述的主题除了技战术等方面外，谈论最多的话题就是领导力。如加州大学洛杉矶分校的传奇教练约翰·伍登（John Wooden）《伍登教练论领导力：如何打造一个成功的组织》(Wooden on Leadership: How to Create a Successful Organization)；北卡罗来纳大学的功勋教练迪恩·史密斯（Dean Smith）所著的《北卡方式：来自执教生涯的领导力课程》(The Carolina Way: Leadership Lessons from a Life in Coaching)；NCAA大学篮球联赛历史上胜场最多的杜克大学男篮主教练迈克·沙舍夫斯基（Mike Krzyzewski）所著的《超越篮球：K教练的成功关键词》(Beyond Basketball: Coach K's Keywords for Success) 和《带队带心：K教练关于篮球、商业和生活领域的成功智慧》(Leading with the Heart: Coach K's Successful Strategies for Basketball, Business & Life)；曾两夺NCAA大学篮球联赛总冠军的现任路易斯维尔大学男篮主教练瑞克·皮蒂诺（Rick Pitino）所著的《成功领导：商业和生活中伟大领导力的十大特征》(Lead to Succeed: 10 Traits of Great Leadership in Business and Life)；康涅狄克大学男篮主教练吉姆·卡宏（Jim Calhoun）所著的《激情领导：商业、体育、生活中七大领导力秘密》(A Passion to Lead: Seven Leadership Secrets for Success in Business, Sports and Life)。此类书籍不胜枚举，研读这些在美国NCAA取得辉煌成就的著名大学篮球教练员书籍后发现，他们都传递着同样的一个观点，这些教练都把自己的角色定位为球队的领导者，而领导力对他们执教的成功起着决定性的作用。反观我国学校体育界甚至职业体育领域中的教练员，鲜有这方面的观点和论著，使我们不能不对教练员这方面的能力进行学术探讨，找到其中规律性的东西，以指导我国大学篮球教练员执教能力的提高。

五、来自国内精英级篮球教练的启示

2019年8月，中国篮协组织CBA/WCBA优秀教练员参加了由清华大学高水平师资团所主讲的领导力训练营学习课程，课程包括《管理沟通》《优势领导学》《领导力与带队伍》《个人与团队行为分析》。在学习完这些课程之后，教练员反响热烈。谈到对我国篮球教练员工作的建议,阿的江教练作为一名CBA联赛的资深教头,提醒我国教练员思维一定要与时俱进,他说道:"要摒弃过去感性式处理问题的行为模式,采用理论思维武装自己,成为矛盾化解者,而非矛盾制造者。"刘铁教练认为,非常赞同阿的江指导的发言,并发表了自己的看法:"信息时代背景下,教练员获得信息的难度大大下降,但为人处世的能力及如何传递信息是影响教练员执教水平的重要因素。"CBA冠军教练郭士强认为,在本次领导力训练营的学习过程中收获颇丰,说道:"(领导力训练营)在篮球专业技术领域外给我带来了更大的冲击,我将本次训练营视为一次'补课',十分感谢篮协和清华的教授学者为我们提供了这样一个'学习充电'的机会。"郭士强指导也表达了自己对于教练员责任的看法,向我国众多一线教练员提出建议:"教练员不仅要做好训练与竞赛,而且要充当一名'中心指挥官'的角色,协调好球员、教练员团队、体育局、媒体之间的关系。"国家队前主教练王非首先给各位学员分享了中国篮球功勋教练钱澄海的优秀领导能力对球队风格形成正向影响的事例,随后表示:"本次训练营不单是让我们获得了管理、沟通知识,更重要的是开阔了我们的视野,丰富了我们的大脑。"CBA前佛山篮球俱乐部主教练丁伟在领导力课程学习后对如何培养年轻球员有了新的认识:"关于最近一直在思考的'如何带队伍中的年轻球员'这一问题,我现在有了新的理解:要减少无效沟通及命令式沟通,同时采用适当的激励方式去鼓足年轻球员的干劲。"WCBA辽宁俱乐部教练员郑秀琳在对比以往教练员培训班及本次领导力训练营培训内容后说道:"专业理论知识,提升教练员职业能力的长度;管理沟通知识,开拓教练员职业能力的宽度。希望篮协可以更多地举办教练员职业能力培训,满足教练员职业需求。"WCBA大庆篮球俱乐部纪妍妍从身份转变角度发表了自己的看法:"本次培训是我完成运动员到教练员身份转变的重要支点。让我学会从教练员角度思考问题。教练员如何做到奖惩分明,串联全队,里面有太多的学问。"以上教练员的课后感言告诉我们,作为一名篮球教练员,其领导球队的能力是不可或缺的一项重要执教能力要素。

六、个人执教实践经历及培训经历的启示

本书作者曾以主教练身份执教大学男子篮球队(CUBA甲组)十年,发生过许多非常棘手的执教危机,吃过许多领导力不足的苦头,深深感受到篮球队的执教绝不仅是技战术的问题。如何把球队凝聚在一起、如何通过积极的沟通把自己

的理念传授给球员并让他们很好地执行、如何面对挫折和失败、如何组织好训练课、如何决定球员的去留、如何处理球员之间的冲突与矛盾、如何面对和处理执教压力、如何制定球队的规章制度、如何选拔队长、如何制订好训练计划、如何跟学校的其他部门协调好关系等诸如此类的问题，都会对球队的竞技水平的提高和球员的全面成长起到非常重要的作用，而这些问题正是教练员领导力所要探讨的范畴。同时，在观看我国大学篮球联赛的过程中，也看到过太多当面顶撞教练的情形。不禁要问，是什么造成了这样的现象呢？带着这些疑问作者去查找了相关的运动训练学和篮球教练员岗位培训方面的教材、专著等，均未找到关于教练员领导力方面的内容。国际最畅销的教练员教材由雷纳·马腾斯（Rainer Martens）博士所著的《执教成功之道》（*Successful Coaching*）则对教练员所应具备的领导力进行了深入浅出的探讨。另外，作者曾多次参加国内外由国家体育总局、CUBA 和 CUBS 组委会以及美国篮球教练员协会组织的教练员培训班（basketball coaches clinic），对比发现，中美关于培训班课程内容安排的最大差异性就是我国的普遍缺乏教练员领导力方面的讲授，说明这一关乎篮球教练员最重要的能力之一的课题尚未引起我国篮球界的重视，这也是导致我国大学篮球教练员普遍执教水平不高的一个关键因素。

　　正因为以上几个方面的原因，本课题试图以领导学、组织行为学、运动教练学、竞技心理学等学科为理论基础，对美国 NCAA 优秀大学篮球教练员的领导力理论和实践问题进行一些探索性研究。课题主要探讨美国优秀大学篮球教练员领导力特征、行为模式、教练员领导力理论体系、大学篮球教练员执教领导力提升的路径和策略等，以期对我国大学篮球教练员的执教领导力水平的提升和执教能力的改进给予理论指导，执教理念尽快与国际接轨，从而快速提高我国大学篮球运动的竞技水平和人才培养质量，促进我国大学生篮球联赛的可持续发展。

第二节　研究的理论价值与实践意义

　　本研究的研究价值可以从理论和实践两个层面进行阐述。

一、研究的理论价值

　　教练员在竞技体育运动的发展中起到关键性的作用，是竞技体育人才培养和运动水平提高的一个重要人力因素。无论是在运动训练、技战术指导，还是在球员日常的训练、比赛、学习和人格塑造过程中，教练员领导力扮演着重要的角色。本研究的理论价值主要体现在三个方面：①构建大学校际篮球联赛改革视野下大学篮球教练员执教领导力的理论框架。教练员执教领导力是当前我国校际篮球联赛设计和变革中的重要命题，但总体而言概念的内涵与外延并不清晰，特别是由于分类标准的不清晰，给篮球教练员领导力的研究带来混乱与模糊的弊端，本研究在对已有体育教练员领导力的研究梳理的基础之上，进一步明确研究范围，将教练员领导力的研究置于学校体育变革的大背景下，通过研究总结出当代大学篮球教练员应该具备怎样的能力与素养。②进一步丰富我国运动训练学和体育管理学的理论体系。教练员执教领导力是运动训练学理论和体育管理学理论中的重要议题，而翻阅国内这方面的理论著作和教材发现，这方面的理论还尚未形成体系，亟待进行相关研究并进行构建。③在以上基础上，提出我国大学篮球教练员执教领导力教学培训策略，最大化地发挥教练员的作用；同时，有利于建立教练员领导力培训机制，为科学有效的教练员岗位培训提供理论依据。

二、研究的实践意义

从实践层面讲，第一，根据当前国内外教练员领导力实际情况，借鉴一些成熟的领导力理论成果，拓展我国大学篮球教练员执教的新思维和新观念，使他们形成独特的执教哲学和领军哲学。第二，可以为大学篮球教练员领导力方面的培训课程提供丰富的素材，培育并提升我国高校篮球教练员的执教水平，进而提高高校篮球运动员的竞技能力和全面发展。第三，也可以为其他团队项目（足球、排球、棒球等）的高校教练员提供科学的领导理念，全面提高他们的执教能力和可持续发展的能力。第四，还可以为自己所从事的篮球专项教学和训练提供新的思路，从而提高专业化水平。

第三节　研究对象与研究方法

一、研究对象

本课题的研究对象是大学篮球教练员领导力；调查对象是美国 NCAA 大学篮坛执教成绩卓著的教练，如约翰·伍登、迪恩·史密斯、迈克·沙舍夫斯基、布雷·斯德鲁、薇薇安·斯金格（女）。

二、研究方法

(一) 文献资料法

查阅了有关领导力、领导行为、教练员领导力及其影响因素等研究内容的国内外期刊,涉及组织管理学、社会心理学、领导学、运动训练学、运动教练学等相关学科博硕论文、期刊及国内外与本研究领域相关的著作,通过对文献资料的梳理,全面了解和把握所研究领域国内外的研究现状及经典领导力理论,对研究课题的历史沿革以及前沿研究水平进行整理、思考、分析、综合,为开展本课题的研究奠定坚实的理论基础。

(二) 文本分析法

文本分析是指对文本的表述及其特征项的选取;文本分析是文本挖掘、信息检索的一个基本问题,它把从文本中抽取出的特征词进行量化来表示文本信息。文本(text)与讯息(message)的意义大致相同,指的是由一定的符号或符码组成的信息结构体,这种结构体可采用不同的表现形态,如语言、文字、影像等。文本是由特定的人制作的,文本的语义不可避免地会反映人的特定立场、观点、价值和利益。因此,由文本内容分析,可以推断文本提供者的意图和目的。本著作主要通过对大量研究对象自身所出版的执教专著及对他们的相关研究进行文本分析,归纳整理出他们的执教领导力特征、表现和规律(表1-1)。

表1-1 美国优秀教练员出版著作一览表

作者	书名	出版日期
约翰·伍登(John Wooden)	他们称呼我为教练(They Call Me Coach)	1988
约翰·伍登(John Wooden) 史蒂芬·贾米森(Steve Jamison)	伍登:场内外一生的观察和反思(Wooden: A Lifetime of Observations and Reflections on and Off the Court)	1997
约翰·伍登(John Wooden)	执教现代篮球(Practical Modern Basketball)	1999

续表

作　者	书　名	出版日期
约翰·伍登（John Wooden） 史蒂芬·贾米森（Steve Jamison）	教练伍登成功的领导力计划（Coach Wooden's Leadership Game Plan for Success）	2009
约翰·伍登（John Wooden） 史蒂芬·贾米森（Steve Jamison）	伍登的本质：领导者和领导力一生的功课（The Essential of Wooden：a Lifetime of Lessons on Leaders and Leadership）	2007
约翰·伍登（John Wooden） 史蒂芬·贾米森（Steve Jamison）	伍登论领导力（Wooden on Leadership）	2005
薇薇安·斯金格（C. Vivian Stringer）；劳拉·塔克（Laura Tucker）	Standing Tall：A Memoir of Tragedy and Triumph	2009
迪恩·史密斯（Dean Smith）	The Carolina Way：Leadership Lessons from a Life in Coaching	2004
迪恩·史密斯（Dean Smith）	Basketball：Multiple Offense and Defense	1981
迈克·沙舍夫斯基（Mike Krzyzewski）	The Gold Standard：Building a World-class Team	2010
迈克·沙舍夫斯基（Mike Krzyzewski）	Beyond Basketball：Coach K's Keywords for Success	2007
迈克·沙舍夫斯基（Mike Krzyzewski）	Leading with the Heart：Coach K's Successful Strategies for Basketball，Business and Life	2001

（三）访谈法

利用在美国访学及教练员培训的机会，就篮球教练员执教领导力的相关问题与美国 NCAA 一线教练和国内著名大学教练进行了深入的访谈和交流（表1-2）。

表1-2　部分受访教练员情况

单　位	姓　名	职　务	执教成绩
瓦尔帕莱索大学	布莱斯·德鲁（Bryce Drew）	男篮主教练	多次联盟冠军

续表

单 位	姓 名	职 务	执 教 成 绩
印第安纳大学	汤姆·科瑞姆（Tom Cream）	男篮主教练	多次率队进入 NCAA 16 强
瓦尔帕莱索大学	侯摩·德鲁（Homer Drew）	前任男篮主教练	曾获得 635 场 NCAA 篮球赛的胜利
广西威壮俱乐部	邱大宗	主教练	曾执教多支 CBA 球队和 NBL 球队
华侨大学	林小霖	男篮主教练	曾多次获得 CUBA 男篮赛全国冠军
NBA 姚明俱乐部	高山（美）	教练员总监	青少年篮球俱乐部篮球教练员总监
台湾中州科技大学	许智超	男篮主教练	UBA 四强

（四）个案跟踪调查法

利用 2012—2013 年到瓦尔帕莱索大学（该校男篮参加 NCAA Division-1 的比赛）访学的机会，对其著名主教练布莱斯·德鲁（Brace Drew）的执教领导力进行为期一个赛季的跟踪调查。

（五）录像观察法

购买一批由 NCAA 名帅（肯塔基男篮主教练约翰·卡里帕里、杜克大学男篮主教练 K 教练、北卡罗来纳大学前任主教练迪恩·斯密斯等）教练员执教的篮球训练课视频资料进行反复解析，从中提炼并归纳共同的执教领导力特征情况。

第二章 国内外教练员领导力研究现状评述

第一节 核心概念的界定

概念是反映对象的特有属性的思维形式,是人们通过实践,从对象的许多属性中,抽取其特有属性概况而成的,是指符号所代表的具有共同关键特征的一类事物或性质。定义是揭示概念内涵的逻辑方法,是对一种事物的本质特征或一个概念的内涵和外延的确切而简要说明。

一、教练员

教练员是竞技体育比赛发展到一定阶段的产物。田麦久在《运动训练学词解》中将教练员定义为:教练员是从事竞技运动训练工作,培养运动员并指导他们参加运动竞赛,争取优异成绩的专业人员[1]。

韦尔纳基亚(Vernacchia)将教练员定义为:为球员提供篮球技战术指导、创造篮球运动体验的人,在这个过程中,还包括影响球员的从容、价值观、态度、决策等方面[2]。

本研究将大学篮球教练员定义为:带领大学篮球校队的运动员进行训练、比赛和指导的主教练。从事的工作主要包括:协助招收该校篮球队运动员;帮助学生运动员进行人生规划;对学生进行全面发展教育;指导运动员进行体能训练;

---

[1] 田麦久,等. 运动训练学词解 [M]. 北京:北京体育大学出版社,1999.
[2] Vernacchia R A, McGuire R T, Cook D L. Coaching mental excellence: it does matter whether you win or lose [M]. New York: Warde Publishers, 1996.

指导运动员进行技战术和心理训练；协助领队制订计划，确定参赛方案；在体育运动竞赛中指导运动员进行竞赛等。

二、领导

领导活动是与人类的发展相伴而生的，但是对于领导活动的研究，却是近几十年的事。要研究领导力，首先要研究"领导"这个领导学的逻辑起点，在"领导"的研究历程中，由于领导活动的复杂性，致使人们对它的界定五花八门，莫衷一是，不同的学者有不同的解释，20世纪90年代之前的定义（表2-1）。

表2-1　20世纪90年代前领导定义汇总表

年份	学者	领导的定义
1957	亨菲尔·库恩斯（Hemphill Coons）	领导是指个体领导团体朝向共同目标的行动
1978	卡茨·卡恩（Katz Kahn）	领导是超越组织之机械式顺从的一种影响力
1984	劳赫·贝林（Rauch Behling）	领导是影响有组织的团体的行动以达到团体目标的一种过程
1986	理查兹·恩格斯（Richards Engls）	领导是规划远景、树立价值观、创造环境来让事情实现
1988	霍斯金（Hosking）	领导是那些持续不断为社会的秩序作有效贡献，并且被人们期望和认识到应该做这些事情的人
1990	雅各布·杰克（Jacobs Jaques）	领导是为集体努力制定目标和有意义的方向，并促使成员为目标的实现而努力的过程

就当代西方领导学专家对领导下的定义而言，比较有代表性的有以下几种。

（1）在金延平主编的《领导学》一书中分析：领导活动是在群体中进行的；领导者拥有影响追随者的能力；领导者要通过一定的手段和方法来领导追随者；领导的目的是通过影响追随者实现组织目标。基于此他将"领导"定义为：领导是以实践为中心展开的，由领导者根据领导环境和追随者的实际情况确定的目标和任务，通过示范、说服、命令、竞争和合作等途径获取和动用各种资源，引导和规范追随者,实现既定目标,完成共同事业的强效社会工具和行为互动过程①。

(2) 哈罗德·孔兹认为,领导是影响人们使之跟着去完成某一共同目标的行为;领导是一门促使其下属以其热忱和信心来完成他们任务的一种艺术。

(3) R. 坦南鲍姆、R. 威斯勒认为,领导是在某种情况下,通过信息沟通过程所实施的一种为了达成某个目标或某些目标的人际影响力。

(4) 美国学者彼得·诺思豪斯(Peter G. Northouse)在研究了前人对"领导"的定义后总结其中的核心概念:领导行为是一个过程;领导包含了影响;领导过程一定在一个组织结构中发生;领导过程与对目标的追求密切相关。所以他将"领导"定义为:领导就是某一个体影响带动一组个体实现某一目标的过程②。

(5) 理查德 L. 达夫特(Richard.LDaft)在其专著《领导学:原理与实践》中,关注了一种将实施领导过程的主要元素联结起来的定义:"领导是在领导者和追随者之间有影响力的一种关系,当他们试图真正加以改变并期望得到反映共同目标的结果时",并且指出这个定义中包括领导的六个要点:追随者、影响力、意图、个人责任、共享目标、变革③。

(6) G. 海曼、W. C. 施考特认为,领导是一种程序,使人得以在选择目标及达成目标上接受指挥、导向及影响;领导活动视为一种复杂的、交互式的过程。

所有对领导的定义都蕴涵了三个重要的基本原理,领导是一个行为过程。领导并不是存在于领导者身上的一种特质或特征,而是领导者和追随者(领导活动直接指向的个体)之间的一种交互作用过程。在这个过程中,领导者不仅影响追随者而且也受追随者的影响。这种交互作用是双向的,而非单向的④。领导的本质是人际影响。领导包含了影响力,主要指领导者运用一定的权力影响追随者,没有影响力,领导就不复存在。

领导的目的在于影响和激励成员达到群体或组织的目标。领导关注目标,目标是领导的方向,在群体或组织目标的指引下,领导才能采取一定的措施对个体、团体、组织或社会施加影响,引导和激励他们为实现共同目标而付出努力。只有在所有个体朝着共同目标努力的背景下才会产生领导,产生领导影响力。

综合国内外学者对"领导"的定义,笔者可以从以下三个方面来理解领导:

---

① 金延平. 领导学 [M]. 北京:东北财经大学出版社,2014.
② Peter G. Northouse. 领导学:理论与实践(第6版)[M]. 北京:中国人民大学出版社,2014.
③ 理查德 L. 达夫特. 领导学:原理与实践 [M]. 北京:机械工业出版社,2005:3.
④ 张丽华. 改造型领导与组织变革过程互动模型的实证与案例研究 [D]. 大连:大连理工大学,2002.

①领导是领导者对下属或追随者施加影响，并使他们适应变化的过程；②领导是领导者必须具备足够的能力影响追随者的行为，以期实现共同目标的活动过程；③领导过程、领导活动、领导结果都需借助特定的情境，才能得以进行。因此，领导是领导者在特定的情境下，影响和带动追随者或下属实现组织共同目标的过程①。

三、领导力

当下，教练员领导力是以管理学、组织行为学、心理学、教育学等学科相关理论基础，揭示体育教练员在组织训练活动内外，进行引导、施加影响和实现竞技体育目标的各种行动过程②。20世纪70年代，约翰·阿戴尔（John Adair）对领导力进行研究且提出 ACL（Action Centred Leadership）模型，该模型以行动为中心，把领导力类比为领导者在空中同时运转三个球体的平衡能力，即建设并维持团队、发展个人能力、完成目标③。美国学者詹姆斯库泽斯（Jame Kouzes）和巴里波斯纳（Aarrt Posner）认为，领导力是领导者怎么鼓励其追随者能够自愿地为团体中的共同目标作出显著成就的能力，并提出成功领导者所具备的五种能力：挑战现状、共启愿景、使众人行、以身作则、激励人心④。约翰加德纳（John Gardber）认为，领导力是指领导者个体通过让其追随者和自己去实现共同目标和愿景，说服激励个体或群体实现团体共同目标的过程。领导力的核心是领导与下属的双向互动的人际关系⑤。

杨邦荣（2007）等将领导力定义为领导者通过自身形象和活动，能够对领导效果、组织绩效、组织变革和组织发展等产生积极促进的各种作用力，包括导引力、凝聚力、鼓动力、支配力、控制力等⑥。

领导力是来自企业界的概念，这是由于人们发现，在相似的国家政策、行业环境、社会背景、技术实力等因素的情况下，很多公司的发展存在着较大的差

---

① 李金华. 上海市教练员领导力及其教学培训模式的研究 [D]. 上海：华东师范大学，2011.
② 曹大伟. 国内外教练员领导力研究述评 [C] //第十一届全国体育科学大会论文摘要汇编. 中国体育科学学会，2019：3.
③ 马克托马斯. 大师论领导 [M]. 王媛媛，译. 北京：华夏出版社，2006.
④ Kouzes J M, Posner B Z. The leadership challenge [M]. John Wiley & Sons, 2006.
⑤ 约翰纳. 论领导力 [M]. 北京：中信出版社，2007.
⑥ 杨邦荣，王润孝. 军队政工领导干部领导力形成因素的实证分析 [J]. 社会心理科学，2007（Z2）：108-113+103.

异,这种竞争力差异的实质被认为是领导力。何为领导力,至今众说纷纭,莫衷一是。之所以出现这种局面,主要是因为研究者对此概念界定的角度不同。截至目前,主要从以下三个角度对领导力进行了界定。

- 从人的角度定义领导力(Person-focused leadership)——用一系列的特质和能力来衡量一个人是否有做领导的资质。比如:美国学者本尼斯认为,领导力是把愿景转化为现实的能力;科兹和鲍斯勒在《领导力》一书中认为,领导力是领导者如何激励他人自愿地在组织中做出卓越成就的能力[1]。我国台湾学者林昭文也认为,领导力就是领导能力,是把领导概念换成行动的能力[2]。
- 从角色的角度定义领导力(Role-focused leadership)——处理事务中所显示的行为或行为特征。如夏禄样认为,领导力是领导者在特定的领导情境下吸引和影响被领导者持续实现组织目标的以领导能力为核心的领导品质[3]。
- 从过程的角度定义领导力(Process-focused leadership)——着眼于领导者与下属的互动性。如库泽斯认为,领导力是领导者动员别人想要为共享的理想而一起奋斗的艺术过程[4]。

之所以出现这么多关于领导力的界定,这与领导力问题的研究者在其研究中所想要提出的问题直接相关。例如,采用以人为中心定义领导力问题的学者可能会问什么样的人可能会成为一个成功的领导者,他在处理事务时的认识过程和决策过程是怎么样的等,而角色中心定义会提出一个人居于领导地位应有怎样的行为特征,管理角色与领导角色有何差异等。最后,过程中心定义方法会导致如下问题,即领导与下属的关系问题,领导过程是否会受情景变化的影响等。在此我们将这些不同定义熔铸在一个定义之中:领导力就是能为一个共同的目标对他人施加影响力的能力。

领导力(leadership)的研究始于20世纪70年代,约翰·阿戴尔(John Adair)首次提出了"以行动为中心的领导力模式(Action Centered Leadership,ACL)",其把领导力类比为领导者在空中同时运转三个球体的平衡能力,这三

---

[1] 科兹,鲍斯勒. 领导力(第三版)[M]. 北京:中国轻工业出版社,2005:3.
[2] 林昭文,吴雄库. 基于情商的领导力缔造[J]. 学术论坛,2007(6):110-113.
[3] 夏禄样. 论校长课程领导力的提升[D]. 郑州:河南大学,2008:10.
[4] 吉姆·库泽斯. 领导力(第三版)[M]. 北京:电子工业出版社,2004.

个球体分别是完成任务、建设并维持团队、发展个人能力①。同时，他认为，目前领导力已被大量运用到心理学、教育学、组织行为学、经济学及体育学等领域的研究中。关于领导力的基本内涵，众说纷纭、观点林立，但"领导力是一种影响力在众多纷杂观点中的一种基本共识"②。综观以上学者的观点，笔者将领导力界定为领导者从目的意义和行为方式上影响追随者，以促进组织成员达成与实现共同目标而产生的实际作用力之和。

四、教练员领导力

教练员领导力属于领导力的子集，但是教练员领导力所包含的能力更加地有专业性和针对性，比如教练员领导力中对执教能力的要求就很高③。作为一位教练员，执教能力的强弱直接影响着整个运动队成绩的好坏，对教练员领导力中的凝聚力也有较高的要求，因为凝聚力的强弱影响着整个运动队的发展和壮大。教练员通过为所有队员设定相同的全体目标，并且规划出实现群体目标的策略，然后通过自身的行为方式，或是以身作则或是通过人格魅力来直接或间接的影响运动员和其他相关的人员，使整个组织逐步完成目标。这个过程中教练员领导力起到关键的作用。所以，教练员领导力也并不是单一的某种能力，它是从多种不同的角度来构建组成的，而这些组成因素甚至有可能不属于同一个层次，这就要求对教练员领导力总结的时候，从多种学科、多种理论结构来描述。教练员领导力是指教练员从目的、意义和行为方式上影响运动员及其他相关人员，促进他们为共同目标达成和实现而产生的实际作用的影响力。教练员领导力在影响过程中，领导变量（如领导者行为）通过一些中介变量（如追随者动机）影响运动员结果（如团队表现）(Fischer, Dietz, & Antonakis, 2017)④。维拉（Vella）、奥达斯（Oades）和克罗（Crowe）（2010）针对教练员与运动员的人际关系，对教练员领导力的定义进行了扩展和更全面的阐释：教练员领导力依赖于教练员和球员之间的关系，是影响运动员的能力、信心、人际关系和性格的一种行为方式⑤。

---

① 马克·托马斯. 大师论领导 [M]. 王媛媛，译. 北京：华夏出版社，2006.
② 王皋华. 教练员基本教学训练技能及培训的理论研究 [D]. 北京：北京体育大学，2006.
③ 李金华. 上海市教练员领导力及其教学培训模式研究 [D]. 上海：华东师范大学，2011.
④ Fischer T, Dietz J, Antonaleis J. Leadership Process Models: A Review and Synthesis [J]. Journal of Management, 2017 (43): 1726-1753.
⑤ Vella S A, Oades L G, Crowe T P. Validation of the Differentiated Transformational Leadership Inventory as a Measure of Coach Leadership in Youth Soccer [J]. Sport Psychologist, 2012 (26): 203-224.

结合以上领导和领导力的概念,我们将"篮球教练员领导力"界定为篮球教练员从目的意义和行为方式上影响球队中的球员及其他相关人员,促进他们共同为球队成长这一团队目标达成和实现而产生的实际作用力的总称。本文所指的篮球教练员均为球队主教练。

第二节 国内外关于领导力的研究

领导力是当代团队竞争的重要内容之一,在如今这种高速发展的信息时代,领导者怎么样才能使自己的团队发展得更加长远,这就需要领导者制定一套属于自己的发展战略。此外,还需要领导者有强大的领导力保证自己的战略顺利实施。领导者发挥领导力通过价值观引导、规范制度、干部任用、冲突防范、信息反馈等手段来控制整个战略目标实现的过程,而这正是决定一个团队的命运和发展前景,同时也决定了一个团队的优势和可持续发展[1]。

一、国内关于领导力的研究

目前,国内外关于领导力的研究主要从不同学科、不同角度、不同层次进行了探索,并取得了一定的成效。研究主要集中在领导力内涵、目的、功能、手段等应用性方面,但是有关教练员领导力的基础理论方面的研究却相对薄弱。

张爱军(2006)通过研究发现领导力对于现如今的领导者来说是一门必修的课程,是领导组织团队制胜、在事业上取得成功的重要因素[2]。团队的长远发展和事业取得成功与否,和领导者的领导力密不可分。领导力是一种隐藏之力,并且是综合的一种个人能力。领导者领导模式可以借鉴,但是领导力是无法借鉴拷贝的,若想管理好团队,领导者提升领导力是必不可少的。

丁栋红(2006)通过对领导学著名理论进行分析研究,发现了有关领导学理论的演进趋势和脉络,并提出了传统领导理论到领导力理论的演进变化,使学者们通过领导现象关注了领导者,最后又关注领导实质的一个发展变化的过程。在通过对大量的文献资料研究后,创建了特有的领导力研究体系结构,指出了研究领导力理论的三个大方向:基于认知和学习的领导愿景、影响变革难度的组织和

---

[1] 中国科学院领导力课题组. 战略领导力模式研究[R]. 领导科学, 2009: 4-7.
[2] 张爱军. 论领导力[J]. 大连干部学刊, 2006, 22(5): 8-10.

社会文化环境、决定领导愿景实现程度的团队领导结构①。

王云峰（2008）通过研究发现领导力在决定团队和组织目标实现的过程中是非常重要的。它是领导过程顺利进行的保障伞，从领导力现有的理论可以看出，早期特质理论所出现的问题并不是领导过程出现的问题，而很大原因是领导者领导力的问题，也就是说是确保领导行为顺利进行的各种领导能力的不足。在整个过程中领导是最重要的，领导力就是整个领导过程顺利进行和领导目标实现的保障②。

黄俊汉（2015）通过研究发现，在领导学上所谓的领导力仅仅只是多种能力的一种合力，比如说这种合力中包含了领导职能、领导体制、领导素质等多种特殊的能力。这种能力对于教练员来说也是非常重要的，教练员的训练行为往往是与其分不开的③。要想使得训练效果最佳，领导力的作用或领导资源配置的力量，必须更加科学更加实际地作用到运动员身上。在领导主体明确的情况下，就可以应对来自领导客体和领导环境带来的挑战，并发挥出教练员领导力最大的作用，教练员和运动员就会实现共同的目标。领导力的表现形式是以群力的形式表达的，或者可以称作"力系"，这个力系之中就包含了上述的多种能力，作为教练员领导力也是领导力中的一个子集，因此也需要遵循以上观点。

对现有的文献进行归纳分析，认为领导力可以分为五个不同的层次结构④。

职位层领导力。因职位而获得的领导力，称为职位层领导力，这也是领导力的第一层。职位层领导者因职位头衔所在，致使员工不得不去服从他的命令，因此职位也同时赋予了领导者领导权力，这种权利的获得有时候不需要付出太多努力就能得到。

认同层领导力。这一层次的领导力基于职位层领导力之上，主要是领导者的人际关系。在这个层次上，员工就不再是不得不追随，而是因为他们的自我意愿。这一层次对领导者就有了一些相应的要求，若要想对员工施加有效的影响，领导者对待员工必须要真诚，将他们看成独立的有思想的个体，在这前提之下双方才有可能建立信任，而员工也非常愿意听从领导者的指令，工作效率自然也会有很大的提高。

---

① 丁栋虹，朱菲. 领导力评估理论研究述评［J］. 河南社会科学，2006，14（2）：123-126.
② 王云峰. 领导力理论溯源及创业领导研究方向［J］. 技术经济，2008，27（6）：21-26.
③ 黄俊汗. 试论提升领导力［J］. 经济与社会发展，2015，3（1）：73-76.
④ 于保鹏. 兰州市高校教练员领导力评价指标体系构建研究［D］. 兰州：西北师范大学，2017.

生产层领导力。领导者在这一层次也可获得员工的认可和绝对的支持,最后给该组织带来效益。由于领导者的影响力在员工中会出现"羊群效应",员工们工作热情高涨,激情澎湃,组织利润猛涨,最后轻松实现组织目标。

立人层领导力。这一层次的领导者将自己的权利和所有的人脉关系运用到极致,倾力为下属提供各种所需要的帮助,以便能够最大限度地为下属提高领导力,这就不再单单是为创造财富,同时也改变了他们的人生。

巅峰层领导力。首先肯定很少有人能够到达这一层次,不仅是因为到达这一层次需要付出很多努力,而且需要一定的领导天赋。巅峰层的领导者是将下属领导者的领导力从第一层提升到第四层。这个过程对于领导者而言,就等于再次经历了领导力的形成过程。他们不管是在什么组织,都会给该组织和个人带来巨大财富,并且还会为该组织培养出很多优秀的领导者。

二、国外关于领导力的研究

纵观国外百年领导力研究历程,各种领导力理论层出不穷,其中最有代表性的是盛行于20世纪早期的特质论、盛行于"二战"后至20世纪50年代的行为过程论、盛行于20世纪60年代晚期至90年代早期的权变论,以及21世纪以后开始出现的新型领导取向如变革型领导、魅力型领导、愿景型领导等。

(一) 传统领导力理论研究情况

从20世纪初开始,研究者们从不同的切入点提出了不同的领导理论,传统领导理论的发展经历了领导特质理论(Trait Theories)、领导行为理论(Behavioral Theories)和领导权变理论(Contingency Theories)3个阶段。

1. 领导特质理论

特质理论从19世纪的"天赋伟人说"发展而来,并于20世纪早期出现在领导理论中。该理论认为,某些特定的个人特质是与生俱来的,根据有无这些特质,可以将领导者和非领导者区分开来。当时,研究者们希望通过这些特质(如智力、社交能力、个性等)来帮助选拔人才。然而,20世纪40年代以后的领导力研究文献显示,在区分领导者和团队其他成员时,并没有某一种或一组特质被分离出来。特质理论的后续研究者并不认同"天赋伟人说"的观点,而是认为领导者的特质可以在先天素质的基础上通过教育和培训进行塑造,这比早期的领导特质理论有了很大的进步。在核心领导特质的查找过程中,柯克帕特里克(Kirkpatrick)

等提出了能够标识新特质的方法,这种方法不同于传统的特质理论,因为他们认为,特质本身并不是领导的关键所在,而仅是一个"先决条件"[1]。后来贾奇(Judge)等应用大五人格框架来系统地分析领导特质又是一个显著的进步[2]。这些进步超越了传统的特质观点,强调对心理机制的了解,并认为领导力是通过相应的心理机制转化为领导效能。

特质理论视野下的领导力来源是领导者所具备的先天或后天习得的一些特定素质,而领导力的传达则是取决于下属对这些特质的认同等心理机制。然而,探讨领导现象,脱离不了行为和环境等因素在领导过程中的重要性。领导特质理论只是片面地探究个体特质对领导效能的影响,使其具有明显的局限性。

2. 领导行为理论

20世纪40年代起,领导力研究者们转向研究领导者的特定行为,认为有效的领导行为可以通过后天的塑造和培训习得,行为表现的不同可以将有效领导和无效领导区分开来。早期的行为研究区分了专制型领导、民主型领导和放任型领导[3]。如同之前的特质理论一样,领导行为理论首先强调了领导是领导力的来源。不过,在行为理论中,领导力的传达靠的是真正的行为,行为可以将有效领导和无效领导区分开来。领导行为理论采用因素分析的方法将多种领导行为归纳成两个维度:员工导向型行为(employee-oriented behaviors)和任务导向型行为(task-oriented behaviors)。

3. 领导权变理论

为了更精确地描述领导的影响并对领导效能研究出现的偏差做出解释,研究者们在20世纪六七十年代开始将情境因素考虑进来,转向权变理论的探索。该理论将领导风格分为任务取向型(task oriented)和员工取向型(person oriented)两种相对的类型。菲德勒的权变理论是最早试图调和与之前特质和行为研究不一致的理论[4]。他认为,领导效能取决于相互作用影响的领导风格,这一风格伴随

---

[1] Kirkpatrick S A, Locke E A. Leadership: Do traits matter? [J]. The Academy of Management Executive, 1991, 5 (2): 48-60.

[2] Judge T A, Bono J E, Ilies, R Gerhardt M W. Personality and leadership: A quality and quantitative review [J]. Journal of Applied Psychology, 2002, 87 (4): 765-780.

[3] Lewin, Lippitt R, White R K. Patterns of aggressive behavior in experimentally created "social climates" [J]. The Journal of Social Psychology, 1939, 10 (2): 271-299.

[4] Fiedler F E. Validation and extension of the contingency model of leadership effectiveness: A review of empirical findings [J]. Psychological Bulletin, 1971, 76 (2): 128-148.

不同的情境特征，他将此称为"环境有利性"。权变理论分离出了一些情境因素，认为领导的有效性依赖于情境因素。相较于特质理论和行为理论，是一个进步。但是，研究者们提出的权变理论仍停留在静态水平上，没有考虑到情境因素也是可以改变的，如员工技能水平方面的成长等。另外，各权变理论只是考虑了部分情境因素，没有从整体上进行把握，这些都使权变理论难以适用到各种情境，预测性也不会太高。

（二）新型领导力理论

进入20世纪70年代以后，随着经济社会的发展，管理实践中出现了一些新现象和新问题，这就促使研究者们从一些新的角度去解释领导现象，探索领导力的新模式和新理论，一些新型领导理论的提出改变了人们对领导研究的认识，主要包括领导-成员交换理论（LMX）、变革型领导理论和魅力型领导理论等。

1. 变革型和魅力型领导理论

基于伯恩斯（Burns）对变革和政治舞台上变革型领导的概念探讨，以及韦伯（Weber）对于组织魅力的讨论，20世纪80年代早期，变革型领导和魅力型领导理论开始出现。伯恩斯认为，变革型领导由个人魅力、智力激励及个人化考虑三个因素构成[1]。巴斯（Bass）和阿华立（Avolio）则认为，变革型领导通过四种独特的行为方式扮演着他们的领导角色：个性化关怀（*Individualized Consideration*）；智力激励（*Intellectual Stimulation*）；领导魅力或理想影响力（*Charisma or Idealized Influence*）及感召力（*Inspirational Motivation*）[2]。魅力型领导的概念源于韦伯关于领导魅力潜在影响的早期研究。同变革型领导一样，魅力型领导强调了行为在领导者对下属施加影响过程中的作用。根据环境、领导者和下属的特质，下属将非凡的品质和魅力归于领导者[3]。

变革型领导和魅力型领导都强调情感和价值的重要性，而且，特质在变革型和魅力型领导中扮演了一定的角色。因此，特质、行为、认知和情感是相应的影响机制。这样一来，同之前的领导理论相比，变革型领导和魅力型领导中的领导概念就要更为复杂。

---

[1] Burns J M. Leadership [M]. New York: Harper & Row, 1978.
[2] BassBM, AvolioBJ. Improving organizational effectiveness through transformational leadership [M]. California: Sage, 1994.
[3] Yukl G A. An evaluation of conceptual weaknesses in transformational and charismatic leadership theories [J]. The Leadership Quarterly, 1999, 10 (2): 285-305.

2. 价值驱动的领导理论

一些新兴的领导理论尝试把伦理、真诚和精神等想法吸收进来，包括伦理型领导、精神型领导及真诚领导等。伦理型领导被定义为"通过个人行为和人际互动，示范适当的行为规范，并通过双向沟通、强化和决策制定等过程，促进对下属的引导"。为解释伦理型领导的影响，布朗（Brown）等运用了现代社会学习理论进行了系列研究，研究认为，在领导者示范道德行为、态度和价值观时，下属更有可能表现出符合道德的行为方式。伦理型领导着重强调领导者的作用及领导者是如何为下属提供道德指导的，因此该理论将领导者作为领导力的来源。伦理型领导理论认为，对价值观的认知评估是很有必要的，且该理论强调领导者充当着对与错的角色榜样。因此，伦理型领导者不仅通过角色榜样影响下属的行为，而且也通过信念和道德品行施加影响[1]。另外一个关于领导力的观念转变表现在精神型领导理论中。精神一直被看作是科学研究的外部领域。然而，越来越多的研究表明，一些精神财富（如正直、诚实及谦逊等）与领导效能都是密切关联的[2]。另外一种基于价值的领导理论是真诚领导，该理论来源于积极心理学和积极组织行为学。真诚领导理论以"你是谁？"，即一个人的信仰和价值观（真诚）为前提，并且依照这些信仰和价值观行事，进而影响下属的工作态度和行为。真诚领导不仅影响团队的内部成果，还会将影响延伸到广泛的社会问题上。这种影响的实现是由于真诚领导能够激发下属的认同感，并提升下属的信任、积极情感和乐观主义[3]。

3. 领导-成员交换理论

领导-成员交换理论（leader-member exchange，LMX）是由葛伦（George Graeo）和彼恩（Uhl Bien）在1976年首先提出的。在已经讨论过的其他所有领导学理论里，都是从领导者（例如特质法和模式研究理论）或者球员和情景的解读（如情景研究法、权变理论和路径-目标理论）来强调领导力概念的。领导-成员交换理论（LMX）则提供了另外一种解决方法，它将领导力描述为一个以领导者和成员直接的相互作用为中心的过程。该理论的核心理念是，在一个小群体

---

[1] Brown M, Trevino L K. Ethical leadership: A review and future directions [J]. The Leadership Quarterly, 2006, 17 (6): 595-616.

[2] Fry L W. Toward a theory of spiritual leadership [J]. The Leadership Quarterly, 2003, 14 (6): 693-727.

[3] Avolio B J, Gardner W L, Walumbwa F O, et al. Unlocking the mask: A look at the process by which authentic leaders impact follower attitudes and behavior [J]. The Leadership Quarterly, 2004, 15 (6): 801-823.

团队中，由于时间的压力和精力有限，领导者对待成员的方式是有差别的；领导与下属中的少部分人建立了特殊关系，这些下属便成为"圈内"人士，他们会得到领导更多的关照，领导与"圈内"人建立的则是高质量的领导-成员交换关系。其余的下属则成为"圈外"人士，他们与领导的互动较少，和上级建立起来的关系只局限于正式的权力系统范围内，领导与"圈外"人建立的是一种低质量的领导-成员交换关系。目前对该理论的研究主要集中在LMX的结构测量（钟建安，2003；Liden，1998；Grean，2005；等）。领导-成员交换的结构测量到目前为止尚没有形成比较公认权威的方法。一般认为领导-成员交换的结构是多维的。马斯林（Maslyn）提出的四个维度结构：情感、贡献、忠诚和专业尊敬。格瑞恩（Graen）等则采用了尊重、信任和共同的责任三个维度来描述领导-成员交换的关系。除此以外，有的研究中将开放性、诚实性等指标作为领导-成员交换的核心维度加以分析。在具体的测量表中，格瑞恩等提出的LMX-7测量表被证明具有最高的信度和效度。这7个项目分别是：上司了解下属在工作上的问题及个人需要的程度；上司对下属的潜能了解的程度；上司运用他的职权帮助下属解决问题的可能性；上司牺牲自己的利益来帮助下属的机会有多大；上下级之间工作关系的有效性；下属愿意为上司所做出的决策辩护和解释的可能性有多大；下属是否知道上司对他工作的满意度。LMX与组织绩效（Wakabayashi，1998；Wagner，2005；等），LMX与员工满意度（Cheste，1998；等），LMX与组织支持（Wayne，2002），LMX的影响因素（Kelly，2010）等几大方面。随着管理研究的深入，越来越多的中国学者发现西方理论并不完全适用于中国的情况，因此他们开始关注管理学研究的本土化问题。中国有着与西方完全不同的文化环境，西方文化注重个人主义，因此美国情境下的领导-成员交换关系的结构维度更多反映了领导与成员之间平等基础上的相互尊重。中国的儒家文化更强调家族主义、威权性，在中国企业中，领导与成员之间的关系不仅是官僚层级关系，更有可能掺杂伦理关系，领导不仅是工作上的上司，还可能是令人敬畏的"大家长"。因此，研究中国文化情境下的领导-成员交换关系的形成过程和作用机制，能够更好地帮助中国的管理者理解和运用到管理实践中去[①]。

---

① 郭靖园. 领导-成员交换理论研究述评[J]. 管理观察，2012（10）：22-23.

第三节　国内外关于体育教练员领导力的研究

研究体育教练员的领导力有利于教练员采用有效的领导、决策、组织、沟通和激励方式调动运动员从事运动训练和比赛,提高运动员的表现能力和满意程度;有利于教练员科学艺术地处理好各方面关系、提高工作效率;有利于贯彻"育人夺标"的竞技教育新理念及提高运动团队的"综合制胜力";也有利于实现运动员长远的职业发展规划和顺利地转型,从而实现我国体育人力资源的中长远发展目标。该领域的研究对体育强国的建设具有重要的指导意义和价值。

一、国内关于体育教练员领导力的研究

20世纪90年代以来,我国运动科学专家学者开始关注体育教练员领导力方面的研究,主要经历了借鉴、本土化、自我创新、体系重构等几个重要阶段,分别从教练员领导力的内涵和外延、教练员领导行为、教练员领导力对运动员满意度和竞技表现的影响、教练员领导力的测评、女性教练员领导力等多方面展开了研究,取得了丰硕的研究成果。

张社平在《我国足球甲级队主教练领导行为对其队员影响力的研究》一文中,用管理心理学和社会心理学的研究方法,对我国足球甲级队主教练的领导行为进行了深入的研究,结果发现,我国足球甲级队主教练对其队员影响力的主要因素是道德品质因素、资历因素、感情因素,而宽容精神、创新精神和体育基础知识因素对队员影响较小。同时还发现,教练员对自身的评价并不客观,在影响力各因素的得分与队员理想得分相差甚远。由于教练员的管理能力、足球业务能力、感情因素、体育基础知识、创新精神诸因素的得分较低,影响了足球队的凝聚力和训练水平的提高[1]。

李大为在《论教练员领导行为》中重点论述了教练员领导行为的概念和内涵,教练员影响力和权威体系的构建及教练员领导类型和效果等几个方面[2]。

郝晓岑(2009)在《我国运动队教练员领导模式的组织行为学研究现状及探讨》一文中,运用文献资料、逻辑推理等研究方法,从组织行为学的角度探讨

---

[1] 张社平. 我国足球甲级队主教练领导行为对其队员影响力的研究 [J]. 体育科学, 1994, 14 (6): 22-28.
[2] 李大为. 论教练员领导行为 [J]. 武汉体育学院学报, 2003, 37 (1): 85-88.

我国运动队教练员领导模式,指出当前我国教练员领导模式概貌并未全面而清晰地呈现,已有的研究多为零星的局部研究和笼统的教练员素质探讨,对不同体育项目教练员的领导风格和模式的研究匮乏。建议未来要加强不同文化背景和不同性别教练员领导力模式的差异性和适用性研究。

徐建华、黄汉升(2013)在《美国大学篮球教练成长历程及启示》这篇文章中,将2011—2012赛季中所有能够带领其所在的篮球队进入"甜蜜十六强"的主教练为该文章的研究对象。结合每位主教练的个人特点,从实际案例出发,全面系统地分析了每位主教练的求学经历,带领球队进行运动训练的施教经历和实际教学过程中秉承的相关理念等方面。这篇文章在最后归纳总结出了篮球队主教练的学历和其所在时代的社会经济水平并不是在其日后职业生涯中高度发展的必备条件。求学经历和其日后在篮球队训练中发挥出来的领导能力并不存在必然的关系。在其执教的整个过程中,真正起到重要作用的因素还是在于篮球教练的实际训练经验,例如,这些主教练在很大程度上曾经都有过丰富的助教经验,师从一些著名的篮球教练,并且在执教过程中积极高效地参加篮球教练、运动员之间的相互讨论及相关的行业会议交流。在职业生涯上有所成就的主教练都有专注于自身学习的特点,并且从各个方面学习和提升自身的领导能力。这些个人的专业技能及职业素养是这些篮球主教练展现高超的执教能力的核心和为整个球队一致目标的实现所起到作用的关键因素①。

2014年,朱小毛、胡玉华以湖南省高校教练员、大学生球员及主管领导为研究对象,采用访谈法等研究方法,调查并分析高校教练员能力素质的表现特征,构建高校教练员能力素质模型,并编制问卷验证模型的稳定性。结果表明:①高校教练员能力素质模型是由四个维度20个表现特征共同构成的。②与我国专业队教练员相比,高校体育教练员能力素质模型中的沟通协调能力和敬业精神表现得更加突出。③经信度和效度检验,该模型结构稳定,能很好地表现高校教练员能力素质特征②。

徐建华、程丽平③利用四框架理论对美国 UCLA 的约翰·伍登教练的领导力

---

① 徐建华,黄汉升.美国大学篮球教练成长历程及启示[J].成都体育学院学报,2013,39(12):45-50.
② 朱小毛,胡玉华.高校教练员能力素质模型构建研究[J].体育科技文献通报,2014,10:27-30.
③ 徐建华,程丽平.美国大学篮球传奇教练约翰·伍登执教领导力研究[J].体育成人教育学刊,2016,32(2):5-9.

进行了探讨，四框架理论结合了人类学、社会学、心理学、政治学等学科理论，提出了组织运行的精髓，理论认为，万能的领导风格与行为并不存在，领导者需要对领导情境进行识别和判断，从而选择适合自己的领导风格与行为。组织的领导力有4个取向，即结构领导力、人力资源型领导力、政治领导力和象征领导力，作者通过对约翰·伍登教练的个案研究，总结出了其四种领导力。约翰·伍登教练对球队训练计划的拟订和执行、对球员的管理、执教的原则、球队目标的制定体现了他的结构型领导力，他可以把球队在球场内外的各项事务都安排得井井有条；约翰·伍登教练对球员足够耐心、对球员品德极其看重、对球员十分信任，展现了其人力资源型领导力；约翰·伍登教练象征领导力体现在他有诸多的简短谚语，展现了他的人生态度和追求；约翰·伍登教练在处理队中的明星球员的关系上展现了政治型领导行为。

孟献峰、姜忠于[1]通过研究发现，对于团队来说，运动训练队也是一种比较正式的团队。既然属于团队那么就需要科学有效的管理，这时候需要一个强大的组织管理，这更是无可厚非的事情。此时教练员就会是整个主团体组织最重要的管理者。教练员的职责不单单是训练运动员的竞技水平运动能力，还要为整个团队的长久发展负责，关心整个团队的成绩、关心球员训练比赛之外的事情，例如，训练方法的科学性和实践性、球员生理和心理的健康问题、团队的凝聚力、整个团队的生活问题，甚至包括球员将来的出路问题。教练员所扮演的角色是多种多样的，而要想把所有事情都处理得当也是不容易的。因此，和其他种类的领导力相比，研究教练员领导力是很有必要的。

李金华[2]通过研究发现，尽管在当下这个非常多元化的时代，有关教练员领导力的概念争议还是很多，甚至都没有形成一套比较统一的理论体系。教练员领导力的研究是一个非常漫长复杂的过程，在这个过程里有很多弯路，但又是必须经历的，只有不断在发展中实践丰富和完善，我们才能对教练员领导力的理论构建体系慢慢地清楚明白。我国的教练员领导力研究，很大程度上受到了局限，这种局限正是来自国外的理论和实证研究，而具有本土特色的研究几乎没有，这使我们只能跟着别人走，要想改变这种局面，我们就必须在教练员领导力这一方面进行更加努力、深刻的突破性研究。

---

[1] 孟献峰，姜忠于. 教练员领导行为的"多元领导模式"研究 [J]. 武汉体育学院学报，2014，38（5）：168-171.
[2] 李金华. 教练员领导力内涵及其现状研究 [J]. 运动，2012（33）：18-19.

美国大学优秀篮球教练员领导力理论及对我国的启示

2009 年国际教练员教育委员会全球教练员大会上,国际教练员教育委员会理事会和会员代表大会对秘书处提交的发展战略进行了进一步讨论。与会代表一致认为,虽然很多国家的教练员工作是无偿的,但教练通过兼职得到付费的人数却在增多。这对教练员领导力的发展是有好处的,要想在这种竞争激烈的情况中更好地生存下去,就必须不断提高自己的领导能力。教练员在国家内和国家间的流动及提升在增加,这对教练员之间的相互交流学习是大有好处的。世界上每个国家都有其独特的一面,中国也不例外,同样对中国的教练员也是很好的学习提升机会[1]。教练员教育在这样的多元世界得到了很快的发展,在教练员领导力这一方面也会有很大的提升。

综上所述,现如今人们对于教练员领导力的认识普遍停留在"以取得优异成绩为主"的认识层面上,这样的认识不仅是不具体、不客观的,而且会大大地阻碍教练员领导力的发展。经过体育科研工作者的不懈努力,可以发现,如今国内外关于教练员领导力的研究有了非常大的进步,这些研究分别从不同学科、不同角度、不同层次进行探索研究,并在这个基础之上也取得了相应的成效。但在现有的教练员领导力理论体系中,一直没有形成能够受到大家认可、更加统一的理论系统。现在的研究学者,不管是国内的还是国外的,大多都是根据自己的操作来为自己所研究的课题进行验证,这就忽略了影响教练员领导力的其他因素,而且有许多学者对教练员领导力的本质理解得不到位,虽然对教练员领导力各层次方面的研究也是比较多的,但是对高校教练员领导力最基础的理论研究还是很缺乏。

(一) 我国体育教练员领导力理论研究

我国教练员领导理论的形成大致分为 4 个阶段,即萌芽阶段、发展阶段、稳定与成熟阶段、拓展阶段。首先,萌芽阶段的教练员领导力理论研究仅通过管理学和心理学的相关知识了解教练员行为特征。其次,发展阶段将多维领导理论应用于管理学和心理学,系统、客观地分析了我国部分优势项目教练员领导行为特征、运动员所喜爱的领导行为模式、教练员实际的领导行为、教练员感知的领导行为和教练员期望执教行为之间的关系,此外,MLL 理论和 LSS 量表被引入国内,将其运用到体育运动中测算教练员的领导能力和行为。然后,在稳定与成熟

---

[1] 钟秉枢,张霞,李晨峰. 打造教练领导力 [J]. 中国体育教练员,2009 (4):28-30.

阶段，注重对教练员领导行为与满意度及运动员偏好、运动队团队关系、运动员个体影响、运动中消极因素的研究，这表明关于教练员行为对运动员心理行为活动强化研究的深入。最后，由于教练员领导风格等引起的运动员长期和教练员在一起训练比赛及生活，使运动员与教练员之间逐渐形成了相互依靠、支持与信任，且这种信任比以往组织管理研究中的下属对上级的信任更为丰富、深厚，教练员言行举止都会对运动员产生影响。中国科学院"科技领导力研究"课题组提出领导力的五力模型，认为领导力是由前瞻力、影响力、感召力、控制力和决断力5个方面构成的①。王蕾等运用结构方程模型和因素分析的方法，对领导力的人格特质进行了研究，验证了以人格特质的三个一阶因素模型和一个二阶因素模型②。

（二）我国教练员领导力构成要素研究

体育教练在体育组织中处于领导地位，领导的对象是运动员，教练不仅需要教运动员怎样训练，怎样取得好成绩，还要做好对运动员、运动队的管理③。陶健、周汝江（2003）认为，体育领导者的影响力包括权力性影响力和非权力性影响力。权力性影响力包括奖励权力和惩罚权力。非权力性影响力包括知识因素、能力因素、品德因素和感情因素④。体育领导者的职责包括正确决策、组织建设、选用人才、放权考核和思想教育。体育领导者的基本素质包括科学的决策能力、强烈的求知欲和进取心、容才之量和用才之心、提倡民主作风、思想政治方面要正确。体育领导者的修养包括知识要渊博、要有决断魄力和严格的科学态度、要有终生学习的态度和必备的政治思想修养⑤。

体育教练员的领导是在体育组织中教练与运动员共同参与下，依靠教练员的影响力、组织、协调和指导运动员，在一定的客观环境条件下实现体育组织预定目标的活动过程。体现的影响力、胜任职责、基本素养这些也是体育教练员领导力的体现⑥。

---

① 中国科学院"科技领导力研究"课题组，苗建明，霍国庆．领导力五力模型研究 [J]．领导科学，2006（9）：20-23．
② 王蕾，车宏生，杨六琴，等．领导力人格特质的层次结构研究 [J]．心理科学，2004（3）：677-681．
③ 张建福．教练领导行为对球员训练绩效影响的研究 [D]．福州：福建师范大学，2010．
④ 陶健，周汝江．论领导者的非权力性影响力及其提高 [J]．现代管理科学，2003，1：60-61．
⑤ 全国体育院校教材委员会审定．实用体育管理学 [M]．北京：人民体育出版社，2004：28-29．
⑥ 郭旭昌．竞技体育教练员教练行为研究 [D]．福州：福建师范大学，2008．

体育教练员所具备的领导力会对所领导的运动员的个人技术的提高和发挥产生很大程度的影响,对整个体育团队的发展、进步和成功更是至关重要。只有运动员认可其教练的领导,才会心甘情愿地追随教练,听从教练员的安排和指挥,才会有继续参加训练和比赛的积极性和主动性。这些都关系到整个团队的稳定和团结。教练员领导力在体育情境中发挥着重要的作用,如技术获取、加快团队发展进程及运动员社会认知的提高等①。

运动员的身体、技术、心理等许多方面在不同情境下会发生不可预知的变化,各种情况都在发生着不停的变化,来自社会、自身、家庭的压力都会影响运动员的训练和比赛,可见领导运动队的动态性、复杂性和多样性要求教练员能够随机应变②。教练员在运动训练管理的过程中,不仅应具备深厚的运动训练管理理论知识,还需具备足够的领导力,真正为运动员服务,创造优异的竞技成绩③。

对于教练员领导力的研究已经达到一定的深度,对教练员领导力中的各个方面都有所涉猎,包括影响力、组织协调能力、实现目标的能力、决策能力、合理的用人能力、吸引运动员跟随的能力、专业能力等。但是过于混乱、繁杂,没有形成一定的模型,没有系统化地把各个因素清晰、准确地展现出来。

(三) 教练员领导方式与效果

教练员所采取的行为、作用和控制方式不同,会使运动团队中产生不同的气氛,其结果会明显地影响运动团队成员的自我概念、认知、情绪和行为及整个运动团队。国内学者借鉴国外理论,把领导方式归纳为以执行任务为主的方式和以维持团队关系为主的方式④。尽管国内教练员领导方式的研究借鉴了国外相关理论,但国内学者也做了这方面的跨文化比较研究。比如《中国—加拿大国家级体操教练员社会心理比较》和《中国、澳大利亚网球高级教练员执教特征研究》等成果⑤。教练员的领导方式影响领导的效果。《北京和外省市部分高校教练员行为的调查——高校教练员管理素质研究》从教练员的重要任务外控水平、机遇

---

① 刘福军. 体育教练员应具备的胜任特征 [J]. 职业时空, 2007, 2: 24-25.
② 刘世峰. 浅谈体育教学中教练员与运动员的心理沟通 [J]. 职业, 2010, 5: 133-134.
③ 管砚巧. 论现代篮球教练员应该具备的素质和能力 [J]. 中国科技博览, 2009 (24): 301.
④ 刘全, 柏杰. 教练员的领导行为和方式分析 [J]. 安徽体育科技, 2003, 14: 21-22.
⑤ 王润平, 阿仆杜. 中国—加拿大国家级体操教练员社会心理构成比较 [J]. 体育科学, 1994, 14: 85-90.

外控水平、领导方式方面进行了记述;《教练员领导方式与运动员的心理压力及心理适应的关系》探讨了 12~16 岁运动员心理压力、心理适应及教练员领导方式的关系。郭进财(2002)在"以 LMX 理论分析运动团队的形成与互动"中的研究认为,在团队运动项目中,教练员与队员因互动产生的行为与归因是 LMX 发展的主要过程,其他影响队员与教练员关系的因素包括:组织规模、教练的权利、学校政策和球队文化等方面①。郝海涛等借鉴社会心理学、管理学理论与方法,对 CUBA 篮球教练员现状、球队凝聚力进行调查分析。结果表明,教练员的选拔与任用方法不尽合理。如缺乏竞技运动比赛经历;球员对教练员的非权力性影响力、敬业精神、能力的认可程度较低,导致队伍缺乏凝聚力。提出了通过向社会招聘教练员、减少兼职;改善岗位"责、权、利、义务"的满意度;提供业务进修与培训机会等改进措施②。由世梁(2014)在《大学篮球教练员领导行为、团队冲突、团队凝聚力与满意度关系的研究》中认为,球员感知的教练员领导行为对团队冲突发生原因、冲突处理方式、团队凝聚力及满意度均可有效解释;满意度也可以有效解释团队凝聚力。篮球运动员感知的教练员领导行为、团队冲突发生原因、冲突处理方式、团队凝聚力及满意度间的结构方程模型,主要是通过运动员感知的非专制式的教练员领导行为的展现,影响运动员对于"领导与团队"的满意度,进而影响团队凝聚力达到最高③。程宏宇、王进等(2013)在"教练员领导行为与运动员竞赛焦虑:运动咨询的中介效应和认知风格的调节效应"的研究中认为,运动感知到的教练员领导行为的多个维度与运动员的竞赛焦虑存在显著的相关性。同时,运动自信在运动员感知到的教练员领导行为的多个维度与竞赛焦虑之间的关系中存在部分或完全的中介效应。认知风格在运动员感知到的教练员训练指导行为、民主行为、专制行为与竞赛焦虑的关系中起到显著的调节作用。以上研究分别借鉴了领导力学科的特质理论、行为理论、权变理论、多维体育运动领导模式、路径—目标理论等④。2016 年,杜七一和柳莹娜在《教练员家长式领导对运动员个人主动性的影响——基于自我效能感的中介作用》中认为,在家长式领导的三个维度即仁慈领导、威权领导和德行领导中,只

---

① 郭进财. 以 LMX 理论分析运动团队的形成与互动 [J]. 中华体育, 2002 (2): 45-52.
② 郝海涛, 潘永生. CUBA 篮球教练员与球队凝聚力的关系 [J]. 山东体育科技, 2004, 26 (2): 57-58.
③ 由世梁. 大学篮球教练员领导行为、团队冲突、团队凝聚力与满意度关系的研究 [J]. 沈阳体育学院学报, 2014 (8): 115-121.
④ 程宏宇, 王进, 胡桂英. 教练员领导行为与运动员竞赛焦虑: 运动咨询的中介效应和认知风格的调节效应 [J]. 体育科学, 2013, 33 (12): 29-38.

有德行领导和运动员个人主动性呈现显著性正向关系；自我效能感在德行领导和个人主动性之间存在完全中介作用；在个人主动性下，仁慈领导和德行领导存在正向交互作用。

综上所述，国内学者主要是研究了体育教练员这个角色的领导力问题，而没有考虑具体项目特征不同及各项目教练员的执教要求不同，教练员要有出色的领导力才能驾驭和带领运动队，单独论述篮球教练员的领导力方面的研究还很少。不难看出，国内学者缺乏对篮球教练员的领导力的模式、维度、提升策略等方面的系统研究。

二、国外关于体育教练员领导力的研究

国外教练员领导力研究历程大致分为5个阶段。

起源阶段：关注教练员的领导作用在运动竞赛中，以运动员或运动团队的成绩表现为研究热点议题。西方社会普遍认为，教练的领导行为和能力是决定运动员或运动团队表现的关键因素。切拉杜赖（Chelladurai）通过研究发现在运动训练中，尤其是在竞技体育运动中，教练员使运动员发挥最大的个人潜力，使他们发挥出最好的个人能力，以及在一开始预定好的期限内，能够完成实现团队目标。在这一系列的过程中，教练员的领导力非常重要[①]。切拉杜赖和卡伦（Carron）通过研究发现，如果运动员碰到的教练员刚好是自己喜欢的教练的话，那么该运动员和教练员的关系也会非常融洽，有了这样的先决条件做基础，运动员的竞技水平会不断提升，从而达到自己的竞技目标，而这种喜欢也恰恰属于教练员领导力[②]。

规范研究阶段：教练员领导行为的结构及其测量模型的确立。自从人们认识到教练员领导能力的重要性后，学者们就在积极地探索其领导能力和测量模型，众多从事运动心理学专家、学者试图构建相关理论框架并发现客观的心理测量工具。

教练员行为研究的盛行阶段：以运动领导量表作为测量工具，有关教练员领导行为研究成果逐渐增多，尤其是对不同类别教练员领导行为的研究。莱恩波特

---

① Chelladurai P, Haggerty T R. A normative model of decision styles in coaching. Athletic administrator, 1978, 13: 6-9.

② Chelladurai P, Saleh S D. Dimensions of leader behavior in sports: Development of a leadership scale, Journal of sport Psychology, 1980, 2: 34-45.

(Reinboth)[①] 和萨拉辛（Sarrazin）[②] 通过研究，最先构建了教练员领导力这种概念模型，并且做了一定的探索性研究，但是其结论的有效性和普适性需要进行更进一步的检验。同时，这些研究还有一点不足之处，就是没有将教练员领导力可以给予运动员精神鼓励的因素考虑进去，没有论证研究通过哪种行为，教练员才能营造出积极的激励氛围并能够使运动员心理满足[③]。

体育教练员领导力多元化研究阶段：随着社会发展和教练员领导理论研究的不断深入，领导理论研究也逐渐展现出更加多元的局面，学者在教练员多维领导模型基础上开发出了变革型领导行为。

体育教练员领导力微观研究阶段：教练员与运动员的互动关系的研究。此后，学者们不再一味地考量教练员单一的领导行为维度，他们试图从运动队中最重要的关系——教练员和运动员的互动对个人和团队影响展开研究。

（一）国外体育教练员领导力理论研究

最初，人们研究运动领域中教练员领导问题是基于领导学的一般领导理论之上，结合运动实践特性探讨有关运动团队中教练员、运动员及教练员与运动员之间的人际互动关系的理论与实践等方面的问题。在体育运动领域中，领导的特质研究主要是通过对绩优教练员和普通教练员的特质比较，运动员知觉教练员的领导风格，从而凝练出成功教练员所具有的特质。

通过观察、访谈和问卷调查等手段来量化教练员的领导行为是学者们普遍选择的方法。例如，丹尼尔森（Danielson）和泽尔哈特（Zelhart）等人编制领导行为描述问卷（Coach Behavior Description Questionnaire，CBDQ）对曲棍球教练员领导行为进行研究，最终确定了 8 个最为显著的教练行为[④]。史密斯（Smith）、斯莫尔（Smoll）、柯蒂斯（Curtis）对已建立的教练员行为评价系统（Coaching Behavior Assessment system，CBAS）进行深入研究，编制了知觉领导行为评价量

[①] Hemphill J K, Coons A E. Development of the beadier Behavior Description Questionnaire In L. Mstogdill & A. Econns, Leader behavior: Its description and measurement. The Ohio-state University, 1957: 6-38.
[②] Carron A V, Bennett B B. Compatibility in the coach-athlete dyad, Research Quarterly, 1977, 48: 671-679.
[③] 张林. 不同运动队群体对教练员管理行为期望值的研究 [J]. 上海体育学院学报, 1994 (3): 27.
[④] Danielson R R, Zelhart Jr P F, Drake C J. Multidimensional scaling and factor analysis of coaching behavior as perceived by high school hockey players [J]. Research Quarterly. American Alliance for Health, Physical Education and Recreation, 1975, 46 (3): 323-334.

表（CBAS Perceived behavior scale，CBAS-PBS），并在实践中得到了验证[1]。

费德勒（Fiedler）指出，领导力的高低取决于领导风格及情景因素[2]。在体育领域中，丹尼尔森（1975）在对曲棍球教练员的领导情境特质研究中，考虑了情境特质变量影响下的教练员领导力差异性[3]。切拉杜赖和萨尔奇（Salch）从体育运动的角度出发，综合分析研究后认为，权变论模型只能部分适用于体育领域中的领导力研究[4]。随后，切拉杜赖（1978）提出了多维领导模式理论（Multidimensional Model of Leadership，MML），该模型强调教练员的领导行为与运动员或运动队之间活动关系。至今为止，体育教练员领导力研究大多均是围绕这一理论进行研究。

自伯恩（1978）提出变革型领导风格的概念及巴斯（1985）提出变革型领导理论以来，变革型领导理论占据了领导研究的中心地位，已成为领导力理论研究新的范式，受到越来越多研究者的青睐。

魅力型领导力的发挥更依靠情绪的调动，主要包括强烈的价值观念、强烈的支配欲和影响欲、自信心等[5]。在情境领导理论研究的基础上，学者们相继提出了领导魅力理论（Theroy of Charismatic Leadership，1976）、变革型领导（Transformational Leadership）、领导魅力归因理论（Attributional Theory of Charismatic Leadership）等。

（二）国外体育教练员领导力维度构成研究

1. 教练员领导力的有效性研究

为了评估教练员的领导行为，心理学家设计了一些研究方法和特定问卷，并有学者认为参加教练员培训是有效的。从 20 世纪 60 年代开始，领导力的研究开始强调情境的作用。这一阶段的代表理论就是费德勒的权变理论。此时的研究目

---

[1] Smith R E, Smoll F L, Hunt E. A system for the behavioral assessment of athletic coaches [J]. Research Quarterly. American Alliance for Health, Physical Education and Recreation, 1977, 48 (2): 401-407.

[2] Fiedler F E. A theory of leadership effectiveness [M]. McGraw-Hill, 1967.

[3] Danielson R R, Zelhart Jr P F, Drake C J. Multidimensional scaling and factor analysis of coaching behavior as perceived by high school hockey players [J]. Research Quarterly. American Alliance for Health, Physical Education and Recreation, 1975, 46 (3): 323-334.

[4] Chelladurai P, Saleh S D. Preferred leadership in sports [J]. Canadian Journal of Applied Sport Sciences, 1978.

[5] Turner J R, Baker R, J Schroeder, et al. The global leadership capacity wheel: Comparing HRD leadership literature with research from global and indigenous leadership [J]. European Journal of Training and Development, 2019, 43 (1/2).

标转为对领导情境进行定义和分类,并将这些情境和领导力的重要方面联系起来。研究者们开始考虑领导力在时间维度上的变化和作用过程,以及下属的需要、价值观和判断对上级的领导力的影响。

一直以来,领导力的特质论研究遭到了主要来自行为论派学者的批驳,他们中的代表人物斯托吉德尔(Stogidll)(1948)的观点是"领导力不是一种状态的集合,也不是一些特质的集合";其后,巴斯(1990)又提出,特质对领导力的影响依赖于情境。这些观点致使特质论的研究一度出现停滞。但是,近年来一些新的研究表明,特质(尤其是人格特质)与管理绩效紧密联系。

研究者们在探索人格特质与领导力关联的过程中提出了许多与有效管理和领导特质有关的问题。此外,从经典的CTT(Classical test theory)等测验的应用中看,吉格(Gough)先于1969年提出,可以将经典测试理论中的五个维度组合,得到一个领导力指标(leadership index)[1]。在1954年他又发现在CPI中有34个题目组合可以测得一般"管理潜能"[2]。

关于领导力的系统研究多是围绕领导者、领导情境和被领导者这三个方面进行学术探究,其研究主要是在领导者与下属相互影响过程中产生的影响力。领导力是决定领导者领导行为的驱动力,是实现团体或组织目标、确保领导有效运行的动力。领导情境和被领导者是外在于领导者的因素,领导者的素质本身就是领导力的组成部分,所以领导学研究者更关注领导情境和被领导者对领导力的影响。

切拉杜赖(1993)发现在体育情境中,领导力是一个涉及教练员、运动员和情境交互作用的过程。然而,对一个运动团体而言,它的最高领导者——教练员的领导力并不能单一考虑教练员自身的素质,应该追加领导过程中的情境因素和运动员的认可。所以,要想系统地分析教练员领导力问题,必须将教练员的个人领导素质、行为及所处的情境三者结合起来进行综合考虑,有效的领导力应该是教练员的个人领导素质、行为及情境因素交互作用的产物。

1976年,萨普(Tharp)和加利莫(Gallimore)采用了事件记录法对UCLA传奇教练约翰·伍登的领导行为做了个案研究。事件记录法是调查者引出一些典

---

[1] Gough H G. A leadership index on the California Psychological Inventory [J]. Journal of Counseling Psychology, 1969, 16 (4): 283.

[2] Gough H G. A managerial potential scale for the California Psychological Inventory [J]. Journal of Applied Psychology, 1984, 69 (2): 233.

型的教练员执教行为，并记录这些行为发生的时间和发生频率的常用方法①。1984年，拉古（Lacy）和达斯特（Darst）提出的亚利桑那大学观察工具（ASUOI）关注指导成人运动员的教练行为②。1995年，科特（Cote）、萨尔美拉（Salmela）、拉塞尔（Russell）利用定性访谈法调查了17名杰出体操教练员如何在执教过程中合理地利用专业知识③。1997年，史密斯和斯莫尔以教练员行为评估系统（CBAS）为基础，设计开发了教练效能训练（CET）以帮助教练员学习适合青少年体育运动的领导技巧④。另外，美国已经建立了许多培训青少年体育运动志愿者教练如何提高执教领导力的项目。斯蒂文·瑞恩（Steven B. Rynne）对澳大利亚体育协会从1981年成立以来的教练员培训计划项目进行了研究，认为单纯的课程教学模式对教练员的培养效果欠佳，应多增加合作式学习、在一线实践对教练员进行指导等培养方式⑤。2006年，韦德·吉尔伯特（Wade Gilbert）等研究表明，在教练员专业化发展过程中，专门的教练员培训课程对教练员领导力的提升具有重要作用和价值⑥。吉·莱尔（J. Lyle）等对英国体育理事会于2004年所实施的"教练员发展官（Coach Developers）"计划项目进行了深入研究，认为该计划的实施对促进英国教练员的发展与提高起到了积极的作用，这主要得益于政府部门的政策和财力的大力支持⑦。马丁·比尔兹（Martin Bielz）对加拿大实施的"后续计划"项目进行了研究，认为该项目对教练员的招募条件非常严格；培养过程重视理论与实践相结合；对学员的评估非常严格，干预手段直接且及时⑧。克瑞斯·纳什（Christine Nash）（2017）等认为，对学员的执教

---

① Tharp R G, Gallimore R. Basketball's John Wooden: What a coach can teach a teacher [J]. Psychology Today, 1976 (8), 74-78.
② Lacy A C, Darst P W. Evolution of a systematic observation system: The ASU coaching observation instrument [J]. Journal of Teaching in Physical Education, 1984, 3 (3): 59-66.
③ Côté J, Salmela J, Trudel P, et al. The Coaching Model: A Grounded Assessment of Expert Gymnastic Coaches' Knowledge [J]. Journal of Sport & Exercise Psychology, 1995, 17: 1-17.
④ Ronald E, Smith, Frank L, et al. Coach-mediated team building in youth sports [J]. Journal of Applied Sport Psychology, 1997, 9 (1): 114-132.
⑤ Steven B, Rynne. Australian Sports Commission [Z]. National Coaching Scholarship Program, 2006: 1-9.
⑥ Wade Gilbert, Jean Côté. Cliff Mallett. Developmental Paths and Activities of Successful Sport Coaches [J]. International Journal of Sports Science & Coaching, 2006 (1): 69-77.
⑦ Lyle J, Jolly S, North J. The learning formats of coach education materials [J]. International Journal of Coaching Science 2010, 4: 35-48.
⑧ Martin Bielz, 邹文华. 培养下一代高水平教练员：优秀教练员强化班 [J]. 中国体育教练员, 2011 (1): 34.

实践运用同行评议、导师评议和学员个人的自我评定进行及时的反馈应纳入教练员教育培养过程中①。以上的几项研究得出了一致的结论，教练员有效领导行为的关键是提供明确的反馈和技术性指导。

美国的汤姆·柯林和拉尔夫·皮姆所著的《执教团队篮球》一书中将卓有成效的篮球教练员所具有的特质进行了总结和分析，认为具有较强领导力的篮球教练都具有以下能力和特质：值得球员信任、充满激情、知识渊博、称职能干、建设球队、展示勇气、意志坚强、善于沟通与交流、能够做好老师、积极督导球员、学会关爱、勇于竞争、专注于重中之重、做比赛的监护人、认识自我、提升自我、学习传奇人物、培养球队正确的价值观②。虽然是比较概括的归纳，但是总结得非常准确，并且切合实际，但只是从提高球队团队凝聚力的角度讲述了篮球教练领导力的表现与提升方法。

在迈克·沙舍夫斯基和杰米·斯帕托拉所著的《我相信你们》一书中，详细地讲述了老K教练是如何打造和领导梦七、梦八、梦九这些球星云集的美国队在奥运会的舞台上取得成功的。其中向读者揭露了老K教练在选择正确的人、了解球队和比赛的背景、对团队士气的鼓舞、团队内部关系的构建、对团队规则的建立、对球队领袖的培养、对团队观念的统一、构建团队至上的球队氛围、对训练的科学安排、教练自我审视等方面进行的团队建设③，此书虽然侧重于讲述篮球团队的建设，但是也可用来促进篮球教练领导力提升。

教练员领导力指教练员从目的意义和行为方式上影响运动员及其他相关人员，促进他们为共同目标的达成和实现而产生的实际作用力的总称。因此，教练员的个人素质会影响其行为表现，而教练员的行为表现又会对领导力的有效性产生影响，但教练员的行为对领导力的影响会受到所处的领导情境因素的影响。

2. 国外体育教练员领导力构成要素研究

从不同角度对领导力的构成要素进行了研究，得到了不同的研究结论。皮特·诺索斯（Peter Northouse）的《卓越领导力——十种经典领导模式》认为，影响力对于目标的关注和追求是领导力的必要因素。没有影响力这一因素，领导力就

---

① Christine Nash, John Sproule, Peter Horton. Feedback for coaches: Who coaches the coach？[J], International Journal of Sports Science & Coaching, 2017, 12（1）：92-102.
② 汤姆柯林, 拉尔夫皮姆. 执教团队篮球 [M]. 北京：人民体育出版社, 2008：46-54.
③ 迈克沙舍夫斯基, 杰米斯帕巧拉. 我相信你们 [M]. 沈阳：沈化万卷出版公司, 2011：1-3.

不存在，领导力必须引导一组个体去完成某项任务或达到某个目标①。皮特·豪斯（Peter G. Horse）指出，魅力型领导力主要通过支配欲、强烈的影响欲、自信心和强烈的道德价值观等予以反映②。英国学者约翰·阿戴尔（John Adair）认为，领导者在履行职责时需要展现以下品质或特性：群体影响力、指挥行动、沉着冷静、判断力、专注和责任感③。罗森（Rosen）认为领导者必须具备八项要素，即前瞻性、信任、参与意识、求知欲、多样性、创造性、笃实精神和团队意识。奇普曼（Chipman）等则提出了一个包括使命感、正确果断的决策、高效沟通、共享报酬、影响他人的能力 5 个要素的领导力模式④。卡什曼（Cashman）从领导力开发的角度讨论了领导力，他认为领导是由内向外的，通过七种路径实现由内至外的领导，这七种路径分别是目标控制、变化控制、人际控制、行动控制、平衡控制、本质控制和个人控制。休斯（Hughes）对领导者的基本领导技能和高级领导技能进行了区分，基本技能包括：在基础经验中的学习、沟通、果敢、提供建议、做出反馈、对压力的疏导；对技术性的任职能力做出构建，和上级领导者建立良好关系，与同事建立良好关系，设置组织目标、奖惩。高级领导技能包括：进行组织授权、对组织冲突进行调解、通过谈判等方式解决问题、创新力、对自身问题进行识别处理、对组织问题进行识别处理、对工作团队的组织等⑤（表2-2）。

表 2-2　与有效领导者有关的特质

研究者	有关的特质
麦克莱伦（MeClellan）和奥比汉（OByham）	"领导动机模式"（Leadership Motive Pattem），包括高权力需求，低亲和需求，以及高自我控制的需求
辛瑞恩（Hinriehs）	说服力、自信、人际关系、决策、压力忍受和精力充沛
吉赛利（Ghiselli）	自信、果断、灵活性、成熟稳重、追求社会认可

---

① 皮特·诺索斯. 卓越领导力 [M]. 北京：中国轻工业出版社，2003：5-9.
② 皮特·豪斯. 卓越领导力 [M]. 北京：中国轻工业出版社，2003.
③ 约翰·阿戴尔. 有效领导开发 [M]. 上海：上海人民出版社，2007.
④ Chapman E N, O'neil S L. Leadership: Essential Steps Every Manager Needs to Know (NetEffect Series) [M]. Prentice-Hall, Inc., 1999.
⑤ Roberta Waite, Janell Mensinger, Christine Wojciechowicz, et al. Examining pre-post results [J]. Journal of Applied Research in Higher Education, 2019, 11 (1): 108-121.

续表

研究者	有关的特质
斯托吉尔德（Stogdill）	适应、自我肯定、优越感、情绪稳定、独立性、创新、自信
卡尔纳德森（Carl R. nAderson）	内控
帕雷（Pareh）	自我的强度、压力忍受、感情调节、内控和自我指导
奥格（Ogugh）	领导力指数包括支配性、自我接受、适意感、好印象、成就五个维度
张裕隆，等	愿景、决策、管理变革、策略规划、人际建立和追求卓越

注：此表所列吉赛利和斯托吉尔德提出的特质只包括人格特质。

教练员是运动训练和比赛的主导者，扮演着教练与管理者的双重角色。教练员是服务于运动员的，是为运动员创造优异成绩和提高竞技水平而不懈努力的人。运动员在身体、技术、技能、心理等许多方面在不同情境下变化无常，竞争对手同样是身体和思维都在变化着的运动员，各种训练条件时常变更，诸如政策、运动队管理措施、家庭影响等社会的作用也在直接、间接地影响运动训练，训练活动本身所具有的动态性、复杂性和多样性特征要求教练员采用灵活变通的方式，面对随时变化的训练情境随机应变。因此，教练员在运动训练管理的过程中，不仅应具备深厚的运动训练管理的理论知识，还需具备足够的领导力，真正为运动员服务，创造优异的竞技成绩。

目前国内外关于领导力的研究主要从不同学科、不同角度、不同层次进行了探索，并取得了一定的成效。但客观地说，上述研究主要集中在领导力内涵、目的、功能、手段等应用性方面，而有关篮球教练员领导力的基础理论方面和实践能力方面的研究尚显得十分薄弱。因此，在教练员领导力的研究方面尚存不少的缺憾及不足，具体表现为以下3个方面：

- 关于领导力的概念和结构维度争议颇多，尚未形成比较统一的理论架构。国内外的很多研究者大都是根据自己的操作性定义来进行自己领域中的实证研究，但是他们很少论及各个因素之间的关系。对此，以前的研究者很少探讨，以至于使领导力的研究陷入比较混杂的局面，没有把领导力放在团队、组织结构中去考察，仅从管理的角度进行研究，因此建议对教练员领导力在概念和理论结构上要有一个统一的认识。

- 在教练员领导力理论的研究中,学者们广泛引入管理学、组织行为学、教育学等多学科理论,运用统计学、决策论、信息论和系统论等工具性学科,从多维视角出发,分析、归纳与总结,建构教练员领导力相应的理论体系。另外,学者们做了翔实的实证研究,将理论付诸实践。教练员领导力研究涉及多层次、多学科的内容,我们需从整体上把握,做系统的理论分析、实证研究,从而完善教练员领导力理论体系。
- 关于教练员领导力的研究,局限于国外理论和实证研究,而具有本土特色的研究几乎没有,因为文化背景对人的行为有重要的影响,领导力要放在文化背景下进行研究才更加有实践价值。因此我们亟待对教练员领导力这一方面进行深入研究,与时俱进。其实无论从什么视角做研究,都会有部分结果的重叠性、相容性及互补性。那么,作为我国的研究者还应该借鉴和综合已有的成果,结合具体的研究背景进行有意义的探索。

第三章 美国NCAA大学校际竞技体育发展的核心理念

美国大学篮球联赛是美国大学生体育协会（NCAA）管辖之下最有影响力的赛事之一。美国大学篮球教练的执教是在该组织的规范下展示自己的执教能力，因此，欲要研究美国大学篮球教练员的领导理念，就必须先从宏观上了解美国NCAA大学校际竞技体育发展的理念。如今，在美国的大学中拥有众多奥运级别的体育运动场馆设施（7万座位的橄榄球球场，1万以上座位的篮球场馆等），高额的体育竞赛预算（每所学校大约在3000万~9000万美元），每年上亿人次的大学赛事观看规模，几十万拿着体育奖学金的大学生运动员，其影响力和规模已经达到令人瞠目结舌的程度。难怪美国著名公共政策研究专家查尔斯·克洛费尔特（Charles T. Clotfelter）曾说，美国大学教育中有两大体系并存，一是传统上的学术（academic system）体系，二是校际竞技体育（intercollegiate sports）体系[①]。不难看出，美国大学校际竞技体育已成为美国大学教育中不可分割且具有重大影响力的一部分。通过这个体系，不仅为美国培养了众多的竞技体育明星，还为各行各业培养了大量的精英人才，成为世界高等教育体教结合模式的典范。我们不禁要问，是什么因素致使他们获得了今天的地位和成功？他们是如何解决一直困扰我国高校竞技体育发展的"学训矛盾"的呢？他们发展的核心理念是什么？有哪些经验值得我们学习和借鉴？为了解答以上种种疑惑，本研究利用文献资料法、对比分析法、实地调查法等研究方法，试图从他们发展的历史脉络和一系列制度安排中总结出美国大学校际竞技体育发展的核心理念。

---

① Charles T. Clotfelter. Big-time sports in American university [M]. Cambridge：Cambridge University Press，2011：4.

第一节　美国 NCAA 校际竞技体育发展历程的沿革

目前，管理美国大学校际竞技体育的组织不仅是 NCAA 一家，而是共有 5 个相互独立的全国性的体育组织（表 3-1）和七八个独立的区域性的体育组织[①]。此外，美国大学还有拳击、摔跤、划船等多个独立的全国性单项组织。这些组织全是民间社团，具有相互的独立性。他们的存在为美国大学校际竞赛的开展提供了稳固可靠的组织保障。在这些组织中，以全美大学生体育联合会（NCAA）为最有影响力和代表性。因此，本研究以此为研究对象来考察美国的校际竞技体育发展历程和现状，为我国设计出比较完善的大学校际竞技体育竞赛体系、为培养更多竞技体育人才提供借鉴和帮助。NCAA 的发展经历了由初创到逐步完善的过程，其发展演变可分成三个阶段考察。

表 3-1　部分美国大学校际竞技体育多项目管理组织情况一览表（数据截止到 2015 年）
Table 3-1　Part of intercollegiate sports management organizations in American university

名称/英文缩写	创始年	成员联盟数	成员院校数	成员学校类型	竞赛项目	运动员数（万）
全国大学生体育联合会（NCAA）	1906	130	1087	各种规模的本科院校	23	44.4
全国大学校际体育协会（NAIA）	1937	25	290	小型本科院校	13	6.0
全国大专体育协会（USCAA）	1938	42	525	两年制大专与社区学院	17	6.0
美国高校体育协会（USCAA）	2001	3	82	小型本科院校与大专	7	不详
全国教会高校体育协会（NCCAA）	1968	无	114	教会院校	11	不详

[①] 潘前，王萍丽. 美国大学体育组织发展研究 [J]. 浙江体育科学，2013（1）：69-73.

一、NCAA 初创阶段——20 世纪初到"二战"

1852 年 8 月，哈佛大学和耶鲁大学的划船队在新罕布什尔州温尼伯索基湖进行了一场比赛，该场校际比赛是美国大学竞技体育起步的标志①。在这之后，其他运动项目的校际体育竞赛活动也陆续展开，橄榄球比赛尤其火爆，球迷关注度高（这与当时缺少其他方面的娱乐活动是分不开的），竞争异常激烈，比赛时常发生球场冲突和球员严重伤病，甚至发生了多起球员死亡事件。仅 1905 年一年就发生了 18 名球员死亡事件，亟须球赛管理组织的出现。1905 年 12 月初，时任美国总统罗斯福召集哈佛、耶鲁、普林斯顿等 13 所大学的校长协商成立管理大学校际体育竞赛的机构。12 月底，有 62 所大学代表参加的会议决定成立美国大学校际运动竞赛联合会，1910 年又改名为现在的全国大学校际运动竞赛联合会（National Collegiate Athletic Association，NCAA）。成立该组织的最初目的是为美国大学业余校际体育建立体育运动规范，使参与其中的青年大学生免于运动伤害及体育暴力。在成立后的几年间，一直扮演着竞赛制度制定、规则修订统一等方面的角色，没有直接着手于联赛组织和赛事监管的工作，直到 1921 年，正式组织开展了第一届全美大学生田径锦标赛。随后，各运动项目的专项竞赛委员会逐渐成立，并由此产生了针对这些项目的各种大学竞技体育赛事。这个阶段的主要特征是开展迅速，影响力逐渐扩大，但竞赛项目和体系尚不不完善。第二次世界大战打破了这种快速稳定发展的局面。

二、NCAA 发展探索阶段——"二战"结束到 20 世纪 80 年代

"二战"后，随着经济的快速发展和社会的稳定，美国大众对竞技体育活动的观赏需求日益增强。在这种发展背景下，NCAA 改变了战争中停滞不前的状况，继续向逐渐扩展竞赛项目种类、会员学校的逐渐增多、联赛活动开展日益成熟的方向迈进。在这个过程中，伴随快速发展的同时也涌现出一些新问题，诸如招生、竞赛体制管理、商业开发、运动设施建设等。这些因素都严重制约了 NCAA 的发展进程，因此，1951 年，NCAA 临时委员会正式改组，在其现有基础上选拔并组建了常务管理委员会，该机构的建立为 NCAA 在以后阶段中的不断改

---

① James L. Shulman. William G. Bowen. The game of life: college sports and educational values [M]. Princeton: Princeton University Press, 2011: 5.

革创新奠定了坚实的基础。随后，1973年，NCAA探索并开创出了根据参赛队伍的竞技水平、社会影响力、学校规模化和财务投入等几个方面，将下属会员学校分为三个独立执法与比赛的分区，分别为：一级联盟（Divisions-Ⅰ）、二级联盟（Divisions-Ⅱ）、三级联盟（Divisions-Ⅲ）。初步构建了现代大学生体育联赛分区管理模式的雏形，这种分级管理模式沿用至今。NCAA在1983年推出了联盟48号条例，规定了招收学生运动员的学业资格，规范了不同分区在吸引体育人才过程中的规章制度。1984年，美国最高法院为限制NCAA的垄断发展，出台了里程碑式的反体育联盟托马斯法案，因此，NCAA失去了全美大学生美式足球常规赛的电视转播权。随着管理与经营体系的逐渐复杂化，NCAA下属学校的校长也开始进入联盟管理体系。1984年，NCAA建立了校长联合会，由三个分区选出的大学校长团队开始进入NCAA的核心管理机构。

三、体制完善阶段——20世纪90年代至今

1994年，原亚利桑那大学体育部主任塞德里·登普西（Cedrie Dempsey）接任了NCAA协会的主席，他上任后，重组了管理委员会，并重建了管理体系，主体思想是加强各分区的自治管理能力，允许他们在不违反NCAA现有规范条例的情况下，对各分区的各项事务如竞赛安排、人事任命、学校交流等，进行自治管理，这一改革加强了管理的灵活性，也明确了权利的从属关系，为NCAA各项赛事的发展开辟了道路，这种管理格局一直延续至今。

通过对NCAA发展历程的简要回顾和梳理带给我们三点重要启示：一是大学校际竞技体育的发展要始终把握教育第一，体育为教育服务的宗旨，为培养健全人格发挥体育特有的作用；二是要非常重视协会管理制度和竞赛管理制度的制定，使大学校际竞技体育发展更加规范化、合理化；三是会员院校的领导层要进入协会的管理体系，拥有协会规章制度和各种活动的决策权。

第二节　美国NCAA校际竞技体育发展的核心理念

一、强调教育第一，体育为教育服务原则

美国大学校际竞技体育之所以历经160多年而不衰，最关键的原因就是其始终贯彻教育第一，体育为教育服务的核心发展理念。NCAA章程中明确指出，其

发展宗旨是通过发展校际竞技体育项目，促进大学生运动员的教育领导力（educational leadership）、体能（physical education）、竞技能力（athletics excellence）的全面发展，不允许把学生运动员当作比赛获胜的工具，必须保证学生运动员的学业[①]。也就是说，参与校际竞技体育活动的学生运动员（student-athlete）首要角色定位是学生，然后才是运动员。早在19世纪末的中西部大学校际比赛联合会上就曾提出"运动员如是学业成绩不及格的学生，自然也失去比赛资格"，后来虽然协会对大学校际联赛规章制度进行多次修订，但以学习为主的原则一直没有改变过。这条宗旨贯穿整个NCAA发展历程。那么，他们是通过哪些措施对这项宗旨进行落实的呢？

第一，把好招生关。对学生运动员的招生资格要求做了明确的规定：学生必须完成高中学业，并拿到高中毕业证书，对其SAT成绩、核心课程的学习时间，坚持学校专门制订的入学标准（以4学分制为例，一般不低于申请入学的非运动员高中毕业生0.6分），不能达到一定学术标准的学生，是肯定不能获得体育奖学金的。反观我国，在教育部出台的《普通高等学校招收高水平运动员办法》中，对运动员的学术要求大幅度地进行了降低，只要文化课成绩达到当地高考二本线65%即可录取，甚至对运动等级达到一级及以上级别的运动员只需参加所报考学校单独组织的文化课考试，相当于可以免试入学。这样的学业标准要求和导向无疑在向具有体育特长的高中生传递一种信息，只要运动成绩优异，就有获得读大学的机会，致使他们会把全部精力都投入到竞技训练当中，从而荒废掉宝贵的学业，严重影响将来的全面发展。

第二，在求学期间，学生运动员的训练时间和比赛场次受到严格监控和约束。训练方面，NCAA对每个项目可以开始训练的日期进行了明确的规定（如篮球项目在赛季首场比赛前42天才能开始全队训练），且每天参加训练的时间不得多于4个小时，每周的训练时间不能超过25个小时；并且每周必须保证一天的休息时间，这一天不能安排任何与训练和体育活动有关的事情。这样对训练时间的严格限制不仅为学生运动员的学习时间提供了制度性保障，而且还大幅度地提高了他们的训练效益和质量。此外，为了不让过多的比赛时间影响学生运动员的文化学习，NCAA还对学生运动员参加各单项比赛的场次以及天数作了具体规定，进行宏观约束和把控。以2015—2016学年为例（表3-2）。

---

① Gerald·R. Gems. Gertrud·Pfister. Understanding American sports [M]. Abingdon: Routledge, 2009: 155.

表 3-2 部分运动项目最多比赛场次和时间①
Table3-2 Part of maximum number of contests and dates of competition for each sport

运动项目	最多比赛场次	最多比赛时间（天）
棒球	56	
篮球	29	
女子沙滩排球		16
女子保龄球		32
越野赛		7
女子骑术		15
曲棍球 冠军赛 其他类型比赛	20	5
男子排球 冠军赛 其他赛事		28 4
男子水球		28
足球 冠军赛 其他赛事	20	5
高尔夫		24
体操		13

第三，实行学业成绩报告制度。为了确保运动员的受教育质量，NCAA 还对参加比赛的运动员学业资格进行了严格的规定。各会员院校的体育部（athlete department）要在每学期结束后，将所有学生运动员的考试成绩上报 NCAA 学术管理部门。规则规定：参加校际竞技体育比赛的运动员每学期必须修得 12 学分，每学期成绩必须达到全体学生成绩的平均值，否则将失去参赛资格。为更好地保证学业标准的落实，美国大体协自 2008 年 10 月通过决议，开始构建运动员学业进展率（Academic Progress Rate）评价模型，责成每个校际代表队的主教练负责，每年上报其队内运动员的学业进展率报告，这种报告将始终伴随教练员的职业生涯，也

---

① National Collegiate Athletic Association. NCAA Division - Ⅰ manual：2015—2016 [M]. USA：SO&SO Co., LLC. 2016：5-8.

美国NCAA大学校际竞技体育发展的核心理念 第三章

会作为 NCAA 委员会审议会员院校体育奖学金名额的重要参考① （表 3-3）。

表 3-3 NCAA2010 年度入学的大学生运动员与普通学生毕业率情况对比一览表
Table 3-3 Graduation rate comparison Student-athlete between athlete-student and non-athlete for college student enrolling in 2010 in NCAA

成员院校	大学生运动员的毕业率（%）	普通学生的毕业率（%）
一级联盟（Division-Ⅰ）	63	59
二级联盟（Division-Ⅱ）	54	48
三级联盟（Division-Ⅲ）	61	63
平均值	59.3	56.9

资料来源：1983-2015 NCAA student-athlete participation rates report.

第四，通过对 NCAA 会员院校的体育部主任及教练员访谈后得知，他们还非常注重运动员在参与训练和比赛过程中的人格教育。他们认为，艰苦的体育训练和比赛可以培养学生坚韧不拔、超越自我、团结合作的品格和忍受巨大痛苦的能力，而这些素质令参与者终生受用。在实践中，他们会在训练过程中组织运动员进行领导力课程的学习、沟通能力的训练等，在每个项目比赛开始前，都进行国歌的唱诵，这是非常好的培养观众和运动员的爱国主义精神的举措。

学生运动员的毕业率是他们学业完成情况和学生受教育质量的一个重要考核指标。从表 3-3 可以看出，美国大学生运动员的毕业率略高于普通大学生，说明他们并没有因为繁忙的体育训练和比赛而影响到学术方面的学习，反而他们从体育运动中培养的优秀品格促进了他们学业的提高，从 1990 年有学生运动员毕业率统计以来的数据发现，大致趋势亦是如此。究其原因，一方面说明美国大学生运动员的"学训矛盾"处理得比较好，能够做到运动和学习两不误；另一方面跟 NCAA 对学生运动员学业严格要求的规章制度是密不可分的。NCAA 在其研究报告《下个世纪责任——校长的领导与大学的责任》中认为：NCAA 发展 100 多年并且获得相当成功的根本原因在于参加大学竞技体育的运动员都是注册进入学校的学生，大学竞技体育较为成功地融入大学体系之中②。

---

① 王磊. 对美国大学生体育联盟-NCAA 管理体制和运行机制的调查研究 [D]. 西安：陕西师范大学，2011.
② National Collegiate Athletic Association. NCAA Division-Ⅰ manual：2014—2015 [M]. USA：SO&SO Co., LLC. 2015：5-8.

从以上分析不难看出，大学校际竞技体育活动要获得长期的可持续发展，就必须牢牢树立教育是目的，体育为教育服务的意识，并且要从招生、训练比赛和学业标准等方面通过一系列具有可操作性的规章制度和措施进行贯彻落实。

二、强调运动项目的全面平衡发展

NCAA管辖的运动项目包括：篮球、棒球（男子）、垒球（女子）、橄榄球（男子）、户外越野、曲棍球（女子）、高尔夫、长曲棍球、足球、体操、赛艇（女子）、排球、冰球、水球、射击、网球、滑雪、田径、游泳、跳水和摔跤（男子）。想要加入NCAA的学校，必须有至少男女各4项运动校队才具备入会资格。对要加入一级联盟（Division-Ⅰ）的学校要求更高，必须拥有7支以上的男子和女子运动队（或者6支男子队伍和8支女子队伍）。在这样的规定下，目前每年参与NCAA比赛中的学生运动员人数已高达48万人以上（表3-4）。据统计，在2014—2015赛季，平均每个NCAA会员院校拥有17支运动队，其中，男队8支，女队9支。以印第安纳大学为例，他们共有22支提供全额体育奖学金的运动队，几乎囊括了所有的在青少年中比较流行的运动项目（表3-5）。由此可见，他们的理念是在普及的基础上进行提高，尽可能多地让擅长不同项目的学生有施展自己才华的舞台，让体育运动惠及更多的大学生。与之相比，我国在这方面有很大的不足。以北京高校为例，在具有高水平运动队招生资格的院校中（此类学校从性质上相当于美国提供体育奖学金的院校），平均每所高校仅有2.5支运动队（表3-6）。主要原因是我国在进行高水平运动队建设资格评审时，并没有对申报项目的最低数进行明确的规定，与之相反的是多数省份规定了高水平运动队申请数量最高数。如浙江省规定"新申请高水平运动队建设学校"不得高于两项，导致高校运动项目发展失衡，大部分高校的做法是将开展运动竞赛训练所必需的体育场馆、经费、人力等重要资源向少数项目进行倾斜。如华侨大学的男子篮球、太原理工大学的篮球和足球等，一些冷门项目得不到相应的开展和关注，导致参与校际竞技体育的学生人数严重不足。不仅如此，由于项目开展的不均衡、不普及，还会造成两个方面的危害：一是影响学校在该项目上的充分竞争，对竞技水平的提高极为不利；二是影响中小学开展多种运动项目的积极性。因为如果具有运动项目特长学生出路狭窄的话，学校自然不会鼓励投入过多的时间精力和资源去参与该项目的训练和比赛，十分不利于多数运动项目的普及和体教结合的开展，同时不利于发展竞技运动对普通学生参与体育活动的积极性，从而对一直困扰我们的学生体质问题起不到改善和推动作用。所以，要有效改善这种局面，必须从制度上要求每所高校支持多项运动项目的开展，不能仅将有限的资源投入到个别能取得较好成绩的运动项目当中，有效增加学生运动员的人数和校际竞技运动的参与，使体育的教育功能惠及更多的青少年学生。

表 3-4 NCAA 近 10 年学生运动员总人数统计一览表

Table 3-4 Student-athelets participation rates of NCAA in nearly ten academic year

年份（赛季）	男	女	总人数
2005—2006	224926	168583	393509
2006—2007	230259	172534	402793
2007—2008	236774	175994	412768
2008—2009	240822	180347	421169
2009—2010	245875	184426	430301
2010—2011	252946	191131	444077
2011—2012	261150	195846	453347
2012—2013	265645	203565	469210
2013—2014	271055	205021	476076
2014—2015	273061	209472	482533

表 3-5 印第安纳大学运动队设置情况一览表

Table 3-5 Athletic team program of IU

序号	男队	女队
1	篮球（basketball）	篮球（basketball）
2	棒球（baseball）	垒球（softball）
3	越野（cross country）	越野（cross country）
4	美式橄榄球（football）	排球（volleyball）
5	高尔夫（golf）	高尔夫（golf）
6	足球（soccer）	足球（soccer）
7	游泳和跳水（swimming and diving）	游泳和跳水（swimming and diving）
8	网球（tennis）	网球（tennis）

续表

序号	男队	女队
9	田径（track and field）	田径（track and field）
10	摔跤（wrestling）	水球（water polo）
11		保龄球（bowling）
12		曲棍球（field hockey）
总计	22	

资料来源：根据印第安纳大学体育部官方网站整理（http://iuhoosiers.com/）。

表3-6 北京27所高水平运动队建设资格大学建设项目情况一览表
Table 3-6 Admission qualification's universities of high level athlete in Beijing

项目	17	田径	篮球	足球	排球	乒乓球	羽毛球	健美操	游泳	棒球	赛艇	跆拳道	武术	网球	橄榄球	定向	攀岩	垒球
数量	69	14	11	9	5	3	5	7	4	1	2	3	3	2	2	3	1	1
平均								2.5										

三、强调学生运动员的男女性别平等

一直以来，男多女少的性别失衡是困扰我国高校竞技体育发展的一大难题，而强调男女平等则是美国校际体育竞赛的一大特征。在大部分的 NCAA 会员院校当中，女子运动队数量一般多于男子运动队数量（表3-5）。从总体参与人数来看，男女学生数量相当，根据2013—2014学年度的数据来看，男子运动员共计271055人，女子运动员共计205021人（表3-4），且近20年的增长势头明显高于男子（图3-1）。如果考虑到有将近6万名男子运动员参加橄榄球这个项目（女子并未广泛开展这一运动），每年的男女运动员的人数基本是持平的。这种男女平衡发展的局面与1972年出台的《美国联邦教育法》关系密切。在1972年以前，男子运动员人数远远高于女子运动员。该法律的第九款为女子体育的发展提供了法律依据。该条款规定：在教育机构中不应存在性别歧视。如接受大学教育的机会男女要平等、享受奖学金男女平等、教育部门内部修建的公共设施要体现男女平等，如果违反这一条例，一经核实将失去联邦政府的资助。教育修正案第9条的通过和实施给美国社会带来巨大的影响，据有关专家估计，1972年女运动员只能得到体育运作经费的 2%，而且几乎拿不到任何体育奖学金，担任体育教练和在大学体育系担任行政职务的女性寥寥无几①，参加大学正式体育队的女生也不到 3 万人，如今却超过了 15 万人。参与体育运动的高中女生当年不到 30 万人，如今却有 300 多万人。一些人士认为，美国女性在该法案出台后的历届夏季奥运会上之所以表现杰出，要归功于为女性提供了和男性同等竞争机会的教育修正案第 9 条。反观我国的大学校际竞技体育的开展，现在仍然处在男女学生运动员严重失衡的阶段，女子学生运动员参与情况非常不乐观，必须通过相关的立法来解决，为女子学生提供更多的参与体育竞赛的机会和平台，从而获得更全面发展。

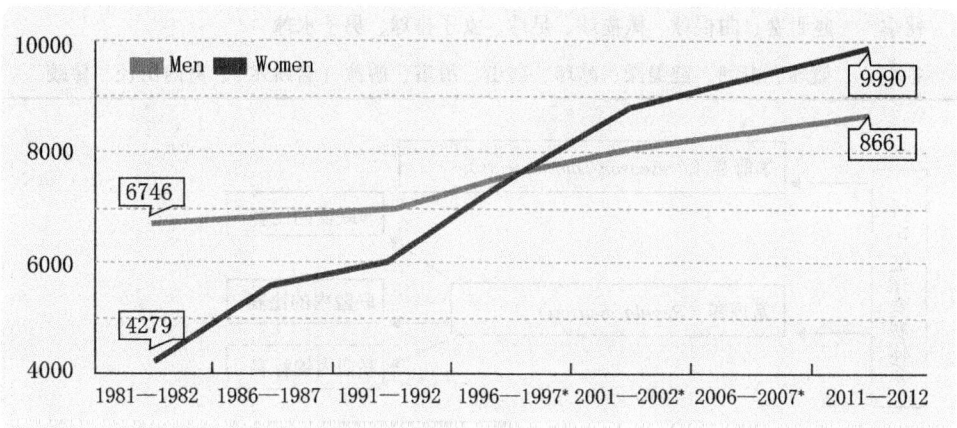

*包括中途退出人员（Provisional Members Includes）

图 3-1　近 30 年美国女子和男子大学生运动员人数增长情况一览表

Figure 3-1　Increase in numbers of women's and men'student-athlete in nearly thirty years

四、强调完善的竞赛体系

　　竞赛是高校开展体育活动的主体，必须建立起完备的竞赛体系才能有效地带动学校投入的积极性和训练质量的提高，是高校有规划地发展校际竞技体育的基石和保障。在 NCAA 执行委员会的组织管理下，三个级别的分会各自组织所属会

---

① National Collegiate Athletic Association. Presidential Leadership and Institutional Accountability: A Report From The Presidential Task Force on The Future of Division Intercollegiate Athletics [M]. USA: SO&SO Co., LLC. 2011: 67-69.

员院校之间进行赛季的比赛,根据季节特点和市场需求,设置了 24 个项目分别安排在春季、秋季和冬季进行(见表 3-7)。各个项目的竞赛活动经过多年的不断完善,已形成了完善的竞赛体系。以篮球项目为例,其比赛体系一般由赛季前的邀请赛,常规赛和全国锦标赛(见图 3-2)。

表 3-7 NCAA 高校各种运动项目竞赛日期情况一览

Table3-7　Sport events schedule of NCAA

季节	运动项目
春季	棒球、高尔夫球、长曲棍球、赛艇、垒球、网球、室外田径、男子排球、女子水球
秋季	越野赛、曲棍球、橄榄球、足球、女子排球、男子水球
冬季	篮球、击剑、健美操、冰球、射击、滑雪、游泳(含跳水)、室内田径、摔跤

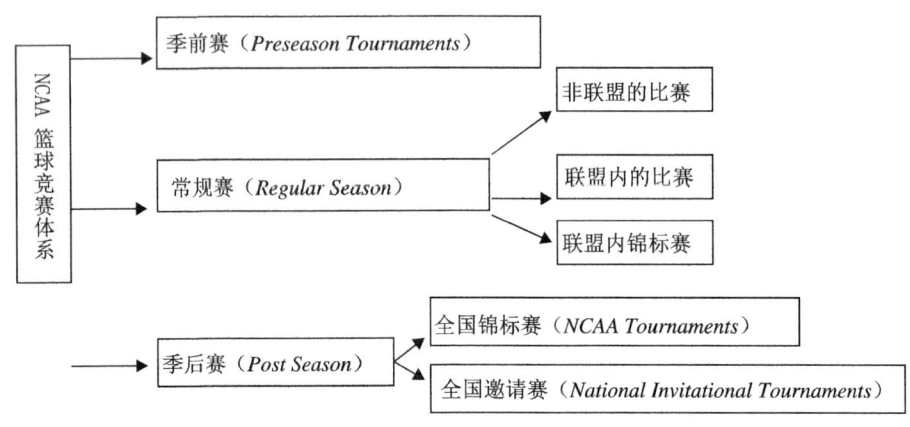

图 3-2　NCAA 大学篮球竞赛体系图示

Figure 3-2　Competition system of NCAA college basketball

美国 NCAA 大学篮球常规赛季的正式比赛一般从 11 月的第二个星期正式开始,次年的 4 月初结束。在为期 5 个月的赛季中,每个球队平均的比赛场次为 30 场左右,打到冠军赛的球队场次可达 35 场。各个球队一般会在 8 月底和 9 月初公布赛季的比赛计划。在正式比赛之前,各球队可以参加一些季前邀请赛,如比较经典的教练对抗癌症篮球赛(现称 2K Sports Classic benefiting Coaches vs. Cancer)、体验大学篮球经典(College Basketball Experience Classic)等,此类赛事不计入赛季比赛的总场次(每个球队一个赛季参加总比赛不能超过 35 场),但计入比赛成绩。然后，常规赛开始，常规赛又可分为非联盟的比赛（球队可以自由选定想要比赛的球队）、联盟内的比赛（在各自联盟内进行主客场制的比赛）和联盟内的锦标赛（根据常规赛的排名来决定对位，实行单淘汰制，决出的冠军获得参加全国锦标赛的自动标）。最后，由各个联盟的冠军球队和常规赛比赛表现优异的球队，共68支参加采用单淘汰赛制的全国锦标赛，即通常所说的"疯狂三月"，直至决出年度总冠军。其实，在美国大学季后赛中，还有一项不为大家所熟识的赛事，那就是全国邀请赛（NIT），此项赛事主要是为那些虽然表现优异，但遗憾地不能获得参加全国锦标赛机会的球队而设。此外，大学为了筹集体育经费或者搞慈善活动，还经常举办与校友队的比赛、邀请赛、友谊赛等。从中不难看出，美国的篮球项目已形成了非常完善的竞赛体系，其他竞赛项目也是如此。正是因为有如此完备的竞赛体系作保障，才使得美国的校际竞技体育培养了大量的高水平的运动员、教练员、管理人员等，同时，也培育出了大学繁荣的校园体育文化。我国的高校在竞赛体系的建立上还严重不足（包括参与的运动队数量少、竞赛的影响力不够等），尚没有培育出一批有影响力的大学联赛品牌，严重制约了我国高校校际竞技体育的可持续开展和应有功能的发挥。

五、强调校际竞技体育发展过程中的历史数据记载

历史数据记载是顺利开展竞赛工作和传播体育文化的重要一环，普遍重视校际竞技体育活动开展过程中的信息记录和整理是美国大学校际体育的一大特色。打开NCAA的官方网站和各大学的体育系网站，都能非常方便地查询到历年的校际竞技体育的信息数据记录。这些信息主要包括历年的：注册学生运动员情况（resume of student athletes）、大学生运动员的学习成绩（academic performance）、毕业率（graduation rate）、观众人数（attendance）、财政资助情况（finance of intercollegiate athletics programs）、运动员人数（student-athlete participation rates）、比赛技术数据（game statistics）、最佳教练（coach of the year）、最佳运动员（most outstanding player）、协会的收支情况（NCAA revenues and expenses）等，数据相当的完整和翔实。现任NCAA协会总裁马克·艾默特（Mark Emmert）认为，对这些数据的记录和分析存在两大价值，一是可以记载走过的历史，沉淀出校园竞技体育文化；二是有利于协会、专家学者和社会大众对协会的工作进行广泛地讨论和分析，找出协会工作的贡献和不足，不断地改进和完善协会的工作。校际竞技体育可持续地良性发展，最终惠及美国高校的大学生运动员的教育和成长，这些

数据资料是他们通过体育运动帮助大学生更好地培养核心理念的最好明证。另外，我们认为，这项工作也有助于大学体育历史文化传统的继承和发扬，对形成浓郁的大学体育文化具有很好的宣传和推动作用。那么，他们是怎么做到的呢？NCAA 协会要求每所会员院校在每个学年的赛季结束之后上报上一年度的竞训情况，其中主要包括各个项目的技术统计、运动员学业情况、学生运动员人数、比赛场次、体育项目经费、商业开发、观众人数等。反观我国，虽然大学校际竞技体育竞赛活动开展了几十年，每年有上万场次的比赛，但关于这些赛事的相关报道和数据资料记录情况几乎是空白，这种情况不能不说是一个很大的遗憾，因为没有这些资料的存在，你很难用确切的数据表明和分析，我国高校校际竞技体育走过了哪些历程？它的现状和存在的问题有哪些？其影响力如何？参与运动员情况如何？人才培养情况如何？校际竞技体育的价值和意义在哪？大学生运动员在校学习情况如何？为了解答好这些问题，从现在开始，就必须着手开展这方面的工作。

六、强调学生运动员的权益保障

NCAA 要求各会员学校必须给学生运动员（*Student-Athlete*）足够的权益保障。这既是美国大学竞技体育在全面发展的教育中自身定位的需要，也是坚持大学体育业余主义精神的需要。美国大学体育联合会在宪章的第二章第二条款中特别强调：①大学不允许把运动员视为获胜的工具，必须保护学生运动员的健康和提高学术能力；②必须为他们创造安全健康的运动环境和学习环境；③营造良好的教练员与运动员关系的氛围；④学校的管理人员必须对学生运动员做到公平、诚实、开诚布公；⑤学校必须积极地参与能影响学生运动员生活的各项事务①。该条款为发展大学的竞技体育奠定了法律依据，是 NCAA 宗旨的具体体现，即大学校园内校际竞技体育作为一项业余活动存在，要保持学习、社会活动和竞技体育之间的平衡。

七、强调对会员单位运动计划项目的监管

立法和纪检委是 NCAA 中两个重要部门，立法部门负责制定和解释 NCAA 的

---

① Gerald R. Gems. Gertrud · Pfister. Understanding American sports [M]. Abingdon: Routledge, 2009: 155.

规章制度。立法咨询服务部门的助手绝大多数是律师出身，他们精通法律，懂得如何利用规则、解释规则。纪检委负责监督 NCAA 在执行法规制度时，是否有违纪现象，对违纪现象进行调查取证，收集有关的数据，根据违纪程度做出相应的处罚[1]。关于 NCAA 的严格监管我们可以通过两个事例来说明。2009 年 3 月 8 日，NCAA 对佛罗里达州立大学开出了近 20 年来最大的一张罚单，该校 61 名学生运动员因漏题引起的"学术欺诈"被取消两年的所有成绩和体育奖学金。涉案的 10 个运动项目失去了 2009 年和 2010 年两个年度的体育奖学金资格，这意味着 10 支运动队将不再可能吸引到优秀的运动员人才。同时对涉案的三名教职工（学习专家、学术指导老师、出题的导师）也给予了相应的处罚，责令他们五年内不能进入高校体育协会并给该校严重警告的处分，如果四年内再犯同样的错误，将被取消会员资格。2013 年 4 月，NCAA 的罗格斯大学男篮主教练训练中暴打并辱骂学生的视频曝光，引发全美大地震。事情一出，NCAA 委员会马上介入了调查。最后，责成学校开除全体教练组，体育部主任和分管的副校长也给予了开除的处罚。通过以上两个案例可以清晰地看出，NCAA 委员会对各种违规事件实行的是零容忍，正是这种严格的监管和处罚，才保证了 NCAA 各项工作的平稳进行。

八、积极引入市场开发渠道

我们知道，开展校际竞技体育训练和比赛活动需要巨大的资金做支撑，那么，美国高校这么多运动队，他们的训练和比赛经费是从哪儿来的呢？据 NCAA 协会每年的财务报告我们可以了解到，经费的主要来源包括学校拨款、社会赞助、电视转播、产权出让、校友募捐、门票收入、特许商品出售等，充足的经费从物质上充分保证了运动员训练和比赛的需求，为实现协会的可持续发展奠定了财力基础。在这些收入来源当中，又以电视转播和特许商品销售为主，大约占总收入的 81%。如 2010 年 NCAA 与 CBS 和 Turner Sports 签署了一份令人不可思议的 14 年 110 亿美元的巨额男子篮球全国锦标赛的合同，由此可见大学男子篮球赛的影响力。另外，各个联盟（共 34 个联盟）还具有自己的商业开发权。根据统计（表 3-8），2006—2013 年美国 I 级学校的 12 个大学体育联盟的收入呈明显的增长势头，例如大十联盟（Big-10）包括伊利诺斯大学香槟分校、衣阿华州立

---

[1] Jan Boxill. Title IX and gender equity [J]. Journal of the Philosophy of Sport, 1993 (20): 23-31.

大学、密歇根州立大学、西北大学、宾夕法尼亚州立大学、威斯康星大学、印第安纳大学、密歇根大学、明尼苏达大学、马里兰大学、罗格斯大学、内布拉斯加大学、俄亥俄州立大学和普度大学，共14所高校（1990年后陆续有四所新的高校加盟，依然沿用十大联盟的称号）。该联盟具有悠久的联赛传统和雄厚的竞技实力，其经费来源渠道广泛，推出"十强联盟"标志，经费运作充足，从2006年的2696.2万美元上升到2013年的3301.4万美元。在一级联盟的学校中，每所学校每年可以从NCAA协会和所属联盟分得上千万美元的资金。与之相比，我国各高校运动训练和竞赛的经费一直依赖学校拨款，由于目前开展训练竞赛活动的成本逐年提高，经费来源的单一性已成为制约我国高校竞技运动快速发展的瓶颈。为了解决目前的窘境，着手开发出具有商业潜力的篮球和足球等项目已经刻不容缓。随着社会主义市场经济的发展和教育体制改革的深入，可以借鉴美国高校体育商业化的一些成功经验，以观众基础好的篮球、足球等项目为突破口，有计划地实行产业化运作，进而用获得的资金来反哺其他运动项目的开展，形成大学校际竞技体育的全面繁荣局面。总体而言，只有得到社会大众广泛的支持，发挥竞技体育的经济功能，增强自身的造血机能，才能从物质上保证高校高水平运动队日常训练和比赛活动的开展，从而不断提高自身的竞技运动水平，吸引更多的观众和展开更好的市场运作，获得更多的经济保障，进入一个良性循环的发展阶段。

表3-8 2006—2013年美国NCAA I 级大学体育联盟的收入状况（单位：千美元）

Table3-8 Revenues of various Division I leaguein fiscal year 2006—2013

(Unit: thousand dollars)

联盟名称	2006年	2007年	2008年	2009年	2010年	2011年	2012年	2013年
ACC	24276	17934	19721	22591	24409	26747	28075	31332
Big 12	25981	17023	19946	21472	25485	27377	29446	34397
Big East	20689	14400	16629	19194	22340	24235	25997	27184
Big Ten	29359	31662	40360	47070	50724	51250	58103	49507
C-USA	19074	20462	24103	26911	27706	29218	30175	30439
Independent	7105	8042	9603	8999	10582	15928	16527	15079
MAC	4903	5149	5974	6325	6991	8935	9154	10102

续表

联盟名称	2006 年	2007 年	2008 年	2009 年	2010 年	2011 年	2012 年	2013 年
Mountain West	12178	13165	14327	158723	19482	21495	22733	23418
Pac-10	26962	18210	21339	24302	27477	29363	31293	33014
SEC	30184	34506	39370	40729	41753	44586	46492	48102
Sun Belt	9876	10962	10540	11077	13508	12056	10023	11703

资料来源：Daniel L. Fulks, Revenues and Expenses, Profits and Losses of Division I-A Intercollegiate Athletics Programs Aggregated by Conference—2014Fiscal Year Daniel L. Fulks, Ph. D., CPAAccounting

通过对美国大学校际竞技体育的发展历程和核心理念的梳理发现，我国的大学校际竞技体育虽然已经发展了几十年，但始终没有很好地发挥出它应有的功能和价值，这与缺乏良好的顶层设计和核心理念不明确有很大关系。我们认为，借鉴美国大学成熟的校际竞技体育发展理念有助于我们科学地设计好国内高校竞技体育发展路线，脚踏实地从基础的制度建设做起，促进大学体育代表队教练员的理念更新和加强行为规范，从而实现可持续发展和高校竞技体育的繁荣，为培养符合社会需求的各方面精英人才作出更大的贡献。

第四章 美国NCAA大学篮球教练员领导力特征探析

在当代，美国篮球运动的发展一直引领着世界，这与它浓厚的篮球氛围、富有个性的篮球风格、科学化的训练体系以及教练员独领风骚的执教领导力有着紧密的联系。欧洲篮球近几年在国际上慢慢显示出他们的优势，但还是无法撼动美国篮球的霸主地位。在美国，大学篮球教练员在执教过程中所展示的技战术、训练以及队员的管理安排等方面的领导力都具有其独特的魅力。

美国NCAA大学篮球联赛迄今已经走过了79个赛季，发展成为一个竞技水平高超和具有广泛影响力的联赛，培养了大量的高水平篮球运动员，是NBA最重要的人才库，这主要得益于他们完备的竞赛体系和教练的高超水平。那么，他们的领导力有哪些特色？是如何组织和实施的？执教理念是什么？美国大学高水平教练对这些问题的回答有助于我们借鉴其领导方法和思路。近十年来，美国NCAA大学男篮主教练的薪水持续攀升，达到数百万美元的教练比比皆是，球队之间的竞争日益激烈。为了提高球队的竞技水平和团队战斗力，逼迫教练员每天都在思考一个问题，作为球队组织的直接领导者，如何更好地打造球队竞争力？接下来，我们通过对他们（取得辉煌成就的教练）关于对领军思考的著作进行剖析，试图找出他们高超领导力背后的执教哲学和操作方法，以期对我国大学篮球教练员领导力的培养和提升得到有益的启示和借鉴。

第一节　NCAA-UCLA 洛杉矶分校传奇教练约翰·伍登（John Wooden）执教领导力研究

一、约翰·伍登教练简介

约翰·伍登（1910年10月14日—2012年6月4日），是以运动员和教练员双重身份进入美国篮球名人堂的第一人。伍登在中学和专科学院任教13年，并于1946年起开始了他的洛杉矶加州大学（UCLA）篮球队教练员生涯。他执教学校男子篮球队27年之久，总战绩为664胜，162负，胜率达80.4%，率领UCLA大学在12年中10次夺冠，并且创造了88连胜的神奇纪录，连续38次在联合会赛决胜期中获胜和保持四个赛季不败的纪录。为此，伍登曾六次赢得大学最佳教练员称号，在竞争残酷的NCAA大学篮坛，可谓创造了空前绝后的成功纪录，伍登和他的球队更为辉煌的业绩在于创造了很多几乎再也不可能被打破的纪录，以至于他被公认为美国篮球史上最杰出的大学教练员，并且在1999年被ESPN评为20世纪最伟大的十位教练员之一。这样傲人的战绩和成就是其卓越的执教能力的最好注脚和诠释。那么，我们不禁要问，他的执教秘诀在哪儿？他的执教理念是什么？他的执教领导行为高明在何处？他的执教哲学的形成过程是怎样的？哪些理念值得我国篮球教练员借鉴？这些问题的答案对我国篮球教练员开阔视野、提高领导力具有重要的理论价值和现实意义。因此，本节在深入阅读他本人的多本著作以及关于他的执教行为展开的相关研究基础上（见表4-1），运用伯尔曼（Bolman）和迪欧（Deal）的"四力框架结构"领导力模型及文本分析对他的领导哲学和执教行为进行系统归纳，以期为提高我国篮球教练的执教水平和执教智慧提供有益的参考和借鉴。

表4-1　约翰·伍登及相关文献著作一览表

作　者	书　名	出版日期
约翰·伍登（John Wooden）	他们称呼我为教练（They Call Me Coach）	1988
约翰·伍登（John Wooden） 史蒂芬 贾米森（Steve Jamison）	伍登：场内外一生的观察和反思（Wooden: A Lifetime of Observations and Reflections on and off the Court）	1997

续表

作 者	书 名	出版日期
约翰·伍登（John Wooden）	执教现代篮球（Practical Modern Basketball）	1999
约翰·伍登（John Wooden）史蒂芬·贾米森（Steve Jamison）	教练伍登成功的领导力计划（Coach Wooden's Leadership Game Plan for Success）	2009
约翰·伍登（John Wooden）史蒂芬·贾米森（Steve Jamison）	伍登的本质：领导者和领导力一生的功课（The Essential of Wooden: A Lifetime of Lessons on Leaders and Leadership）	2007
约翰·伍登（John Wooden）史蒂芬·贾米森（Steve Jamison）	伍登论领导力（Wooden on Leadership）	2005
斯义·内特（Swen Nater）罗尔德·格尔木（Ronald Gillimore）	直到他们学会了，才算你教了（You Haven't Taught Until They Have Learned）	2005
帕特·威廉姆斯（Pat Williams）	约翰·伍登：篮球和人生的课程（John Wooden: Lesson for Basketball and Life）	2011
加里莫尔·撒普（Gallimore R. & Tharp R.）	直到他们学会之前你什么都没有教：约翰·伍登的教学原则与实践（You Haven't Taught Until They Have Learned: John Wooden's Teaching Principles and Practices）	2006
加里莫尔·撒普（Gallimore R. & Tharp R.）	一个教练可能会教老师什么，1975—2004：约翰·伍登教学实践的再分析与再反思（What a Coach Can Teach a Teacher, 1975-2004: Reflections and Reanalysis of John Wooden's Teaching Practices）	2004
加里莫尔·撒普（Gallimore R. & Tharp R.）	篮球教练员约翰·伍登：教练员可能教老师什么？（Basketball's John Wooden: What a Coach Can Teach a Teacher）	1976

二、伍登教练员领导力的根基——成功金字塔

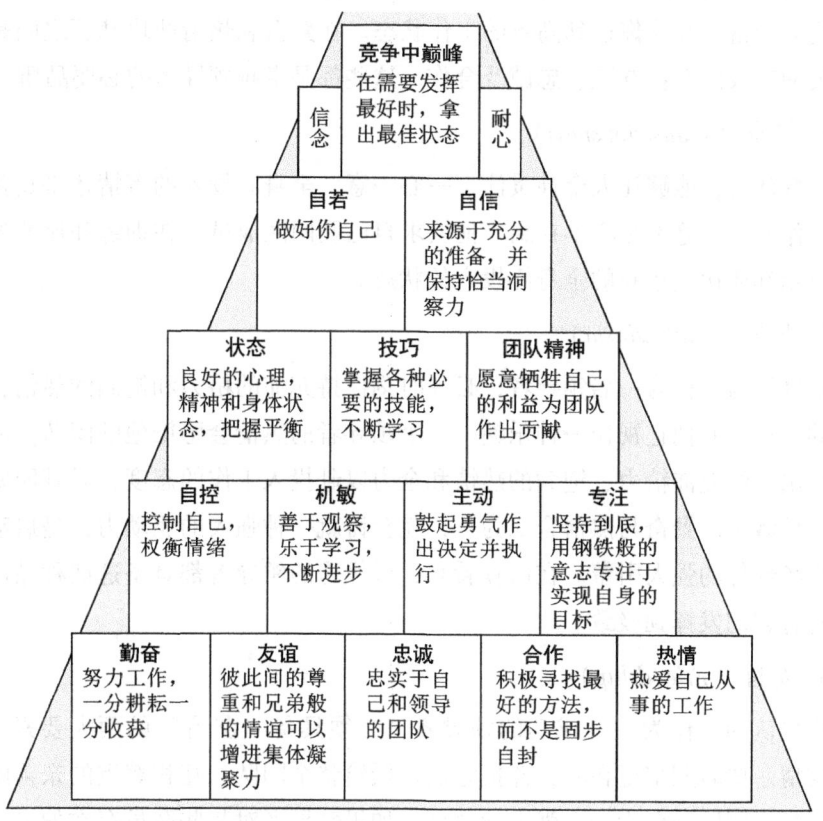

伍登的成功金字塔是他一生执教经验的总结，它是由伍登教练员认为成功应具备的 15 种重要品质所构成，由 15 个层层递进型的功能块（Blocks）组成。首先，该金字塔是他领军哲学的根基所在，它就像一座灯塔，是所有领导行为的指南。伍登认为，成功金字塔能够为人们提供达到个人卓越和团队成功的指导方向。只要团队成员都一起付出努力，都能够具备这 15 种品质，一旦铸就这些品格，成功是顺其自然的事情。他对成功进行的界定是"心灵的宁静"，而内心的宁静源于自我满意，因为你已经尽了最大的努力，充分展现了自己的最佳水平[①]。因此，欲要开展关于他的执教领导力研究，首先要了解他所总结的成功金字塔。

---

① John Wooden，Steve Jamison. Wooden on leadership [M]. New York：McGraw-Hill，2005.

(一) 成功金字塔底层 5 个模块解析

勤奋意味着努力工作,是那种全身心、全神贯注投入的状态。热情可以将工作转化为勤奋,并让你达到高效的工作状态。在勤奋和热情两块基石之间是和协作有关的三块巨石:友谊、忠诚及合作。这些都是卓越领导力的必要品质。

1. 勤奋 (Industriousness)

伍登认为,能够让人全神贯注、一心一意、全身心投入的事情才是真正的工作,工作的意义绝不是心不在焉。他要求自己及团队成员,在训练和比赛过程中每时每刻都要达到忘我的全身心投入的状态。

2. 热情 (Enthusiasm)

伍登认为,作为一名领导者,必须时刻保持充沛的精力和饱满的热情,热爱自己的工作,并把它视作一种乐趣。一个领导者的热情会感染他的团队。从他身上散发出来的充沛精力、饱满的热情和全力以赴投入工作的态度,对其团队成员都是一种激励。勤奋与热情合二为一,就会铸就一种强大的驱动力,是启动成功金字塔各部件的强大引擎。在伍登看来,最优秀的领导者都具备这两种品质,并能随时将它们发挥到极致。

3. 友谊 (Friendship)

伍登认为,作为一个成功的领导者,必须具备"友谊"的两大要素——尊重和友情。要时刻牢记在心,并把它们传授给整个团队。互相尊重的亲善的友情可以把整个团队融合为一个强大的整体;如果领导者对某些队员存在偏爱,不仅会占据过多的感情,还会削弱团队的整体力量。

4. 忠诚 (Loyalty)

伍登认为,忠诚是人类崇高的天性之一,也是一个成功的领导者及其团队必须具备的素质之一。对团队的忠诚,首先要对自己忠诚,忠于自己的道德标准和价值观念。

5. 合作 (Cooperation)

合作是指对观点、信息、创造性、责任感和任务等内容的共享,它是获得成功领导力的前提。一个卓越领导者会虚心听取责备,并慷慨地给予下属赞赏;而一个平庸的领导者只会责备他人,接受他人的赞赏。在篮球场上,伍登给予助攻(在比赛中传球,帮助队友得分)以最高的评价,认为它体现了团队合作精神的最高境界。在任何团队中，这种无私的、帮助团队的行为都应该受到好评和赞赏。

（二）金字塔的第二层4个模块解析

言行一致是强悍竞争对手和高明领导者的一大特征，而做到这一点的关键是节制。警醒意味着敏锐地发现对手的弱点，随时留意自己队员的状况，在必要的情况下迅速做出反应。迟疑不决、优柔寡断、举棋不定和畏首畏尾都不是一个伟大领导者的特征。来不及行动的失败是最大的失败。"冰冻三尺，非一日之寒"。如要达到目标，就要持之以恒地坚持下去，做到永不言弃。

1. 自制力（Self-control）

伍登认为，强大的自制力在任何领域里都是必需的，是领导力水平和团队绩效保持协调一致的重要保证。他把"自制力"看作是球队的一员，这使他们球队在面对激励竞争时占据了很大的优势。只有当领导者本身了解了自制力的重要性，并且具备了良好的自制力，它的优势才能在整个团队活动中显现出来。团队是否拥有良好的自制力，正是领导者能力本身的一种客观反映。

2. 机敏（Alertness）

机敏是指对周围事物保持敏锐的观察力，并具备吸收和学习的能力，是领导者必须学习的一个关键内容。具体来说，就是要对自己、对团队、对竞争对手，始终保持警觉机敏的头脑和客观清醒的评价。领导者必须善于观察，保持机敏，并把它传授给下属，可以及时发现自己和竞争对手的弱点，一旦发现，随时做出必要的调整和改变。

3. 主动性（Initiative）

体育运动的机会往往稍纵即逝，需要球员在一瞬间就出决定、采取行动。伍登认为，一名具有主动性的领导者必须具备以下几点：①主动出击的个性；②迅速作出决定、付诸行动的勇气；③敢于承担风险的心态和能力；④即使失败，依然勇往直前、不惧人言的态度。

4. 专注（Intentness）

"专注"一词包含了勤奋、决心、坚韧等多重含义，是成功领导者不可缺少的品质。伍登认为，事业成功需要长时间地坚持，达到目标仍需要不懈的努力。在前进的道路上总会有挫折、失败、逆境、艰难和厄运，无论如何，都需要保持对目标的专注度。

（三）成功金字塔的第三层的 3 个模块解析

成功可能需要付出几个月或几年的努力，但却可以在几分钟之内毁于一旦，这就是如此强调状态重要的原因所在。一个高效的领导者，一定要在身体、精神和心理上保持一个良好的状态。成功的领导者需要能够在工作的方方面面崭露头角，而不仅局限在某一领域。另外，伟大的领导者都是终生学习者。渴求为团队的荣誉而牺牲自我利益和荣誉，这样的团队必然创造奇迹。

1. 状态（Condition）

伍登认为，一个优秀的领导者拥有良好的状态是开展工作的前提，即健康的身体、强大的心理和良好的精神。没有一个健康的身体，就谈不上有足够的能力为自己的观念、理想和标准而奋斗，最终会陷入困境。保持良好的身体、心理和精神状态是一个高效能领导者必须具备的素质。

2. 技能（Skills）

伍登认为，一个领导者如果能够了解做好一项工作的全部技能，并能熟练地掌握这些技能，就能使他所带领的团队在竞争中占据优势和主导地位。因此，如果想成为一名成功的篮球教练员，就要不遗余力地充实和完善执教所需要的各种技能。

3. 团队精神（Team spirit）

伍登教练将团队精神定义为热心地为集体利益而牺牲个人利益的表现。他认为，团队精神就像一剂强大的催化剂，它能够激发团队成员内心最深切的渴望，从而为其所在的团队或组织做出应有的贡献。它是最强大的无形资产，虽然看不到，却能体会到。一个领导者如果能够组建并领导一个富有团队精神的集体，一定会强大无比、战无不胜。

（四）金字塔的第四层的 2 个模块解析——到达巅峰

伍登认为，当你全力以赴将金字塔的三层架构完美搭建成功之后，你会获得非同一般的回报，你所带领的团队也就顺其自然地到达巅峰状态。只要获得并执行了金字塔中来之不易的 12 块巨石，第四层会在不经意间悄悄降临。对于顶压前行的领导者，自若是最宝贵的精神财富。对手的强大与否和自信心没有任何关系，你只需关注你自己是否发挥出最高水平。

1. 从容（Poise）

伍登认为，从容的含义是无论发生任何状况，无论身处何种环境，都能坚持自己的原则，不会惊慌失措，不会迷茫，不会精神错乱。在竞争激烈的环境中，随着困难不断升级，你和你的团队面临的挑战和压力随之增加，从容地顶压前行是一名领导者的分内职责。

2. 自信（Confidence）

伍登认为，扎实的自信心来自平时充分的准备。世间没有信手拈来的自信，自信就像从容一样，要求我们不断地去追求和学习各种技能，最大限度地开发自己的潜能。在这个过程中，要注意不能让自信过度地膨胀而演变成自负。

（五）金字塔的顶层模块解析——卓越竞争力

金字塔的顶层是追求卓越。所谓卓越，就是不断地突破界限，把自己提升到更高的能量级别。胜利不能削弱竞争性卓越，同样，失败也不能。

竞争性卓越（Competitive Greatness）

伍登对竞争性卓越的定义为："理解对艰苦的战斗真正的热爱，只有在艰难困苦的环境中才能有机会表现出最优秀的自己。"如果能很好地修炼并具备前面四层所论述到的个人品质，达到竞争性卓越是自然而然的事情，就能保证让个人和团队把能力发挥到极致。

三、四力框架结构下的伍登教练执教领导行为观察

（一）博尔曼等人关于组织领导的"四力框架"（Four framework approach）

博尔曼与迪尔（Bolman、Deal，1991，1997，2013）在其合著的《重构组织：记忆、选择和领导力》（Reframing Organizations: Artistry, Choice, and Leadership）一书中，提出了理解组织的四个框架，把组织视为工厂（结构框架）、家庭（人力资源框架）、竞技场（政治框架）和庙宇（象征框架）。他们关于组织如何运行的思想精华是来自社会科学，特别是来自社会学、心理学、政治学和人类学。他们认为，这四个框架可以帮助领导者更好地理解组织。领导者在组织中的领导行为主要通过以下四种类型展现出来：结构型的、人力资源型的、政治型

的或者符号型的[①]。

- 结构型的（Structural Frame）：取自社会学和管理科学，该框架强调目标、具体化的角色和正式的关系，结构被设计成与组织的环境和技术相适合。组织将责任分配给组织的参与者并创建规则、政策、程序和等级，以使各种不同的活动相协调。当结构不适合当前的状况，就会发生问题。这时，为了矫正这种不适应就需要一定形式的重构。结构型的领导者专注于结构、策略、环境、执行、实验和适应。这种领导的行为主要强调分析和设计，能够做到纲举目张，而不是拘泥于一些琐碎的细节。同时强调团队纪律，要求严格。

- 人力资源型的（Human Resource Frame）：此框架主要以心理学为基础，将组织看作是一个大家庭，里面住着有需要、有感情、有成见、有技能也有局限性的一群人，他们有很强的学习能力，有时还有更强的保卫团队的态度和信仰。从人力资源的角度来看，关键的挑战是使组织适合于人，即让每个个体既可以有工作同时又对自己的工作感觉良好。该类型的领导行为强调人是组织的第一关键要素，具有注重与追随者的沟通、关心下属、支持下属、信息分享等行为特征。这样才能提高球员的满意度和团队的凝聚力。

- 政治型的（Political Frame）：该框架主要根植于政治学的研究，它把组织视为竞技场、比赛场或丛林，为了权力和稀缺资源，与各利益集团展开竞争。因为不同的个人和群体需要、观念和生活方式上的差异，冲突也就无处不在。讨价还价、谈判、强迫和妥协也就成为日常生活的一部分。人们围绕着特殊的利益结成联盟，随着主题的变换来去匆匆。当权力集中于错误的位置或过于分散以至于什么都干不成时，就会发生问题，组织重构的解决方案来源于政治上的技巧和灵活。政治型的领导者非常清楚他们想要什么以及如何达成目标。强调权力和利益的分配，善于说服别人及结盟。

- 符号型的（Symbolic Frame）：此框架源自社会和文化人类学，它把组织当作部落、剧院或庙宇对待。它把组织看作文化，更多地靠仪式、典礼故事、英雄和神话来推动，而不是规则、政策和管理权。组织也是一个剧

[①] Bolman L., Deal T. Reframing organizations: artistry, choice, and Leadership [M]. San Francisco: Jossey-Bass, 2013: 8.

院：在组织的戏剧中，演员们扮演各自的角色，观众根据在台上看到的景象形成印象。当演员演得很糟糕，象征物失去了意义，或典礼和仪式丧失了效力时，问题就会出现。领导者们用象征、神话和奇迹来重构组织富有意味或神圣的一面。符号型的领导者把组织或团队视作一个舞台，每个团队成员都扮演各自的角色来共同完成演出。注重用一系列的符号来引起关注，善于在团队中界定和分配不同成员的角色和任务。该理论模型是情景领导力理论的一种，其区别于特质理论和行为理论，认为：没有哪一种领导方式是在任何情景下是有效的。相反，合适的领导行为方式主要取决于特定时间下的特定环境。有效的领导者往往能够首先诊断和分析当下的现状，然后选择与之对应的最有效的领导风格或行为。博尔曼和迪尔认为，组织的领导力可能有四个取向，即结构领导力（Structural Leadership）、人力资源领导力（Human Resource Leadership）、政治领导力（Political Leadership）和象征领导力（Symbolic Leadership）。

（二）伍登的结构型领导行为分析

伍登在其教学和执教生涯的早期就因为发生的一件事情让他意识到领导行为的情景本质。他在著作中讲道，在担任高中教练时，一位球员因为违反队规而被开除出队，最后致使该球员辍学。回忆起这段经历，伍登说，在那种情形下，也许用批评或者停训等方式就能够达到教育和纠正其行为的目的，而自己却作出了一个最坏的决定。事后他反思道，凡事不能非黑即白，必须全面考量才能作出适合当时状况的最佳决定。另外一个能体现他情景领导行为的事例是他往往对替补球员的表扬要多于主力球员，其主要目的是让出场时间不多的替补球员感受到是团队的一分子，从而更好地增强全队凝聚力。

1. 结构型领导行为

结构型领导行为往往体现在团队领导者能够创造出一套与团队特征相符合的框架、策略和任务执行外环境的模型。无论是球场内外，伍登都不喜欢零乱，他把团队的各个事项安排得井然有序。主要体现在：

● 对训练计划的拟订和执行

为了更好地利用训练场上的两个小时，保证训练质量，伍登在训练前都会拿出与训练时间相当的时间来规划训练的安排，如选择哪些练习、每项练习需要的球数、每项练习的时间、如何分组等，事无巨细。详细的事前计划保障了球队训练效益的最大化。难怪他们说，失败的计划与准备势必导致失败的结果。

• 对自己和球员的管理

伍登是一位对自己和所执教的球员要求都非常严格的教练，要求自己和球员无论是球场内外都必须尽自己最大的努力，以激发自己的最大潜能。另外，他还会关注球场内外的诸多细节。如他会教给球员在训练和比赛前如何穿鞋和袜子才能更舒适，如何打好绷带从而有利于避免伤病的发生；训练之后必须把自己的球服、毛巾、鞋子等物品整理好，教育球员担负起对自己的责任。

• 发展出执教三原则

第一，注重体能：如果体能储备不足，将会严重影响球员的竞技表现。

第二，注重基本功：强调快速、本能化。

第三，团队精神：为了集体利益勇于牺牲个人利益。

• 制订详尽的球员和球队的目标

每个赛季开始之前，伍登都会跟每个球员进行充分的沟通，告知他的优点和不足，应该通过哪些手段进行提升；另外，他会告知每个球员和助理教练员等在球队中应该扮演的角色和定位。这样可以有效避免球员的焦虑和意识模糊，使他们聚焦手头的工作。

2. 人力资源型领导行为

人力资源框架领导力强调人是组织的第一要素，再好的目标、计划、策略都依赖合适的人去完成，对组织中的团队成员必须给予重视和关心。那么，伍登的执教过程中哪些体现了这种人力资源型领导行为呢？

• 对球员表现出足够的耐心

伍登认为，耐心是一名领导者最有力的武器。他在球队中实行"敞开门"政策，告诉球员，无论是遇到学习、篮球还是个人生活等方面的问题，他们都可以随时走进他的办公室大门，他都会耐心地对他们的问题展开分析与讨论，帮他们走出困境。因为在他们的领军哲学里面，关心团队中的每一个人是高效能教练员和领导者的必备品质。

• 重视招收有良好品格的球员

伍登说，凝聚力和战斗力强的团队是由有良好品格的个体组成的。他在招收球员的过程中，都要经过长时间的考察，如与招募对象的教练员沟通、与家长沟通、与他们的队友沟通、观看他们的比赛等。

- 信任自己的球员

伍登认为，信任所执教的球员是一名优秀教练员的基础。"球员们知道我信任他们，他们也信任我。"如果相互信任可齐力夺金，如果缺乏信任则一事无成。因此信任是最重要的，特别是在教练和队员之间。在训练或比赛中，他会不断地用口头语言和肢体语言表达着对球员的无限信任。

3. 符号型领导行为

在符号型领导力框架下，组织通常被视作一个舞台，而组织中的个体扮演不同的角色来共同完成舞台剧的演出，而在演出时所用到的台词和道具则是必要的符号化语言。这种领导行为主要体现在他自己和源自他父亲的一些谚语：

- 伍登谚语选摘

快而不匆忙。(Be quick, but don't hurry.)

天赋是上帝给的，要谦逊；名声是别人给的，要感恩；自负是自己给的，要小心。(Talent is God-given, Be humble. Fame is man-given, Be grateful. Conceit is self-given, Be careful.)

使球队变得伟大的球员比自身是伟大的球员更有价值。为了球队的利益而失去自己，这就叫团队精神。(A player who makes a team great is more valuable than a great player. Losing yourself in a group, for the good of the group, that's teamwork.)

细节决定成败。(Little things make big things happen.)

如果每个人的想法是一致的等于没思考。(When everyone is thinking the same, no one is thinking.)

伍登教练执教的早期就意识到符号化领导行为的价值，这主要得益于他父亲对他的积极影响。他在自传中回忆道，高中时，他父亲送给他一张写有七句话的小卡片，这张卡片影响了他的一生，同样也影响了他带领球队的执教哲学和行为，以至于他经常总结一些简短的谚语来教育自己的球员。卡片上写道：

- 要忠诚于自己。(Be true to yourself.)
- 帮助别人。(Help others.)
- 让每一天都成为一件杰作，心怀感恩之心过好每一天。(Make each day your masterpiece and give thanks for your blessings every day.)
- 从好书中汲取营养，尤其是圣经。(Drink deeply from good books, especially the Bible.)
- 妥善地对待友谊。(Make friendship a fine art.)

- 未雨绸缪。(*Build a shelter against a rainy day.*)
- 寻求指导并心怀感激。(*Pray for guidance and count your blessings.*)

4. 政治型框架领导行为

政治型的领导行为主要表现为他们非常清晰地知道他们想要什么，是现实主义者，善于评估资源和权力的分配。就伍登教练而言，他很少表现出这种领导行为。处理与球队的明星球员——贾巴尔的关系是伍登教练为数不多的政治型领导行为。在这个过程中，他为了球队的团结和谐，曾经做出一些原则性的让步，体现了他能根据现实情况做到审时度势、现实的一面。

通过以上分析不难看出，伍登教练领导力的高明之处是他很好地处理了结构型领导力行为、人力资源型领导力行为、符号型领导力行为和政治型领导力行为，很好地符合了一个高明领导必须擅长处理和满足情景领导、变革领导的现实需求，这也是成就他光辉执教生涯的关键所在。

四、基于伍登教练著作文本分析的执教领导力解析

（一）注重对球员的教育

美国大学竞技体育人才培养体系是以育人达标为中心的，旨在培养大学生运动员的竞技运动能力、学术水平、思想道德品质能够均衡的发展[①]。他们共同的特点是强调用篮球训练这个教学工具把这些学生培养成为德才兼备的人。伍登教练认为学生球员在大学期间除了必须掌握篮球技术以外，还要学会在离开篮球以后能够安身立命的真本领。虽然篮球以外的学习不能直接通过提高球员个人的技术从而帮助球队赢得胜利，但是却能够直接影响到球员今后能够走多远、达到怎样的人生高度。约翰·伍登教练在其执教的41年中，对他团队中的球员始终要求把学习放在第一位（表4-2），篮球第二位，社交生活第三位。伍登教练认为，球员们要想拥有心理控制能力和保持精力集中的能力可以通过努力做好这三个方面[②]。

[①] 池建. 竞技体育发展之路：走进美国 [M]. 北京：人民体育出版社，2009：44.
[②] 程冬美. 中国篮球运动训练理念研究 [D]. 北京：北京体育大学，2007：24.

表 4-2 伍登教练在 UCLA 大学对球员教育的十大要求

序号	伍登教练在 UCLA 大学对球员教育的十大要求
1	你来 UCLA 是为了受教育。我希望每个人都能够通过努力获得自己的学位证书。这是重中之重，篮球应该退居其次。
2	不要逃课，不要迟到。
3	不要落后，按时完成功课。
4	制订自己的学习计划并严格执行。
5	如果有事缺课，要提前和教授沟通。
6	不要指望别人的恩惠，要尽职尽责完成自己的事情。
7	申请助学金的同学应该在第一时间通过体育系获得出任家教的工作。
8	要为更高的理想而奋斗，而不应仅仅满足于合格。
9	通过校内工作获得助学金的同学应该按照要求的时间完成工作，不要将自己的工作和别人进行比较。
10	努力获得所有人的尊重，包括你自己。

球员如何面对训练、比赛中的逆境，是教育的重要内容，其意义可能对球员成长的过程带来巨大的影响。伍登教练在其执教过程中有球员遇到这样的情况时，他是这样睿智性地启发他的球员的："在战胜困难与挫折中，会使人不断认识和肯定自己，激发自己的潜能甚至是摆脱盲目崇拜的枷锁。在面对训练、比赛中的错误时产生畏惧心理，就是等于向失败低头，这将使你很少有机会等到成功。我希望我的球员在平时训练中大胆地尝试做动作，即使不断地出现错误的动作，也不愿意他们根本就不敢去尝试[①]。"伍登教练认为球员的比赛输赢只是一时的成败，主要是在通过不断的努力训练，最终赢得比赛。在这过程中所经受的挫折对你的心灵有着积极的启示以及在教练员的帮助下最后也赢得了人生的胜者才是真正王者。

伍登教练把篮球作为帮助球员实现人生价值的教育手段，在其执教过程中主要是通过在训练、比赛时对球员进行意志教育、思想道德教育、人性教育。这是伍登教练教育理念的核心。

---

① John Wooden. John Wooden Quotes [EB/OL]. (2011-09-04) [2011-09-05]. http://www.brainyquote.com/quotes/authors/j/john-wooden.html.

(二) 伍登教练极其关注细节

俗话说,态度决定细节,细节决定行为,行为决定习惯,习惯决定性格,性格决定命运。细节决定成败,尤其是在竞争非常激烈的 NCAA 大学篮球比赛中更是如此[1]。伍登教练认为,"强队与弱队之间最大的差异性就是体现在对细节把握上面"[2]。这就是美国大学篮球教练员对细节如此关注的原因之一。伍登教练经常告诫他的球员:"只有把点滴的小事做好,通过长期的积累和坚持,才能获得优秀的绩效,并实现最终的胜利[3]。"伍登教练通常都不会满意他的队员第二次再追求完美的态度,他会问他们:"如果你第一次都没有时间去把事情做到最好,那么什么时候你才有时间去再做一遍?"[4] 伍登教练曾每次训练都是准时开始的,但是并没有每一次都准时结束训练。这种情况导致了球员会在球场上出现懒惰性。后来,伍登教练发现准时结束训练和准时开始训练是一样重要的,只有这样才能更有效地组织训练,在所拥有的训练时间内圆满完成训练计划,这样的话,球员们就不会因为不确定的结束时间在球场上晃来晃去,只会全神贯注地执行教练员的训练计划[5]。

- 曾经的助理教练员对伍登教练的评价:

曾在伍登教练手下担任过 15 年助理教练员的丹尼斯·卡姆(Denny Crum)是这样评价伍登教练的:他在做任何事情之前都会做好非常详细的计划表。并且他也善于听取球员的建议且能敏锐地观察形式的变化,据此对他自己的执教方式做出相应的调整[6]。

- 助教及球员代表评价:

丹尼·克朗姆是作为伍登教练曾经的学生和助理教练员,他是这样评价伍登教练的:伍登教练的执教之所以如此成功,是因为他对细节的组织井井有条。他会将每一件事情都写在 3×5 的卡片和笔记本上:3:07—3:11 发生了什么,谁

---

[1] Beth Bass. WBCA offensive plays and strategy [M]. USA: Human Kinetic, 2004: 18.
[2] 约翰·伍登,斯文·特纳著.毕仲春,陈丽珠,等译.约翰·伍登的 UCLA 大学进攻战术体系:现代美国篮球进攻战术理论与方法解析[M].北京:人民体育出版社,2007:129.
[3] 约翰·伍登,史蒂夫·贾米森,著.姚颖,黄沛,译.全力以赴——让每一个人激情飞扬[M].北京:人民邮电出版社,2006:89-90.
[4] 约翰·伍登,卡迪,著.张斌,译.伍登教练[M].呼和浩特:内蒙古人民出版社,2003:24.
[5] 约翰·伍登,卡迪,著.张斌,译.伍登教练[M].呼和浩特:内蒙古人民出版社,2003:177.
[6] Tharp R G, Gallimore R. Basketball's John Wooden: What a coach can teach a teacher [J]. Psychology Today, 1976 (8): 74-78.

该做什么,每一分钟都有安排,并且严格地遵守这个时间表。丹尼·克朗姆说不管他在为伍登教练做助理教练还是刚到加州洛杉矶分校做队员时,伍登教练始终教授着他关注细节。在他作为球员第一天参加训练时,伍登教练先让他们坐下来,告诉队员们脱下运动鞋和袜子,他自己也脱下。然后伍登教练就开始详细地给他们演示如何去除皱褶与折痕,如何折进球员的汗袜里。他的动作非常精确,他希望队员们小腿上的袜子从头到尾都很平整。这就是伍登教练教授的细节[①]。

在这一点上,作为伍登教练最为成功的弟子,也是NBA历史得分王的卡里姆·阿布杜尔·贾巴尔(Kareen Abdul-Jabbar)曾经在接受采访时回忆道:"伍登教练在我们的第一堂训练课上花半小时示范如何正确地穿球袜和系鞋带的方法。袜子要是有皱褶就会导致血(水)泡,鞋带松脱会使移动拖沓缓慢,导致球员攻防能力下降,这让我懂得了细节的重要性。"[②]

(三) 注重球队训练计划的制订

俗话说,凡事预则立,不预则废。在竞技体育中,教练员扮演和担任的角色繁杂,需要很好的统筹能力。伍登教练认为,在这些看似繁杂的任务中,有关球队的训练计划的制订问题才是重中之重。作为一名篮球教练员,想让你的球队获得成功,那么你必须具备为自己的球队制订训练计划的能力。虽然球队训练时间的长短是由许多因素决定的,但作为球队的主教练你必须明白,通往成功的道路是没有捷径可走的。这一点也应该让你的队员明白。伍登教练主要是通过以下几个方面来制订球队的训练计划。

1. 制订赛期训练计划和每周训练计划

制订一个比赛期训练大纲或计划是非常重要的。整个赛季的计划大纲应该包括:你的对手情况、训练计划的细节、训练设备(训练用球、球场、力量房、体育馆、标志物等),以及一些物质条件和一些与比赛有非常重要关系的因素。在训练的第一个星期开始之前,伍登教练就已经把后面每周的训练计划制订好了。伍登教练的训练计划在执行过程中,不是一成不变的,他能很好地将计划性与灵活性相结合,随着球队训练达成情况而变化的。同时,伍登教练也会制订出本赛

[①] 约翰·伍登,史蒂夫·贾米森,著. 李兆丰,译. 冠军团队3 我的教练我的队 [M]. 北京:东方出版社,2011:115.

[②] Phil Elderkin. John Wooden: Lessons for Basketball and life [N]. Christian Science Monitor (S0882-7729),2010.

季的球队如何有条不紊地执行训练计划的训练要求（表4-3）。

表4-3 伍登教练对球员训练要求

序号	伍登教练训练要求摘录
1	在每天训练开始之前，要及时穿好球衣，准时到达训练场地，等待训练。
2	在教练正式训练之前，自己先上场练习自己的弱项。
3	在开始一项新技术的训练时，要迅速到达教练指定的位置。
4	在教练未经允许的情况下，不能离开球场。
5	当教练哨声响起时，所有人要全神贯注，并对教练的指导迅速做出反应，不能让自己分心，也不能干扰教练。
6	在训练中，要保持外表干净，将球衣都塞进裤子里面，用正确的方法穿好袜子。
7	每天训练前后都要称体重。
8	当教练为了纠正某名球员的错误时，所有人都要认真聆听。因为只有这样你才有可能不会再犯同样的错误。
9	爱惜个人物品，保持更衣柜整洁有序。
10	每天都要保持良好的训练状态，这取决于三个方面：身体素质、平衡有度和道德观念。
11	始终做好训练的准备，才能达到训练要求，实现镇定、自信和自律。

注：以上内容引自《全力以赴——让每一个人激情飞扬》[①]。

2. 制订每日训练计划

每日训练计划是伍登教练在为球队制订训练计划时最为看重的。他认为，制订每日的训练计划并按训练计划进行是一个优秀的篮球教练员应该做的事。伍登教练主要是通过以下三方面来安排每日的训练计划。

（1）每日训练计划的要点：①教练员应早些来到训练地点，看看是否一切准备就绪。②球员陆续来到训练场地后，应立即做些准备活动，例如，放松跑、伸展运动等；可针对自己的薄弱环节单独练习或与其他队友一起练习；两人一组练习投篮、消极防守、罚球等。③教练员鸣哨开始正式训练时，球员立即停止练球，把球按规定放在放球的地点，然后快速跑步到教练员指定的位置。④从训练

---

① 约翰·伍登，史蒂夫·贾米森，著. 全力以赴——让每一个人激情飞扬 [M]. 姚颖，黄沛，译. 北京：人民邮电出版社，2006：204-205.

活动开始到结束，每天的训练要多样化。⑤认真实施计划、组织训练以获得最佳的效果。有时可以根据比赛时球员的位置将全队分组进行训练，也可以根据不同的原则进行分组训练。但要让球员明白无论你在哪一组都要尽心尽力地训练。⑥在每项练习之前，教练员都应先向球员讲解练习的意图并强调细节，让队员明确每项训练的目的激发他们训练动力。⑦要结合每个球员的实际情况制订出相对应的练习计划。⑧尽可能地采用对抗性练习，模拟比赛中可能会出现的各种情况。⑨球员做完准备活动后精力充沛，可以先把训练中要新学的内容告诉他们，因为这时球员的学习状态是最好的，然后每天都去重复练习新学的内容直到学会。练习新内容之前，最好提前一两天给球员讲解示范，让球员练习一两次，这样球员对新的内容掌握较快。⑩即使一项练习的重点放在某一原则上，但也不要忽略练习中涉及其他的原则。有时球员练投篮时就不注意传球技术，以至于顾此失彼。要想取得进步，教练员就必须意识到这一点，并防止队员粗心大意。⑪训练期的开始阶段应先做基本的练习，随着时间的推移，就可以多做集体的练习。但千万不要忽略每一个球员的基本功训练。⑫一般来说，应在愉快的气氛中结束训练。如果教练员和队员训练结束时情绪低落，大家可能对第二天的训练就不会那么期待了。

（2）对内分组比赛：从生理或心理的角度讲，有的队比其他队需要更多的分组比赛，这取决于条件、经验、规模、队员特点等因素。由于我们通常在训练的第六个星期结束时才进行分组比赛，周末也很少放假，所以分组比赛的计划是根据这一总思想制订的：①训练的前两周，伍登教练制订的每日计划中，包含让队员至少花20分钟进行模拟比赛。应让每个队员的比赛时间、条件大致相同，分别与弱队、水平相当的队或强队进行比赛。两周后，每个队员就都有了在相似的条件下同别的队员交手的经历。由于伍登教练积累了每个队员的统计资料，有助于评估队员，所以伍登教练所做的比较就有了可靠的根据。②训练的第三、四周，再把组分小些。星期一、三、五让每个队员都有40分钟的模拟比赛时间，星期二、四进行40分钟的半场比赛。同前两周一样，应使比赛条件尽量相同。③训练的第五周，星期一每个队员有40分钟的比赛时间，星期二、三、四进行30分钟的半场比赛。星期五，队员都要穿比赛服进行一场有裁判和观众的正规比赛。④第一场正式比赛的前两天，要进行一场严格的40分钟全场比赛，比赛可以随时暂停听取建议。⑤赛季开始后，每天通常进行30分钟到40分钟的半场比赛，但很少让主力队员打全场。每周星期一要让上周没有参加多少比赛的队员进行 40 分钟模拟比赛。

（3）训练分析：伍登教练认为作为球队的教练员应该对球队每天的训练进行训练后总结，以便后面的训练计划更好地执行。伍登教练都会在训练结束后跟他的助理教练员对这一天的训练进行简单的分析并做好相应的记录。伍登教练主要是通过以下三方面对训练进行分析：①循序渐进，增加强度。在训练的前期，球员们的身体还没达到最佳状态，这时教练员应该遵循科学的训练原则，逐渐地增加球员的训练强度，保证每个队员都能顺利完成训练任务。同时，教练员一定要预防球员的脚发生溃疡，这种伤病对球员来说是最难忍受的。②训练计划档案。每个教练员应该拥有自己的训练计划档案，这对每个教练员而言都是一份宝贵的财富。伍登教练说："我能够查阅过去几十年中任何一天的训练计划资料"[①]。他认为每一次的训练评述与建议，对教练员在制订后面的训练计划时具有很大的参考价值。③训练计划的提示。为了更好地完成当天的训练计划，伍登教练和他的助理教练都会通过制作 3~5 张卡片记录下每天的训练内容，方便在训练时严格按训练计划进行。有时，伍登教练也会把小卡片交给他的队员，让他们提前了解训练内容，以便训练更加顺利地进行。同时，伍登教练也会把训练计划给管理人员一份，让他们在训练前准备好各种设备，保证训练能够准时开始，以免耽误训练的时间。

笔者通过仔细研读伍登教练的训练计划案例，发现伍登教练在制订训练计划时对每天训练时间的制订几乎精确到每一秒钟，从而保证每天的训练内容都能高质量地完成。伍登教练在制定训练内容时也是同样做到极致。例如，伍登教练认为今天的训练是以防守技术为主，他就会通过多样的训练方式来激励球员，积极引导他们全力以赴地投入到训练中。因此，笔者认为通过以下（表4-4）五个不同类型训练日的计划，就可以对伍登教练在制订每日训练计划方面有更加清晰地了解，对我国篮球教练在制订训练计划时可以提供一定的借鉴，从而保证训练计划能够顺利地完成。

---

① 约翰·伍登. 实用现代篮球训练法 [M]. 韩之栋，张立新，编译. 北京：人民体育出版社，1992：23.

表4-4 加利福尼亚大学篮球队训练计划——总教练 约翰·伍登的案例

案例1

训练第一天的计划/时间	训练计划的内容
3：00—3：25	队员单独练习，给予个别指导，尤其注意未掌握的技术。
3：25—3：35	分三组绕场做准备活动：放松跑，前转身，变换步法、方向，防守滑步，一对一（切入、运球），跳跃，抢篮板球。
3：35—3：45	运球、急停、转身（四组）。
3：45—3：55	抢篮板球及传球配合（四组）。
3：55—4：10	全场三人行进间传球，两人行进间传球，策应，紧密穿梭移动，直线穿梭移动，身前防守，侧面防守，远传球（分三组）。
4：10—4：20	投篮，交叉策应，传球切入，策应投篮（四组）。
4：20—4：30	阵地进攻，防守策应，弱侧策应（每次五人）。
4：30—4：40	组织进攻的基本原则，人盯人防守的场上平衡。
4：40—5：40	10分钟比赛，六人在各队轮换；一对二，三对四，一对三，二对四，一对四，二对三。
5：40—5：45	短跑。从端线跑到中线，转身跑到端线，再跑到对面的端线，再跑回来，共练习5分钟。

案例2

第四周星期三的训练计划	训练计划的内容
3：00—3：30	每人在不同球篮罚球5次。个人练习与要求：斯洛特与瓦克斯莫拼抢篮板练习。科尼哈恩与布莱克特殊投篮。格林与哈泽德在边上做策应移动与防守姿势练习。
3：30—3：40	在两端线之间做变换速度与方向练习。防守滑步，一对一空切，一人运球另一人防守。内切然后向相反方向接球。后转身运假想的球。
3：40—3：45	5人——篮板球与传球。
3：45—3：50	5人——运球与转身。
3：50—4：00	5人——变换传球方式的传切练习。
4：00—4：15	3人一组，三线防守练习，一人或两人变换位置呈平行、斜位、前后防守队形。
4：15—4：25	投篮——前锋、后卫、中锋分别练习。利用脚步动作移动到自由传球的位置，摆脱防守运球、投篮。

续表

第四周星期三的训练计划	训练计划的内容
4：25—4：35	强侧防守练习。
4：35—4：40	控制球——弱侧无球策应进攻。
4：40—4：50	进攻阵型——防守策应，防守前锋向强侧的切入。
4：50—4：55	三攻二练习。
4：55—5：10	全场快攻，一对一防守。
5：10—5：25	半场分组比赛——从进攻开始。
5：25—5：40	半场分组比赛——从防守开始。
5：40—5：45	在6个球篮进行罚球练习。

案例3

赛季中期星期三的训练计划	训练计划的内容
3：00—3：25	像往常一样进行罚球练习。个人练习要求：斯洛特从有效攻击区移出投篮。瓦克斯莫防守练习，要求手要抬起。哈泽德、格林和迈莫赫、胡格吉斯一起练习UCLA式的紧逼。科尼哈恩、布莱克莫在卡尔防守下做投篮练习。其他人跟以前安排一样。
3：25—3：35	全场放松跑、变向跑、变速跑、防守滑步、一对一变化练习、摆脱防守的脚步动作练习、摆脱运想象中的球。
3：35—3：45	全队控球的练习，弱侧策应，5分钟投篮。
3：45—3：55	三线站位，前面与两侧，长传——变防守。
3：55—4：05	强侧防守。
4：05—4：15	3对3，从中线开始，利用全场进攻、全场紧逼。
4：15—4：25	快速投篮——原地投篮与跳投。用两个球、两个抢篮板球者，分为三组进行比赛。
4：25—4：35	罚球，分组比赛，连续中10次。
4：35—4：45	与星期二一样，防守UCLA式的进攻。
4：45—4：55	进攻阵型随防守的变化而变化。
4：55—5：05	全队快攻对付2-1-2与2-2-1防守。
5：05—5：20	模拟对内分组比赛——从防守开始，得球后迅速发动快攻。
5：20—5：35	模拟对内分组比赛——从进攻开始，失球后迅速紧逼防守。
5：35—结束	排成一路纵队罚球。连续两人投中或要求从头到尾连中。

案例 4

星期一的训练计划	训练计划的内容
3：00—3：30	每人在 5 个不同球篮罚球 5 次。单独表扬在训练与比赛中表现较好的队员，但也还要纠正他们的错误。同时，建议他们在本周比赛中应该做些什么事。
3：30—3：35	5 人利用全场进行投篮、抢篮板球、穿梭移动。全队为三组。
3：35—3：45	弱侧策应进攻，队员快速空切，保持球的内外转移，直到发出信号后才能投篮。
3：45—3：55	投篮，分三组练习。头上做假动作，然后突破做低手、勾手、急停后仰、向外跨步等投篮。
3：55—4：05	全队进攻战术配合，在练习过程中，交替练习各种战术。
4：05—4：15	全队快攻战术。
4：15—5：00	周末比赛上场较少的队员分组比赛。在比赛中不进行罚球与特殊的安排。

案例 5

周末前一天的训练计划	训练计划的内容
3：00—3：30	每人在 5 个不同球篮罚球 5 次。个人练习要求：斯洛特在有效攻击区投篮。科尼哈恩与布莱克莫一人切入投篮，一人防守。格林与哈泽德一人防守滑步，一人做各种移动。瓦克斯莫练习抢防守篮板球。
3：30—3：40	内切，内切后向相反方向移动，后卫向前、向篮下运球，其他队员来掩护，然后切入篮下。
3：40—3：50	弱侧的策应配合。
3：50—4：00	从防守者后面摆脱，从篮下移向弱侧。
4：00—4：10	投篮，运球假动作接球原地投篮。做原地投篮假动作后运球，再做跳投。分成三组进行比赛。
4：10—4：25	复习并强调我们全部防守计划的重点。
4：25—4：40	在无防守条件下练习我们的进攻阵型，投篮后，快速做区域紧逼落位。
4：40—4：50	复习我们的特殊固定战术，练习发边线界外球时采用的固定战术。
4：50—5：00	全队快攻。

续表

周末前一天的训练计划	训练计划的内容
5：00—结束	罚球——每队在一个球篮，投中两次后轮转。一个队连续投中10次后，训练结束。淋浴后，把当天的训练内容、指导方法记录下来。

（四）约翰·伍登教练强调重视团队建设

团队是由基层人员及管理层人员共同组成的团体，并通过利用团队成员的知识和技能来达到最终的目标。团队是由五个主要部分组成的：共同目标（Common purpose）、团队成员（Team members）、社会地位（Social position）、个人能力（Personal competencies）、计划（Plan）[1]。在现实中一支篮球队就是一个团队组织，目标就是在比赛中取得更多的胜利，作用就是在这个过程中解决所有遇到的困难，目的就是团结所有球员和教练员团队全力以赴地实现终极目标。

1. 注重制订球队与球员的目标

篮球作为一个球类集体运动项目，它的最终目标就是通过团队训练将不同的个体融入集体打造成一支有战斗力的团队。正如NCAA著名教练奥尔森所言："成功将一个个天赋突出的球员锻造融合为一个具有凝聚力团队的过程"[2]。伍登教练的执教思想就是将球员塑造成为一个有纪律性和自制力的人，将全队塑造成为一个有凝聚力的整体[3]。伍登教练认为，如果个体无法服从球队的整体目标，即使球队的核心球员也不是球队所需要的。伍登教练告诫他的球员，始终要把自己作为球队的一分子，球队必须是以整体的形式存在。教练员在制订球队目标的过程中，应该在充分了解球员们的个体期许的基础之上，由教练员分析联盟、学校、球队各种主客观条件，并以球队的利益为重，主动调和球员与教练员之间的目标期望差距，最后同球员一起积极讨论后确定[4]。一支球队的成功永远离不开所有球员、教练团、辅助人员等的团队协作，一个优秀的、个人能力突出的队员如果不服从球队的安排，那么他的加入对球队而言未必是好事，因为，一支优秀

---

[1] 360百科. 团队［EB/OL］.［2020-09-29］. http://baike.so.com/doc/5383683-5620084.html.
[2] Mike Decourcy. Arizona's progress may be the best therapy for Olson［J］. Sporting News，2001，225（9）：34.
[3] 约翰·伍登，斯文·特纳，著. 毕仲春，陈丽珠，等，译. 约翰·伍登的UCLA大学进攻战术体系：现代美国篮球进攻战术理论与方法解析［M］. 北京：人民体育出版社，2007：13.
[4] 蔚世超. 美国大学篮球教练员训练理念研究［D］. 金华：浙江师范大学硕士学位论文，2012：18.

的球队所想要现目标，仅靠教练员制定的目标和计划是远远不够的。球队目标的制订理应是建立在确保球队利益最大化及教练员与球员之间互动的基础上，同时兼顾教练和球员双方的期望而确立的，这样才能最大限度地展现出球队的凝聚力。在每个赛季开始之前，伍登教练都会与每位球员进行深入交流沟通，告知每位球员自己本身存在的优势和不足，这样赛季训练过程中可以运用一些方式进行改进提升；另外，伍登教练会通过在赛季的训练或比赛过程中告知球队的每位球员和他的助理教练员们，他们应该在球队中扮演好各自的角色。因为这样能够避免球员和助理教练员们产生焦虑和意识模糊，做到最大限度地投入训练和比赛中，保证球队的所有人员各司其职，全力以赴地去实现球队的终极目标。在这方面，笔者认为，伍登教练可以作为我国高校的篮球教练员的主要学习对象。

2. 注重激发球队的团队精神

团队精神是指在团队中能够体现出大局意识、协作精神和服务精神，其核心是协同合作，其主要体现的是球员个人利益与球队整体利益的统一并保证团队组织的整体高效运行[1]。伍登教练将团队精神界定为："球员可以为了团队的利益而牺牲个人的利益和荣耀。"篮球运动中团队精神主要体现在通过球队成员将团队的合作意愿和合作方法进行结合，并不是通过牺牲团队成员之间的自我运动能力来实现的。篮球运动中的团队精神是指球队在比赛中，成员齐心协力，为了获得比赛的胜利而全力以赴，球队要获得比赛胜利是通过每个成员在球场上的分工配合来实现。在篮球团队组织中对球队团队精神的激发是需要篮球教练员寻求适合的方法将球队的团队精神凝聚起来，并通过组织系统自上而下地指示，培养球员的群体意识并在长期的比赛中逐渐强化他们的团队精神，从而产生强大的团队凝聚力[2]。

3. 注重球员领导力的培养

领导行为指的是领导者在领导过程中因不同阶段中的情境和任务表现出的不同领导行为的统称[3]。在一个群体中要想获得领导者的地位，必须具有与众不同的能力，包括这些能力的有效性及本身固有的人格魅力。在篮球运动中领导者分为两种，一种是训练场及比赛时在场边指挥的教练员，另一种是赛场上的指挥

---

[1] 360 百科. 团队精神 [EB/OL]. [2020-09-29]. http://baike.so.com/doc/160337-169427.html.
[2] 朱晴. 美国大学篮球名帅迈克·沙舍夫斯基的执教理念研究 [D]. 福州：福建师范大学，2016：16.
[3] 360 百科. 领导行为 [EB/OL]. [2020-09-29]. http://baike.so.com/doc/3673641-3861130.html.

者。一支优秀的篮球队是一个由教练员和十几名球员共同组成的以提高球队竞技水平为共同目标的团队组织,团队成员的领导力水平对球队的竞技水平、凝聚力和抗压性等具有重要的影响①。大量实验研究表明,球员整体领导力水平越高的球队竞技表现越出色,对球队的整体实力具有很大的促进作用。因此,伍登教练将培养球员在球场上的领导能力作为球队训练的主要组成部分。伍登教练认为,具有高超领导力的球员需要做到以下5点要求:①要以身作则,为队友树立好的榜样;②善于从自己的错误中自我反省和总结;③把其他队友的需求放在首位;④对自己在赛场或训练场上都应该表现得很自信;⑤无论是训练还是比赛都要做到全力以赴。

(五)约翰·伍登教练执教领导力形成主要影响因素

约翰·伍登教练执教领导力的形成与其所接受的教育经历、成长环境等因素息息相关。笔者通过大量研读其一些著作,从中分析总结出伍登教练执教理念形成的主要影响因素。

马克思主义告诉我们,教育与环境决定人的发展。人的成长过程中无形之中受到了外界环境以及所受教育的影响。人的全面发展受到社会生产关系、精神生产、生态权益、个体能力等综合因素合力的作用。包括个体与族类发展的矛盾统一、人的自然属性和社会属性的矛盾统一、人的自由发展和全面发展的有机统一②。

笔者通过仔细研读伍登教练的多本著作发现,伍登教练的执教理念形成最主要的因素之一,就是在其长达41年的执教生涯中,伍登教练始终都在坚持着对篮球理论知识和篮球执教理念的学习,并且通过各种各样的途径和方式来提高自己的执教水平③。伍登教练主要的学习方式有:①选择课题研究。在每个赛季结束之后,伍登教练就会拿出他的3×5小卡进行仔细研究并从中找出球队上赛季比赛过程中经常出现的主要问题。针对这些问题的研究,伍登教练就会从中选择最关键的问题,作为一个课题进行深入的研究。然后,在接下来的赛季训练过程中,伍登教练就会将其学习的结果在训练中进行实践与检验,并最终让自己的执

---

① Loughead T., Hardy J. A comparison of coach and peer leader behaviors in sport [J]. Psychology of Sport and Exercise, 2005 (6): 303-312.
② 张立鹏. 马克思人的全面发展理论及其在当代中国实现条件研究 [D]. 苏州: 苏州大学, 2014.
③ John Wooden, Steve Jamison. The essential of wooden: a lifetime of lessons on leaders and leadership [M]. New York: McGraw-Hill Education, 2007: 6.

教水平不断提升。②向优秀的教练员请教。伍登教练在其执教取得成功之后，他还是会在每个赛季的休赛期，不断地拜访当地优秀的篮球教练员，与他们进行深入地交流和探讨篮球相关的问题，从中汲取各个优秀教练员的执教理念，并总结形成他自己独特的执教哲学①。

五、约翰·伍登教练执教领导力对我国大学篮球教练员的启示

（一）树立团队成员选材的理念

竞技运动实践表明，教练员仅有较高的执教水平是不够的，必须拥有将优秀的球员招入球队当中的能力。在球员选材方面能够建立其标准体系，针对现有的选人模式进行改革，从传统的注重球员外在因素，逐渐转向关注球员长期的发展以及球员的个性、为人、人际交往能力等方面，并进行较长时间考察，选择适合团队发展及产生良好团队反应的运动员。

（二）构建团队建设理念

建议加强我国基层篮球教练员培训体系的构建，在帮、传、带的基础原则上增加关于团队建设的理念支撑及实践。

建议我国篮球教练员在执教篮球队伍时应考虑的几点：

（1）确立团队理念。明确团队的概念并将其在球员之间相互传递，让球队中的每一名成员明确自己是球队中的一员，是团队构建的重要因素。

（2）了解球员背景。帮助和引导队员了解自己球队的背景，了解团队的目标是什么、在此之前做了什么、遇到了什么样的困难等，明确自己需要做什么，为其增添关于团队的责任感。

（3）培养球员的领导能力。篮球教练员培养球员的几方面：以身作则，为队友树立好榜样；善于从自己的错误中自我反省；把队友的需要放在首位；对自己在球场或训练场上都应该表现得很自信；无论是训练还是比赛都要做到全力以赴。

（4）加强球队目标的制订。一支优秀的篮球队应该有明确的球队目标，当球队目标明确时，球队中的所有成员才能找到自己的定位，各司其职，为实现球队目标而全力以赴。

---

① Bradley Alan Ermeling. Improving teaching through continuous learning: The Inquiry process John Wooden Used to Become Coach of the century [J]. Quest, 2012 (64): 197-208.

(5) 激发团队精神。篮球教练员需要根据团队实际情况通过一定的方法提升整支球队的凝聚力,通过长期的实践来强化球队的团队精神,在训练和比赛中激发团队精神,使运动员在实践中发挥出更高的技战术水平。

(三) 建立自己独特执教哲学

5次获得全美高中篮球联赛冠军的著名教练摩根·伍顿(Morgan Wooden)认为,"建立篮球哲学是走向成功的篮球教练最重要的一步。没有篮球哲学,你就缺乏能引领自己和球员走向成功的路线图"[1]。例如摩根·伍顿教练在关于球员生活重心优先秩序哲学时强调道:信仰应该始终放在第一位;家庭放在第二位;学业放在第三位;最后才是篮球。摩根·伍顿教练的这种篮球执教哲学已经成为球员走向成功的路线图和指明灯。美国职业橄榄球联盟著名的教练比尔·华莱士(Bill Walsb)评价说:"伍登教练的执教理念、信条和智慧已经站在哲学的高度上,远超出体育的范畴,并且能以通俗化的方式将其理念传递给球员或是团队成员"[2]。每每在公众场合,有人问及是什么导致其执教如此成功,他如是说,"状态(Condition)、基本技能(Fundamental Skill)及团队精神(Team Spirit)构成其执教成功的秘诀"[3]。同时,伍登教练把这三方面作为成功金字塔的核心组成部分。成功金字塔作为伍登教练一生执教理念的主要体现,深刻地影响了他的执教行为以及他所带领的球队战绩[4]。纵观美国高水平的大学篮球教练员,他们执教生涯之所以能够取得成功的秘诀在于他们都拥有自己的独特篮球哲学,知道如何教好自己的球员,如何带领他们走向成功,如何制订详细地训练计划等[5]。因此,我国篮球教练员应该积极地向美国优秀篮球教练员学习,如何建立自己独特的篮球执教哲学,如何带领球员走向成功,如何塑造球队的独特风格,只有这样,我国大学篮球教练员的执教水平才能实现质的飞跃。

(四) 不断地与时俱进

通过对伍登教练执教领导力形成过程的观察和研究,可以轻易地发现:他的

---

[1] Morgan Wootten. Coaching basketball successfully [M]. Champaign: Human Kinetics, 2003.
[2] John Wooden, Steve Jamsion. Wooden: a lifetime of observation and reflections on and off the court [M]. Chicago: Contemporary publishing company, 2007.
[3] John Wooden, Steve Jamison. The essential of wooden: a lifetime of lessons on leaders and leadership [M]. New York: McGraw-Hill Education, 2007.
[4] Swen Nater, Ronald Gillimore. You haven't taught until they have learned [M]. Ronald Gillimore: Fitness information technology, 2005.
[5] 徐建华. 中国大学生篮球联赛球队科学化训练研究 [J]. 体育科学研究, 2014 (3): 53-57.

执教理念会依据球员及外界环境的不同而调整，这个能力不是与生俱来的。伍登教练在回忆他的高中执教经历时讲道，因为开除了一名违反球队队规的球员，最后导致该球员辍学，这件事情使他认识到自己执教方式存在不得当，在那种情况下采用批评或停训方式更为妥当。通过这件事情他便反思到，凡事必须考虑全面之后才能作出符合当时状况的最佳决定①。我国的大学篮球教练员同样也不能只依靠或坚守那些固有的、陈旧的执教理念，应该根据当今世界大环境下篮球的发展趋势，新时代背景下球员的整体特征等时代变迁，从而形成属于自己独特风格的执教理念。只有这样，我国篮球教练员的执教水平和领导球队的能力才能得到更好的提升。

（五）不断地向优秀教练员学习

笔者通过仔细研读伍登教练的多本著作后发现，伍登教练虽然一生的篮球执教经历取得了巨大的成就，执教水平堪称卓越，但是他仍然保持谦逊的态度。伍登教练作为被称为"现代篮球之父"，但他还是在不断地向优秀的篮球教练员学习。他的这种专业精神正是我国现在的基层和大学篮球教练员最缺少的。笔者认为，我国大学篮球教练员应该多向世界公认的篮球名帅学习，学习他们的执教哲学与领军思想，从中汲取优秀篮球教练员的执教理念，并不断地总结与反思，最终形成自己的篮球哲学。从而实现我国篮球教练员执教水平的提高。

六、约翰·伍登教练执教领导力格言及评价

（1）快而不匆忙（Be quick, but don't hurry）

解析：这句话告诉我们在球场上一切的技术和反应一定要快速，但是不能焦躁匆忙。比如快攻中一定要控制着自己的切入、传接球和上篮，以不失误且有效完成得分为主旨。

（2）天赋是上帝给的，要谦逊；名声是别人给的，要感恩；自负是自己给的，要小心。

解析：这句话告诉我们无论是作为一名教练员还是一名球员，始终要保持一颗平常心和虚心，接纳自己的优缺点，通过努力成为最优秀的自己。

---

① John Wooden, Steve Jamison. Wooden on leadership: how to create a winning organization [M]. 2005: 35.

(3) 使球队变得伟大的球员比自身是伟大的球员更有价值。为了球队的利益而忘我努力奋进，这就叫团队精神。

解析：这句话告诉我们，团队第一，每位团队成员都需要为了团队的优秀和进步而付出自己的努力，自己努力的方向应该符合团队的需要。

（4）让每一天都成为一件杰作，心怀感恩之心过好每一天。

解析：这句话告诉我们，要珍惜每一刻的宝贵时光，不能浪费光阴，同时，在奋进的路上始终都要保持一颗感恩的心。

（5）从好书中汲取营养，尤其是《圣经》。

解析：这句话告诉我们，好的书籍是人类的良师益友，必须要保持阅读的好习惯，不断汲取智慧和力量，让自己的头脑变得睿智和丰盈。

（6）千万别放弃你的梦想，否则你的梦想将放弃你。

解析：这句话告诉我们，成功的道路从来不是随随便便，一定是充满各种艰难困苦，但无论遇到多大的困难和阻力，不忘初心，心怀梦想，终究会取得胜利。

第二节　NCAA瓦尔帕莱索大学男篮主教练布鲁斯·德鲁（Bryce Drew）的执教领导力特征分析

一、布鲁斯·德鲁教练简介

布雷斯·德鲁出生于1974年9月21日，毕业于瓦尔帕莱索大学（valparaiso university），曾为美国NBA联盟的职业篮球运动员。他在1998年的NBA选秀中第1轮第16顺位被休斯顿火箭选中。曾作为主教练执教瓦尔帕莱索大学和范德堡大学，三次率队进入NCAA一级联盟（DIVISION-1）锦标赛64强。

笔者利用赴美访学的机会，近距离地观摩和参与了NCAA2012-2013赛季大学篮球教练布鲁斯·德鲁的训练和比赛，发现他执教过程中的领导行为别具一格。本节将运用文献资料法、访谈法、现场观摩法等搜集相关素材，对他的领导行为进行归纳总结，可以为我国大学篮球教练员更好地带领球队提供有益的参考。

二、布鲁斯·德鲁执教领导力特征解析

(一) 计划性强

任何事情的成功始于充分的准备,运动训练更是如此,准备越充分,训练效果就会越好。由于 NCAA 联盟对训练时间有严格的限制,逼迫教练员在有限的训练时间里要力争达到最佳的训练成效,更突显了制订详备训练计划的重要性。NCAA 名帅约翰·伍登曾说过,训练前的准备工作如何将对训练效果具有决定性的影响[1]。训练计划是指对未来训练过程预先作出的科学合理的设计,它是指导训练过程和训练目标的路线图,是教练员执教哲学的直观表现。详备的训练计划不仅有利于提高训练的质量和效益,还有助于提高球员对教练团的信心[2]。通过采访教练团发现,他们的训练计划制订主要以问题为导向。思路是:首先根据球队的现状和联盟内对手的情况,确定总体攻防策略和战术体系(进攻、防守、攻守转换、特殊状况等),然后分析评估目前球队或球员个人需要哪些方面的提高,继而选择和设计需要提高方面的训练方法,最后制订出详细的具有可操作性地解决问题方法的赛季计划、月计划、周计划和课计划。在瓦大男篮的每次训练课结束之后和下次训练开始之前,教练组都要利用数小时对训练计划进行细致充分的讨论。在完成训练计划的制订之后,打印出来发给参与训练的教练员团队人手一份,并张贴在球队更衣室里,目的是让参与训练活动的每一个人在到达训练场之前,能对今天要完成的训练内容做到心中有数,从而全身心地投入到接下来的训练当中。同时,他们对每次课的训练计划都进行归档,以便将来进行对比、修正和研究,深入了解哪些训练是有效的,哪些训练仍然存在不足。

---

[1] John Wooden. Steve Jamison. Essential of wooden: a life of lessons on leaders and leadership [M]. New York: McGraw-Hill, 53-57.

[2] Allen Fox. The Importance of Coaching Control [J]. International Journal of Sports Science & Coaching, 2006 (1): 19-22.

表 4-5　瓦大男篮训练课计划案例示意图（第十七次训练课——10/24/12）

每训格言：习惯对球员非常的关键，因为他们不能边想变打。(Habits are critical for players, they cannot think and play well at the same time.)

时间	练习时间	练习方法	强调
2小时	10	热身	从身体到精神做好投入的准备
	5	防守滑步练习	手脚配合
	5	1对1到2对2	脚步移动
	5	个人防守（运球者）	保持低重心
	10	半场进攻区域夹击防守	球的转移（Yellow team and black team）
	10	分站练习：个人进攻技术	情景识别
	10	半场压迫防守	内线夹击
	15	3攻2，2攻1全场攻守转换练习	快而不匆忙
	20	半场进攻战术演练	耐心：选择好的投篮时机
	10	时间-比分情景战术演练	比赛还剩30秒，落后2分（有球权或无球权）等
	15	分组投篮训练	按比赛节奏
	10	放松	全身拉伸、肌肉放松

透过表 4-5 中的训练计划案例我们可以总结出美国大学篮球训练计划呈现以下特征：①强调理念的灌输。如为了强调防守的重要性，一个赛季40余次的训练课观察下来发现，热身之后的第一项练习都是防守训练，如防守的滑步练习、防守篮板球练习、防守各种掩护的练习等。通过这种训练安排，教练员给球队要传递的信息是防守的重要性，树立防守第一的理念。正如美国著名教练摩根·伍顿所言，决定训练效果的不在于你教了什么，而是在于你强调了什么[①]。②事无巨细，组织严密。主要体现在关于每项练习的分组安排、每项练习的规定时间、助理教练的分工、喝水间歇时间、训练用球的个数及摆放等方面，都描述得非常具体。③计划性与灵活性相结合。根据训练过程中的实际进展情况，随着训练的进行，会对训练计划略有调整。④每日格言的分享（表 4-6）。这些格言一般在热身之前由教练员带领球队一起分享，一方面可以起到使球员快速集中注意力并激

---

① Morgan Wooden. Coaching basketball successfully [M]. USA: Human Kinetics, 1st edition, 2003: 23.

励他们更好地参与训练的目的；另一方面与他们的教育理念息息相关，教练员要通过这些格言更好地完成团队建设，同时，可以贯彻他们以篮球来育人的宗旨。

表 4-6　部分每日格言汇总

每日格言（Thought of the day）
1　如果你珍惜生命，你就必须珍惜时间，因为生命是由时间组成的。（If you value life, you must value time because life is made up of time.）
2　重复是学习之母。（Repetition is the mother of all learning.）
3　自信源于已经展现出来的技术。（Confidence comes from demonstrated skill.）
4　让你的每一天都是杰作。（Make everyday your masterpiece.）
5　我们强调细节，因为细节能够带来伟大的结果。（We try to stress the little things because little things lead to big things.）

然而，实践表明，仅有完备的训练计划是不够的，还要求教练员有科学化和艺术化的执行，在训练过程中做到计划性和灵活性相结合，才能更好地提高球队的训练水平和质量。

（二）重视数据记录和评估

对运动训练过程实施跟踪和监控是目前运动训练科学化的一个重要趋势特征[1]，而对训练过程中各项数据的记录和评价又是实施监控的关键手段。就篮球队的训练来讲，完备的数据资料有助于球员和教练员发现自己及球队的优势和不足，针对不足教练组可以及时调整训练策略、方法、强度和量，能有效提高训练的针对性和科学性。另外，还可以通过将阶段性或不同赛季的数据记录进行对比分析，判断球员训练方法是否有效，以便反思所采用的训练内容和方法，可更好地改进和指导将来的训练工作[2]。重视数据记录和评估是美国大学优秀教练们的共同做法，通过 NCAA 胜率最高的名帅约翰·伍登的自传可知，他从执教生涯开始就保留了他对球队训练过程的记录和球赛观察笔记。以我们跟踪的瓦大男篮的训练为例，在每次训练过程中，主教练布莱斯·德鲁（Bryce Drew）会随身带着纸质的训练计划和笔，随时记录在训练中发现的问题。另外，他们还安排专门的

---

[1] 陈小平. 由结果到过程的监控——当前运动训练科学化的一个重要发展趋势 [J]. 武汉体育学院学报, 2007（8）: 11-16.
[2] Lee Rose. Winning basketball fundamentals [M], USA: Human Kinetics, 2013: 23-26.

球队管理员对每个球员在训练过程中的数据进行跟踪记录，如投篮命中率，罚篮命中率、失误次数、抢篮球挡人的情况等。他们还利用视频解析软件（Synergy technology）（一个在 NBA 和 NCAA 广泛使用的篮球视频解析软件）将训练和比赛视频中的数据进行搜集，建立起个人和球队的强大数据库系统。为长期观察和评价球员和球队的优势和不足提供坚实的基础。NCAA 大学篮球冠军教练瑞克·皮蒂诺（Rick Pitno）在《rebound rules》一书中也从实践的角度对深练理论进行了验证，他认为，篮球训练中的每项练习都应该设定具体的目标，并对练习过程及效果进行量化记录，在训练后对数据进行分析，找到进步之处及不足部分。教练员将评价结果及时反馈给运动员，然后再继续后面的练习。相关研究也同样发现了影像技术对训练实践的促进作用。反观我国各级篮球队的训练，有数据记录和行为记录习惯的是少之甚少，故不能对训练问题从定量上进行及时分析和纠正，这是造成训练缺乏针对性和训练效益低下的关键原因之一。另外，为了更好地将定量评价和定性评价有机地结合，他们会对每次训练课进行全程拍摄，以便训练课后反复观看录像查找存在的问题，以弥补训练过程中所没有观察到的问题盲点。Taylor（2006）探讨了现代影像技术在中学体育教学与训练中的使用[①]。研究发现，视频技术对职业运动员、大学生运动员、高校具有较高运动水平的普通学生是有效果的，作者进一步指出：日常的数字视频反馈技术的应用，对学生习得的技能有潜在的、正面的影响。另外，利用收集的影响资料，让球员集中观看录像回放（自己的或对手的），有助于锤炼他们的判断——决策的技巧[②]。

（三）重视执教过程中的激励

管理学大师罗宾斯（Robbins）认为，激励是一种意愿，是个体为了满足自身的某些需要，通过高水平的努力，来实现组织目标的需要[③]。当球队在训练或比赛过程中表现不好的时候，也许与所采用的攻防技战术无关，可能主要是因为球员缺乏必要的动机、激情和对成绩的渴望[④]。NCAA 著名教练约翰·伍登也曾

---

① Taylor, Seann L. A study of the effectiveness of modern digital imaging techniques with middle school physical education students during the development and acquisition of motor skills [D]. Gainesville: The Florida State University, 2006.
② Rainer Martens. Successful coaching [M]. Champaign-Urbana: Human kinetics. 4th edition, 2011: 191-195.
③ 罗宾斯. 组织行为学 [M]. 北京：清华大学出版社，2005：137.
④ Morgan Wooden. Coaching basketball successfully [M]. USA: Human Kinetics, 3rd, 2012: 33.

说过，一名大学篮球教练最重要的工作有两项，一是指导球员打球，二是激励球员（motivation）球员①。因此，不难看出，训练过程中对球员的激励有助于提高训练的效果和质量。美国教练员非常善于运用一些激励性的谚语，他们会在更衣室、训练场、训练计划上标出许多的谚语。例如，"懦夫永远不会胜利，胜利永远不要退缩"。这些谚语旨在深深地印在球员的脑海里，不仅可以不断地激励着球员努力地训练和比赛，还可以帮助他们记忆一些训练、比赛和生活关键点。美国著名篮球专家迪克·德文齐奥（Dick Devenzio）曾在一本书中说过，一个安静的球馆是一支失败的球队在训练。其传递的信息是球员自我、球员之间和球员与教练员之间必须不停地通过口头和肢体语言等方式沟通，形成激励的训练氛围。在每次训练课开始前10分钟，教练团首先会把所有球员集中到一起，跟大家沟通一些训练安排并说一些激励大家努力训练的话。在整个训练过程中，教练口语中最频繁的词汇是：干得不错（Good Job）、很棒（Excellence）、好投篮（Nice Shot）、好传球（Nice Pass）、好配合（Good Play）、不要让你的队友失望（Don't let your teammate down）等代表积极鼓励的词汇。另外，互相击掌、拍打身体、撞胸等行为也随时可见。教练团还要求，如果有队友倒地，其他四位球员必须冲跑过去将队友搀扶起来。这些频繁身体接触行为对球员竞技表现的积极影响也得到了心理学家的验证。加州大学伯克利分校的心理学家克劳斯（Kraus）等人研究了篮球队友之间的身体碰触频率、次数与球队整个赛季表现的关系。他们通过对08-09赛季NBA常规赛的前两个月中，球员在球赛中与队友的触碰次数加以计算，然后再与各队的竞技表现做比较分析。结果发现，队友之间互相碰触愈多，球队的表现就越好，这些球队得分多、失分少，传球和助攻次数都多，胜率更高。就单个球员来看，碰触行为也有影响。一个球员越常碰触他的队友，他的个人表现就越好②。这充分说明，身体接触对于球队比赛中的竞技表现和团队凝聚力来说非常重要，能够提升相互之间信任与合作意愿。这些都必须在训练过程中不断地强化和训练。从布莱斯·德鲁的执教特征来看，要想调动球员的积极性，发挥球员的创造性，就应该在比赛和训练中对球员多肯定、多鼓励、多说好话。

---

① John Wooden. Steve Jamison. Wooden on leadership [M]. New York：McGraw-Hill, 2005：211.
② Kraus M W, Huang C, Keltner D. Tactile communication, cooperation, and performance：an ethological study of the NBA [J]. Emotion, 2010, 10 (5)：745-749.

(四) 注重球员的领导力培养

篮球队是一个由教练员和十几名球员共同组成的以提高球队竞技水平为共同目标的团队组织，团队成员的领导力水平对球队的竞技水平、凝聚力、球员满意度和抗压性等具有重要影响①。杜克大学功勋教头K教练认为，球队教练和球员的领导力水平是球队成功的关键要素。大量的实证研究成果也同样显示，球员整体领导力水平越高的球队竞技表现越出色，对球队的竞技实力具有很大的促进作用。那么何为球员的领导力？包括哪些要素？又如何培养和提高呢？所谓领导力，就是一种特殊的人际影响力，球队组织中的每一个人都会影响其他人，也要接受其他人的影响，因此，每位成员都有潜在的和现实的领导力。美国著名学院派篮球教练迪克·德文齐奥在其著作《像冠军那样思考》(Think like a champion)一书中重点论述了球员应该具有的领导力。首先，要以身作则，为队友树立好的榜样，这是球员领导力的基础。在此基础上，互相指导、互相鼓励和互相帮助也是球员领导力的重要体现。大量科学研究证实，领导力水平并不是天生的，而是可以通过后天的努力培养的，也就是说，每个人通过一定的训练，都可以有效提升自己的领导力水平。正是基于以上认识，发展球员的领导力已成为目前NCAA各球队训练内容的一个重要组成部分。瓦大男篮在培养球员领导力方面的做法包括以下几个方面。

(1) 安排领导力课程。在赛季前或赛季中，瓦大男篮多次邀请学校的体育管理学教授戴维·洛林 (David Rolling) 讲授运动员领导力课程，通过深入浅出的理论学习和大量的案例分析使球员对领导力问题有更深一步的认识。他认为，具有高超领导力的球员需要做到以下5点：①善于从自己的错误中学习；②做队友的榜样；③把其他队友的需要放在首位；④有自信；⑤训练比赛都要做到全力以赴。

(2) 在每次训练课开始前，全队成员在教练员的带领下共同分享一本叫作《好球员应该知道的事——篮球智慧百事通》，该书的作者是美国篮球领域的著名教练和教育家迪克·德文齐奥。该书包含了大量关于球员领导力教育的内容，比如，如何成为一名好的沟通者、如何处理好训练与学业的关系、如何面对逆境、如何专注地做事、如何帮助自己的队友、如何尊重对手等。通过不断强化阅

---

① Loughead T., Hardy J. A comparison of coach and peer leader behaviors in Sport [J]. Psychology of Sport and Exercise, 2005 (6): 303-312.

读分析并结合自己的亲身经历,增进了球员之间的了解、自我的表达和沟通及团队凝聚力,进而个体的领导力水平也在这些反复的分享中潜移默化地得到了提升。

(3) 遴选优秀的球员参加每年度举行的 NCAA 学生运动员领导力论坛(NCAA's annual Student-Athlete Leadership Forum)。此论坛旨在创造机会让不同项目运动员之间进行一系列的活动和交流,提升学生运动员的决策力、沟通力、执行力等,进而转化成竞技场内外的领导力。正是 NCAA 大学篮球训练过程中注重球员领导力的教育和培养,让 NCAA 不仅成为 NBA 等职业篮球联盟的竞技篮球人才库,还为社会各界培养了大量的卓越人才,成为世界高等教育领域体教结合的典范。这一点恰恰是我国篮球培养过程中的薄弱环节,必须引起我们对学校竞技运动队训练和教育的重新审视。

(五) 注重场内外一体化

通过观察和访谈发现,NCAA 大学篮球队的训练工作不仅仅体现在球场上两个小时的训练课,还贯穿于球场外的每时每刻。篮球是项要求全队球员密切配合进行的竞争游戏,而球员之间的默契和凝聚力不仅要靠场内的技战术训练阶段,而更重要的是在训练之外的时间要有融洽的关系和氛围[①]。正是基于以上的认识,为了培养球员在训练场和比赛过程中高度一致的团队精神以及良好的化学反应,NCAA 球队普遍高度重视场内外一体化的大训练观,将这种默契的配合和良好的团队关系贯彻于平时的日常生活当中。如 NCAA 名帅瑞克·皮提诺(Rick Pitino)将训练场下的冥想训练作为球员心理素质和团队精神训练的重要内容,使球队的软实力得到了极大的提升,进而增强了球队的竞技能力,其球队所取得的傲人战绩就是对这种执教理念的最好注脚[②]。另外,瓦大男篮球员人手一份由球队一起拟定的球员场外行为规范手册(Codes of conduct for off-the-court behavior handbook),里面规定了球员在训练比赛场外的着装整洁、远离暴力、远离毒品、远离酒精、互相尊重、努力学习、保持忠诚等,如果违反,会有一定的惩罚措施。这些规范背后的哲学是每个球员不仅代表着自己,还代表着球队、学

---

① 菲尔·杰克逊. 终极赛季:一支寻找灵魂的球队 [M]. 高珈佳,译. 长沙:湖南文艺出版社,2006,1:54.

② Rick Pitino. Lead to Succeed:10 Traits of Great Leadership in Business and Life [M]. New York:Broadway,2001:38-45.

校、家庭、社区等，不要做让与你有关联的人蒙羞的事情，要做一个有责任心的好公民。这些场外优良品行的养成会对他们的训练和比赛有极大的帮助。

（六）强调纪律性

一个球队的团队配合肯定要比球员的实力更为重要，毫无疑问，篮球是一项团队运动，所谓众人拾柴火焰高，这就需要一定的纪律性来维持团队。球队的纪律性和团结性与球队教练员是密不可分的，作为教练员需要很好地把控球队的团结，这已经为这个球队取得了不小的成功。严格组织纪律是任何一个运动队健康成长、创造成绩的重要保证。强有力的纪律是打造高效团队的必备条件，强调高度的自律和让对手无懈可击的全队整齐划一、犹如一人般的协调能力。一个不能自律、未经打磨的人并不自由，他不但是自己内在欲望所控制的奴隶，而且还会过度依赖或伤害别人。人类社会正是有了维系其内部和外部关系的各种行为准则（纪律），人性内在需要的自然展现（自由）才得以真正实现，生活中如此，训练竞赛中也如此。布莱斯·德鲁要求每名队员必须提前15分钟到达球馆，做好训练前的着装、打绷带等准备工作。如果有人迟到，必然受到严格的处罚。对训练过程中精力不集中、不投入等情况他会立刻指出并在训练之后给予相应的惩罚措施。布莱斯·德鲁的领军思想就是将队员塑造成为一个有纪律性和自制力的人，将全队塑造成为一个整体。

（七）其他方面特征

俗话说，态度决定细节，细节决定行为，行为决定习惯，习惯决定性格，性格决定命运，细节决定成败，在竞争激烈的NCAA大学篮球赛中更是如此[1]。伍登经常告诫他的球员："只有把点滴的小事做好，通过长期的积累和坚持，才能获得优秀的绩效，并实现最终的胜利。"[2] 在访谈中，布莱斯·德鲁认为，"关注细节上的差异可以区分出强队和弱队"。为了使球队的训练效果达到最优化，他们在训练过程中还对许多细节给予充分的关注和强调。①重视特殊情况下的战术训练。特殊情况下的战术体系主要包括：边线球、底线球、比分/时间的状况等。随着比赛竞争激烈程度的增加，要求球员必须把握好每一次的得分机会，这类战

---

[1] Beth Bass. WBCA offensive plays and strategy [M]. USA：Human Kinetic，2011：18.
[2] 约翰·伍登，史蒂夫·詹姆森.全力以赴：让每一个人激情飞飏 [M].姚颖，黄沛，译.北京：人民邮电出版社，2006，113：89-90.

术的执行情况将很大程度上左右着比赛的结果①。②注重营养和补水。做好这方面的工作有利于他们在训练中保持充沛的体能及加速训练后的恢复。③不同练习转换期间必须跑步到指定地点。这样的要求主要是让球员在整个训练过程中保持良好的精神面貌。④在整个训练过程中，绝不允许球员之间闲聊，因为与训练无关的话题可以导致他们分散注意力，从而影响到训练的效果。⑤每一周都要对球场和训练用球进行精心的擦拭，以保障良好的训练环境，提高训练的效率和更好地预防球员在训练过程中的运动损伤。

三、小结

通过前面的论述我们可以清晰地看出，科学性加艺术性的有机结合是美国大学篮球教练员执教领导力的普遍特征。他们的经验告诉我们，各级篮球教练员只有针对训练对象的实际情况，充分借助和利用好多学科知识及最新研究成果，不断地吸收借鉴世界先进的执教理念和训练方法，并结合自己的执教实践不断地反思（reflection）和总结，形成自己独特的篮球执教哲学，才是不断提高其执教水平和领导力水平的根本保障。

第三节　NCAA前北卡罗来纳大学男篮主教练迪恩·史密斯（Dean Smith）的执教领导力分析

一、迪恩·史密斯教练简介

美国大学的传奇教练迪恩·史密斯（1931年2月28日—2015年2月7日），出生地在堪萨斯州恩波里亚市。他是北卡罗莱纳大学的功勋教练，同时也入选了篮球名人堂（Basketball Hall of Fame），被称为"传奇教练"。他最传奇的经历就是作为北卡罗莱纳大学焦油踵队（North Carolina Tar Heels）的主教练，在1961—1997年长达36年的执教生涯中共获得创纪录的879场胜利，并且以77.6%的胜率在NCAA一级联赛排名第九。他率领北卡共摘得两届NCAA冠军（1982年和1993年），11次闯入NCAA四强。他在1997年从北卡辞职，之后利

---

① Kathy McGee. Coaching basketball technical and tactical skills [M]. Champaign-Urbana: Human kinetics, 2007: 123.

用他的影响力来帮助慈善事业和从事政治活动,还曾于 1976 年担任了美国国家男篮的主教练,获得蒙特利尔奥运会男篮比赛金牌。2013 年,史密斯教练获得了美国总统自由勋章(Presidential Medal of Freedom)。迪恩·史密斯教练能够有这么高的成就,离不开他独特的执教领导力。因此,探究与学习迪恩·史密斯教练的执教领导力对我国教练员的成长成才有着非常重要的帮助。本节通过深入研读迪恩·史密斯教练所著的《北卡方式:来着执教生涯的领导力课程》(The Carolina way: leadership lessons from a life in coaching)、《篮球—多变的进攻与防守》(Basketball—Multiple Offense and Defense)、《一个教练的生涯》(A Coach's Life)等书籍,以及对这些文献资料的分析、整理和收集,归纳迪恩·史密斯教练的执教领导力规律和特征[①]。

二、三维度模型视角下迪恩·史密斯的执教领导力的解读

杰鲁沙·奥斯伯格·康纳(Jerusha Osberg Conner)和卡伦·斯特罗贝尔(Karen Strobel)(2007)在《领导力发展》(Leadership Development)一书中认为,领导力的发展主要包括沟通与人际交往能力、分析与批判性反思及参与团体事务的积极性三个维度[②]。在探讨教练员领导力特征维度时,应当分析其作用机制,确定哪些是在个体层面上起作用,哪些是在组织层面上起作用以及在什么情境下起作用。组织行为学研究分为个体、情境、组织 3 个层面[③]。作者从教练员个体领导力素质层面出发,分析领导力发挥作用的情境以及运用团队领导力。

教练员领导力可分为个人领导素质、情境领导力和团队领导力。个人领导素质是团队领导力的基础,指的是个体为完成其特定职能职责、发挥其特定的影响和作用所具备的自身条件。团队领导力是个人领导素质的高级表现形式,是指团队所有成员发挥自己的影响促进任务的完成和人际的互动,以实现团队共同目标,并且为工作的成败共担责任。情境领导力是个人领导素质与团队领导力的中介,是指领导者与追随者之间相互影响或互动产生的作用力。个人领导素质在团

---

① American coach. Dean Smith [EB/OL]. [2020-12-21]. https://www.britannica.com/biography/Dean-Smith.
② Jerusha Osberg Conner and Karen Strobel. Leadership Development. Journal of Adolescent Research, 2007, 22 (3): 275-297.
③ 洪明. 论企业高管团队的利器—团队领导力—以复星集团的务人团队为例 [J]. 商业经济管理, 2005 (3): 32-36.

队中得以表现和发展，团队领导力水平是个人领导素质与团队结合能力的反映，是评价个人领导素质的标准。

因此，史密斯教练的执教领导力可以借助《领导力发展》中的三维度模型来阐述其领导力的构成，分别是个人领导素质、情境领导力和团队领导力。

（一）个人领导素质

1. 教练亦是老师

很多人认为，老师知识渊博，在教学中指导学生的学习和做人。对于教练员来说，这也是同样需要的。因此，教练员的角色，首先应该是成为老师。教练员也需要有专业的知识、明确的纪律、过人的组织能力、高尚的品德等，才能够真正成为教练员，理解队伍的需求。教练员还需要在训练中制订计划，教会队员如何更高效率地完成训练任务，还要一遍遍地讲解、示范动作，在队员理解的同时进行实践，实践中对动作进行分析和纠正，通过反复训练来加以熟悉，并更好地应用到比赛中。因此，迪恩·史密斯教练也是一名老师，而且是一名出色的老师，他经常和自己的队员进行一对一的交谈，不仅仅只是篮球，更主要的是从学习、生活上去理解队员，给予亲人般的关怀。当好老师有这10条准则，作者觉得用在教练员身上也是非常有用的。①专业知识（专业的篮球理论知识）；②知识广度；③教学技能；④工作态度；⑤纪律（原则）；⑥组织教学（球场上的指挥）；⑦与学校和社会的关系；⑧师生关系（教练和队员）；⑨个人热情与体谅；⑩上进心①。

2. 教练是领导者亦是服务员

皮德森先生在《论领导艺术》一书中提出了下列重要的论述：①无论谁是领导者，首先领导者是公仆。②领导者要善于观察他的追随者。③领导者应该说："我们走吧!"而不是："出发"。④领导者应知道，他和同事们是一起工作，而不只是为自己工作。与他们同舟共济，共享荣誉。⑤领导者应是建设者。他培养的人越多，这个集体就越强大，这样也就锻炼和培养了自己。⑥领导者的威信。领导者要相信群众，信任他们并从中选拔优秀者。⑦领导者要善于脑、心并用，在用头脑分析事实以后，还要在心中思忖判定。发现新方法。领导者应有远

---

① 约翰·伍登，著，韩之栋，张立新，编译. 实用现代篮球训练法 [M]. 北京：人民体育出版社，1992：19-28.

大的目标，努力奋斗，使自己与同事有所成就，他应是群众的朋友。⑧领导者既是计划者，又是实施者。⑨领导者应富有幽默感，不应是个趾高气扬的"讨厌鬼"，要谦虚而有自我批评的精神。⑩领导者应有开拓精神，他不仅对自己所做的感兴趣，还应善于作为教练员，在球队中，必须是领导者的角色。球员必须要服从教练员的管理，教练是个有权威的人，不管是制订计划还是实践教学，都是领导者安排决定，也影响着每一个队员的训练质量。教练是队员的服务员，必须细心观察他们，了解他们所需要的，迪恩·史密斯教练就经常单独找队员谈话，了解其生活，学习以及对球队的看法，有哪些东西需要教练员调整，为队员服务，因此，教练既是领导者也是服务者。

3. 树立榜样

教练员的工作反复和无趣，但是也必须竭尽全力去做好每一道程序，不仅仅是工作需要，更是给队员们起到榜样的作用。队员们也会被教练感染到，从而被带动起来努力进取。迪恩·史密斯教练总是尽心尽力制定好训练计划，以及思考和分析每一个队员打球的风格特点，努力做好一个教练员的职责。训练时，他总是比大家早到球场，以实际行动告诫队员，这是必须做到的！比赛结束后，他更是花时间反复看比赛中的视频，把每一个球员都进行分析总结，努力为球队做到最好。同时，他也通过自己的经验告诫队员，比赛中，努力去争取，做到该做的，无论比赛的结果如何都不重要，至少对我们自己来说，已经进步了，或者说，已经成功了。但是如果你没有去努力、去尽力，就算获得了好成绩，这也不算赢，这只是一时的运气而已。当然，这并不是让队员不去争取胜利，每个人都讨厌失败，但是这就教育队员要努力打好比赛，以实力和高尚的品质去赢得比赛的胜利。他希望他带领的团队有强烈的斗志和激情，每场比赛都能够竭尽全力去做好自己该做的事情。他也始终坚信，自己做好了，队员们也可以做好，或者做得更好。

4. 不断学习，与时俱进

"活到老，学到老"。这句话相信很多人听过，但是能做到的，又有几个呢？史密斯教练做到了，通过研读他的著作和有关于他的书籍，笔者发现，优秀的人总是在不断学习，好像有学不完的知识。史密斯教练能够获得这么大的成功，离不开他无止境的学习和探索。休赛期间，他没有度假更没有放松，他不断地去深入学习，分析前人的执教领导经验，记录下每个教练员的优点，并且经常走访当地知名教练员，与之探讨与篮球领域相关的内容，包括执教理念、执教方法、领导力等。然后根据当代篮球的发展趋势，以及时代背景下球员的整体特征，充分利用自己的专业知识，综合分析总结形成自己的执教领导力，在球员身上不断实践，不断总结。他的这种学习精神值得我国篮球教练员学习，不管在精神上还是执教能力上都是我国篮球教练员的榜样。所以，就如习近平总书记所说的："要让学习成为一种生活方式。它能让人保持思想活力，让人得到智慧启发，让人滋养浩然之气。"因此，只有不断学习才能够做到思想与时俱进，技术与时俱进，执教领导力与时俱进等，只有这样，我国篮球教练员的执教水平才能够得到进一步提升。

(二) 情境领导力

1. 制订执教原则与日常训练计划

俗话说："没有规矩，不成方圆。"（规矩就相当于原则）原则就是要用来遵守的，原则的初始是球队的领导者制定的，一支优秀的队伍，最需要的就是遵守原则。迪恩·史密斯教练认为制定出属于自己的原则比什么都重要，中学时代就是在堪萨斯中学看着父亲执教足球、棒球和篮球中度过的，因此对这些执教法则耳濡目染。必须管好属于自己的每一个球员，而且每个人都要严格以这个原则为中心来执行，训练时，不管怎样，都要严格按照训练的目标来进行。毕竟这也是他花了很长时间总结和分析出来的训练计划，不按规矩训练，就只能请你退出我们的团体，因为我们的团体不想要异类。他的目的很明显，想把自己所教的学生的个性压下去，不能在篮球场上为所欲为，所以在训练时候就必须看管好每一个人。同时，他提醒大家互相监督来遵守原则。有一个例子：一个球员迟到了，他不仅仅只是惩罚那个球员一个人，他让这个队员去练习投篮，50个中距离投篮，一个不进，其他队友要做10个俯卧撑。最后，连队友也给他喊加油，他很感动，自此以后就没有迟到现象了。这也是一种有利于团队和谐的措施，大家相互监督，相互信任，彼此进步。如表4-7和表4-8所示，通过作者的总结，可以清晰地了解到史密斯教练制订的原则和要求以及日常训练计划表。我国教练员可以进一步借鉴其中的优点、取其精华。

表4-7 史密斯教练制订的球队训练原则与要求汇总表

序号	史密斯教练训练原则及要求
1	训练开始前,准时到场,提前热身
2	保护自己易受伤的部位,穿戴整洁,做好个人卫生,精神饱满,训练时,不能随便离开球场
3	集中注意力,全力以赴训练,把训练当成比赛
4	训练中不能随便埋怨队友,说粗话
5	教练集合讲解时候,安静、认真聆听
6	尊重队友,加强沟通配合,互相帮助
7	保持自信,热情,勇于承担责任,不推卸
8	服从集体,坚守原则

表4-8 史密斯制订的训练计划案例①

时间	主题
4:15	Assembly 集合
4:17	Fast break #1—enthusiastic 快攻训练#1—富有激情
4:19	Fast break organization—box out from man and point defense-blues shoot quickly 组织快攻—抢位挡人和要点防御—蓝队快速投篮
4:25	Defensive stations:防守选位: A. guarding screen at ball—good double! sprint off. A. 防守有球掩护!如果连续两次防守到位可以免除冲刺跑 B. guarding screen away—down and rear B. 反掩护—下至后方 C. guarding lateral screen on block C. 侧面防卫掩护
4:28	Rotate groups 小组交替练习
4:31	Rotate groups 小组交替练习

---

① Dean Smith. A Coach's Life [M]. New York:Random House US,2002:128-129.

续表

时间	主题
4：34	Shooting station 投篮位 —group 2 小组 2 —record shots 记录射手—use toss backs 使用投掷—4—on—4 defense 4 对 4 防守—defense 防守—group1—group 3 free 小组 3 自由活动 —lance passing game 快速传球
4：41	Rotate groups 小组交替练习—shooting 投篮—group 1 小组 1—defense 防守—group 2 小组 2—group 3 offense 小组 3 进攻
4：48	Half 半场—court defense 球场防守—defense fast break 快攻防守—miss or made 错过或成功—#22—#32—#42—on made 成功了—into —secondary break 第二次快攻
5：06	Water break 喝水暂停
5：08	Zone 区域—offense 进攻—defense game 防御 —groups1&2 小组 1&2 —six possessions with fast break 六次球权的快攻
5：18	Fulll court press offense 全场进攻—against 6 defensive men in zone press 在 press 区域对抗 6 名防御者
5：22	Press offense 压迫进攻—defense game 防守—from four shot defense 4 个射手防守—54—43—33—sprint to four line 冲刺到 4 号线
5：30	Part method offense—1，4&5″s—one end —2&3—other end—b-1，b-2，b-3，#3-部分进攻方法—1，4&5″s—one end —2&3—other end—b-1，b-2，b-3，#3
5：35	Half—court man offense—execution—white ball—b-1，b-2，b-3，b-23 into free—半场—球场进攻—执行—白球— b-1，b-2，b-3，b-23 自由 lance passing game—no break but check Def. balance—快速传球—不间断但检查 Def. 平衡
5：45	#4-#4c delay offense—3：00 min. to play —66-62 white ball 三分钟玩—66-62 白球#4-#4c 延迟进攻 —1：00 min. to play —69-68 white ball 一分钟玩—69-68 白球
5：55	Foul shooting—seven whites vs seven blues— One on one —possible 14 points—winners—loser—sprints —犯规罚球—7 白 7 蓝—对——可能 14 分—胜利者—失败者—冲刺
5：58	Winners 胜利者—loser sprints—失败者冲刺
6：00	Practice conclusion—实践总结 competitive（winners-losers）—竞争性的（胜利者-失败者）

通过他的训练计划案例可以发现，迪恩·史密斯教练能够非常高效地利用好训练时间，每一项训练内容他基本都能精确到分钟来计算。训练过程中，严格要

求自己的队员执行,球员也只允许有短暂的两分钟的喝水和休息时间,两分钟后,继续训练,保证完成每堂训练课的计划安排。而且,每当他在训练一项内容的时候,他总是会利用很多训练方式来激励队员,让队员充满激情接受挑战,去战胜自己。笔者认为,这对我国篮球教练员在制订和执行计划时有一定的借鉴意义。

2. 强调团队训练

归纳起来有:注重情境训练,注重基本功训练,注重团队意识训练。

注重情境训练:顾名思义,就是在情境中训练,在篮球训练中,迪恩·史密斯教练的情境训练就是将比赛中所有可能出现的情况都在训练的时候体现出来,这样可以让队员在比赛中面对这种情境时更自信,进行快速处理,不至于慌乱、不知所措。好比学生考试的时候,如果看到考卷里面有平时老师讲过、练习过的题目,我们是不是更有信心,以平常心来独自完成它;相反地,如果没练习过,必将会紧张、不知所措。篮球比赛也一样,只有把每一个训练当作比赛来完成的时候,比赛终将成为一场考验自己训练成果的测试而已。训练时候,比如追分,两队比赛,以一队领先15分为起点开始,比赛还剩下5分钟,一队还领先二队15分,接下来二队要进行追分模式了,二队队员就要以加快进攻节奏来得分和压迫性的紧逼防守迫使对手失误等的情境设定来训练,将训练和比赛结合起来。等实战的时候,队员们遇到这样的情况,就可以得心应手了,不至于惊慌失措。

注重基本功训练:篮球运动这个项目发展至今也有100多年的历史了,这项运动也正在不断创新和发展。篮球基本功也开始细致化,传接球、运球、投篮等动作慢慢雕琢,细节处理,对技术的要求越来越完善,以便适用于比赛中各动作的完成。因为动作的质量决定着一次成功的进攻得分或是一次成功的防守。有的专家认为当今篮球比赛中,比的是运动员的基本功训练水平,其中也包括篮球意识、本能反应能力等。迪恩·史密斯教练说:"从简单的运球,到准确地跑位移动,再到精准地传球,直至把球送入篮筐。每一个环节拆开来看,都是以各种技术组合起来的。可以细致地把一个团队比喻成一个机器,而篮球技术正是组成这部机器的细小零件,缺少了某个零件,或是某个零件的损坏,直接导致机器不能正常地运作"①。因此,运动员们需要的就是扎实的基本功。不可否认,教练员临场的战术部署和指挥是影响比赛结果的重要因素,但是不论是进攻还是防守,

---

① Dean Smith. Basketball—Multiple Offense and Defense [M]. Upper Saddle River: Pearson Education Limited, 1981.

要准确完整地表现出教练员的战术思想,若没有扎实的基本功是不可能完成的。因此,篮球比赛最终比的是基本功。

注重团队意识训练:篮球运动中,最需要的就是团队意识,也就是流畅的配合、彼此间的默契,因此团队意识训练也是迪恩·史密斯教练最注重的训练方式之一。第一,根据团队的实际情况,综合教练自己的知识结构来形成属于自己球队的训练体系,并且将其灌输给队员;第二,训练时严格遵守纪律,队员和教练员平等,教练员更要起到榜样作用;第三,教队员进攻时,注重强调无私传球,积极跑动,给予队友帮助,防守时,明确防守要求,提醒队友,熟练对防守战术的应用;第四,要善于为队员解决训练和学业的矛盾,平衡两者关系,鼓励队员在训练的同时不能放弃学业,以此达到共赢的目的①。

3. 无畏改变

在一个团队中,人不是一成不变的,相反,都是在变化的。就如在篮球队伍中,刚刚安排好的战术,因为队员受伤,不得不进行战术上的转变。甚至在比赛时马上就要作出调整,这对于教练员的能力要求就很高了,需要有多种思维方式来筹备比赛,不能逃避。史密斯教练做到了这些,他不怕改变,相反,他觉得改变更能激发他的创造性思维,因此他也写了一本书,那就是《篮球——多变的进攻与防守》(*Basketball—Multiple Offense and Defense*),这对我们来说,是一笔财富,有很多创造性思维;还有在训练或者比赛中,有队员提意见或者建议,他也会接受改变,不管是训练方式的改变还是战术计划的改变,只要能为球队作出贡献的,他都会接受,并且付诸实践,把一些好的、合适的做法都收集起来,只为能更好地提升球队竞争力②。史密斯教练这种不惧怕改变的品质,也值得我国篮球教练员的学习。

4. 因材施教

每一个人都各具特点,有自己的特点和长处,那怎样才能够使得自己的特点和长处发挥到极致呢?需要的不仅仅是自己的努力,还需教练的引导和努力。作为一名篮球教练员,需要做到从整体出发,把不同性格特点的球员的优点发挥出

---

① Dean Smith. The Carolina way: leadership lessons from a life in coaching [M]. New York: The Penguin Press, 2004: 86-89.

② Dean Smith. Basketball—Multiple Offense and Defense [M]. Upper Saddle River: Pearson Education Limited, 1981: 106.

来。在球队中，教练面对的是所有球员，更需要具备宏观思想来调控所有队员的个性特点，因此因材施教对教练来说是非常重要的品质之一。史密斯教练在每次比赛过后，都会花大量的时间去观看录像，一看就是四五个小时，而且仔细记录着每一个球员的特点，会和球员去一对一地进行讲解、沟通。因此，史密斯教练认为，只有明白每个球员的特点、需求，才能为自己的团队作出更大的贡献①。正是因为史密斯教练的严谨与细致，才能更好地根据每个球员的特点来最大化地发挥出团队效能。

(三) 团队领导力

1. 树立正确的比赛胜负观

即使教练员努力制订并执行计划，队员努力训练，甚至队员在比赛中都发挥很好，依然不能保证赢球。这时候不能随便去指责运动员，而需要的是鼓励、激励，让他们明白不是自身的原因，比赛总是有输赢，这个很正常。例如，1989年在美国莱克星顿肯塔基（美国肯塔基州中北部的一个城市）举办的NCAA锦标赛16强的时候，北卡罗莱纳大学篮球队经历了一次非常惨痛的失败，对手是实力强劲的密歇根州大学，这场比赛引起了全世界范围的关注，因为在这之前，北卡分别在1987年和1988年这两年里都在16强比赛的时候遭遇并击败了他们，结束了密歇根州大学的NCAA锦标赛的征途。迪恩·史密斯教练认为，1989年他们球队自身发挥得非常棒，但是，比赛还是输给了密歇根州大学，迪恩·史密斯教练并没有因此批评和埋怨球员，因为他知道球员们已经尽力了，打得非常好，已经把自己的实力淋漓尽致地展示出来了，只是对手太强大，我们需要的就是更加努力。那一年，密歇根州大学获得了NCAA锦标赛的全国总冠军。迪恩·史密斯教练说"不是我们没有做好，不管怎样，这次比赛大家都做到了自己的本职工作，已经完成任务，接下来，继续我们的训练和提升，相信我们团队一定会重回巅峰，再创辉煌。"

迪恩·史密斯教练说："毫无疑问，北卡每一个NCAA赛季的目标都是冠军。"这体现了竞技永不怕输、勇于超越的体育精神。同时，他还认为，不能让胜利遮蔽掉球员和球队的短处和不足，要积极与队员沟通，激励队员保持旺盛的精力和拼劲，争取下一个赛季继续打出更精彩的表现。他不反对在赛事获胜后，

---

① The Charlotte Observer; Ford, Phil. Dean smith: more than a coach [M]. IL: Triumph Books, 2015.

队员们一起庆祝，但是他时刻提醒球员，记得保持低调，不能有任何对对手的不敬行为，不管是肢体还是语言，都要尊重对手。迪恩·史密斯教练说："A lion never roars after a kill."（狮子咬死猎物从来不怒吼）这也是他总结出来的，对自己队员的忠告，不能太狂妄自大，连兽中之王都不会这么做，何况是我们呢？因此，只有继续努力，于无形中打败对手，这才是我们想要的结果。

2. 对球员的教育

（1）学习第一位。由表4-9可以看出，史密斯教练注重球员的学习远远比我国教练员多得多，他旨在让球员明白自己真正的角色，需要为球员的长远发展和未来人生道路负责。

表4-9 史密斯教练对北卡罗莱纳大学球员教育的要求

序号	史密斯教练对球员教育的要求
1	按时上课，不准逃课
2	有事不能按时来必须提前和授课老师沟通
3	按时完成功课
4	每个人必须制订好学习计划和学习目标，并且完成
5	申请助学金的应该第一时间通过体育系获得外出家教的兼职
6	不骄傲，不得为不学习找借口
7	不比较，做好自己，为更高的理想努力奋斗
8	充分利用时间学习知识充实自己，记住自己目前的身份，学习第一，篮球应该其次！努力成就自己

虽然美国篮球是全世界公认的高水平篮球，但是这不代表只练篮球。团队中，球员的思想道德素质也影响着整个团队的行为态度。因此，教练员就更加需要在日常训练中强化球员教育，以便在执教中形成良好的氛围，保障训练效率。美国大学竞技体育人才培养体系是以育人达标为中心，旨在培养大学生运动员的竞技水平、学术水平、思想道德品质能够均衡发展。迪恩·史密斯教练的球员中有96.6%都拿到了学位，他还首次招募非洲裔的篮球奖学金获得者——查理·斯科特（Charlie Scott），迪恩·史密斯教练也对自己的队员说："学生的角色，学习永远是第一位的，其次才是篮球。"尽管篮球训练以外的学习不能直接对球技的提高给予帮助，但是对球员以后的人生高度给予了非常大的指导作用。

说到这些，不禁让我想起了我国大学生篮球运动员的培养模式，绝大多数学生都是把90%的时间用在了训练中，为CUBA比赛做准备，还有一些高校甚至让参加CUBA比赛的队员不用学习，只需要训练，学校给予成绩。这就使得学生荒废了学业，把心思花在训练上，对很多专业知识一窍不通，对将来的路途很迷茫，影响今后的发展。因此，笔者觉得，迪恩·史密斯教练的这个做法值得我们学习和分析，他督促球员完成学业，只有学业完成了，才可以继续打球，这种方法激励学生，能够一举两得。

（2）团队里的每个人都是重要的

迪恩·史密斯教练说："球队就是一个整体，每个人都是重要的，这个是毋庸置疑的。"这里的"每个人"不仅仅指自己队员中的每个人，还包括捡毛巾的、修理器械的、洗地板的、开车的等都是团队中的一员，他们也是早出晚归，没有他们，就没有这么好的训练环境。因此，不能只是觉得团队只有篮球队伍，背后还有一批人在为我们的团队努力着，要懂得尊重和理解团队里面的每一个人，因为，他们都很重要，都是团队的一分子。

（3）尊重对手

当年乔丹就自曝说："当迪恩·史密斯教练第一次看到我在比赛中很酷炫的扣篮时候，下来他直接批评我，不要这样去侮辱对手和激怒对手，去尊重他们。"这个例子就是比赛中，当时北卡对阵马里兰，在大比分领先的时候，乔丹单手表演大风车扣篮，这让迪恩·史密斯教练很不高兴，他不喜欢那些充满创意的扣篮去挑衅对手。赛后，史密斯教练单独叫了乔丹到他办公室，希望乔丹不再这样做，因此乔丹只能收敛一点，毕竟，还是需要以大局为重。还有一个，投篮进球，或者扣篮进球后，不能去说脏话或者用肢体语言，比如，摇手指、摇头、眼神凶狠地盯着对手等，这些都不允许。迪恩·史密斯教练认为，只有以高尚的品德和自我修养来尊重他人，才可以赢得更深层次的尊重。

（4）建立自信

自信也是迪恩·史密斯教练告诫队员必须具备的心理素质之一。还是以乔丹为例子，因为那时，就是迪恩·史密斯教练成就的乔丹，给予乔丹信任，叫他自信地把球投出去。

众所周知，1982年NCAA总决赛的最后时刻，北卡落后乔治城大学1分，当时身披23号球衣的一年级新生迈克尔·乔丹投中了准绝杀的一球，北卡63比

62 反超并最终获胜,这个球成就了史密斯教授的第一个大学冠军,也成就了乔丹的伟大声名——这是他的第一个冠军。对乔丹而言,重要的是,他得到了信任,在被信任的同时,建立了自信,有了强大的心理作用力的引导,力量会变得更加强大。因此在后来的训练和比赛中,乔丹的天赋和自信结合起来,达成了常人无法企及的高度,同时也被很多人传颂。

（5）不怕犯错误

每个人肯定都有犯错的时候,错误并没有那么可怕,相反,每个人都要善于从所犯的错误中学习提高。"失败乃成功之母",没有人从出生到终老所做的事情全部是正确的。肯定会有错误的选择,只有正确和错误都存在,人生才可以完整,在不断摸索中学习与进步。史密斯教练告诫队员说:"犯错误的时候,你要大胆承认有它,容许有它,从中进行学习,然后忘记错误继续前进。"这就是错误的真谛,他让我们明白,进一步学习才能够改变现状。就比如当我们突然被抢断的时候,别沮丧,尽可能去冲刺防守,伸出双手去掏球,影响对手的节奏。史密斯教练这也是提醒队员不能因为犯错误受到批评就懊恼、烦躁、不努力;相反,要进一步学习来改变它。

3. 注重团队建设

（1）选材和平等：（球员招募以及纪律面前人人平等）

史密斯教练的选材标准也是有一定的学问在里面。俗话说:"万事开头难"。选材作为第一步,史密斯也是把它列为重中之重的要素。选竞技篮球运动员就像是找千里马一样,把他们找出来的则是伯乐。史密斯教练在关于球员选择方面具有自己的选人哲学。史密斯教练认为,弄清楚你的团队实现目标的核心竞争力是什么,你就明白了如何挑选适合你的团队成员。选择正确的团队成员是团队领导者首先要完成的任务,因此教练员必须花足够的时间在这上面。一个伟大的团队初步建成取决于基本的才干,必须建立在高低年级球员的组合上。高年级球员富有经验,低年级球员活力四射,将这些特点构建起来才是一支让成员以相互学习为目标去努力拼搏的团队[①]。在我国普遍存在着球队招募的时候认为篮球运动员的身高越高越好,只注重片面地培养内线球员,在比赛中时常出现高个运动员体力下降明显,技战术执行力不足等现象,因此这些问题更需要来借鉴史密斯教练

---

① Dean Smith. The Carolina way: leadership lessons from a life in coaching [M]. New York: The Penguin Press, 2004: 103.

的选材哲学。

每个团队都是需要纪律来约束的，毕竟是一个集体。为了集体的荣誉，每个人都要来遵守团队纪律。在北卡的训练队里，有着明确的纪律，不管是谁，犯了错误就按照纪律来惩罚，就如国家的法律一样。国有国法，家有家规，团队有团队的纪律。史密斯教练都是按照纪律来说事，每个人在纪律面前都是平等的，没有谁有特权。因此，纪律面前，人人平等，这是史密斯教练一贯遵循的原则。所以，他带出来的学生，人人都很守规矩，能保持对团队的忠诚。

（2）奖励和荣誉：奖励球员和设置荣誉榜

迪恩·史密斯教练曾问自己的队员："如果有个小长假出门，你们会选择什么样的住处？"他们自然地说出："要气派的，豪华的。"迪恩·史密斯就说："那你们住这么好的地方，所有的言行举止也要跟着提升一个档次。我不想看到有的人外表穿得很好看，可是房间却乱七八糟，我们球队不需要邋遢的球员。"于是，迪恩·史密斯每次出行打比赛的时候，总是给予他们最豪华的酒店休息，飞机总是坐一等舱，奖励和鼓励球员，让他们在享受的同时记得自己需要做什么。"比赛的时候，我要看到无私的传球，努力为团队作贡献[①]。对我来说，我也知道，谁都不想在所有人在场的时候被批评，毕竟这种滋味不好受，所以我们打球就必须以一个团队来打球，做到团队进攻，为队友掩护、卡好位置、机灵打球和无私助攻。"

每当比赛后总是有一些数据刊登在报纸或者新闻上，比如这场比赛谁投了多少个三分，进了多少个，篮板球抢了几个，创造了多少个助攻，上场了多少时间等这些数据，在迪恩·史密斯教练看来，这些并不重要，比赛后的当晚他也不想让球员去"更衣室（Locker room）"看录像，因为他们去看录像时，看的不是整场比赛的布局和走位，看的只是自己的表现。"当然，我也会跟他们说，这些数据不重要，只有队友的无私、默默奉献的帮助才值得我们尊重。因此在球队专属的'更衣室'里面，墙上都贴着荣誉榜，这就不是那些官方比赛的数据了，我们没有给那些得分多的、抢篮板球多的、抢断多的设立榜单，毕竟，这些都是个人的行为；我们给的是能给队友创造机会，有好的传球和意识的设立榜单。"因此迪恩·史密斯教练每次去"更衣室"看比赛录像，都要花4、5个小时的时

[①] Dean Smith. The Carolina way: leadership lessons from a life in coaching [M]. New York: The Penguin Press, 2004: 123.

间,特别是比较重要的比赛,至少5个小时以上,目的就是为了观看和分析每个队员打球的方式和走位,怎样走更好,然后再对他们一对一进行讲解和分析。

(3) 沟通和引导:赞扬和批评以及高年级引导新人

对教练来说,如何区别对待球队的成员是非常重要的。因为毕竟每个人都是不一样的。如果球员是内向且自信不足的球员,总是批评他的话会让他感觉非常沮丧,丧失训练和比赛的激情和动力。因此,每次我批评完这样的队员,都会尽量再找出一个优点去表扬他,让他不会那么难堪。当然每个人接受到批评后的态度都会不一样。有些比较年轻的队员,在我的批评后,就利用愤怒来打球,但是却打得越来越好。"因此在对每一个队员一对一的单独谈话中,我都会问到,当众批评他们是否对他们有干扰,如果有,我就会叫他训练后或者比赛后一对一进行交谈。每个人的方式都不一样,都需要慢慢摸索出来。赞扬是对一个人的肯定,就是要当众指出来,让大家学习,指出他的无私行为、好的助攻、好的掩护、好的传球等,多激励球员,更有利于团队建设。"

每个人都是从新人做起,慢慢升级到高年级的队员。在迪恩·史密斯教练眼里,这些队员在球队中学习的不仅仅是打球技能,还要学习到属于自己的领导技能。新人进来都是由高年级队员引导、学习,因为高年级队员对球队的管理和训练模式更加了解和熟悉。因此,新人刚进球队时,必须先服从管理。如果一个新人在训练时懈怠和懒散,被迪恩·史密斯教练知道了,高年级的队员可以带他们去看之前的训练视频,也就是书上经常看到的"更衣室",灌输理念,进行加强练习!球场外,新人一定要尊重高年级的队员,在球场上,如果新人有能力做到让大家都信服,而且球打得好,能够将其他队友团结起来,也可以做球队里面的领导者。

(4) 感恩和支持:感谢传球者与支持队友

我们经常在 NBA 看到的感谢传球者的手势,其实是迪恩·史密斯教练创造的手势之一,就是鼓励球员得分之后通过用手指来示意给自己传球的队友,以此感谢对方的无私。在篮球比赛中,很多人看到比赛结果的时候,只关注个人得分。有人在迪恩·史密斯教练面前说,"约翰得了28分,他是全场的主力,他非常棒!"然而,迪恩·史密斯教练并不这么认为,他更关注谁给他传球,谁给他掩护、为他挡拆,因为投篮得分并不代表全部,篮球的真谛是五个人的相互配合,无私奉献,体现价值。史密斯教练说:"我们要想成为胜利的团队,就必须要拥有一个胜利的计划，计划中你们每个人都是主角。"对队员来说，训练是最基本的，也是艰苦的，但是这都是为了成功精心计划和细致筹备的结果。我相信，只要我们做好基础，一点一滴地做好训练，最后肯定能够取得成功。

如果队友打进漂亮的进球，在板凳上的队友就需要站起来欢呼，支持队友，振奋士气。教练希望队员们都可以享受比赛并且可以打得流畅，只要在他们越打越享受的时候，才更能感受到感恩和信任，才能够越打越好。教练要激励他们，肯定他们付出的努力，使得比赛更有效率，更有激情。迪恩·史密斯教练也说："你可以在一种新的思维方式里面做好自己，而不是把自己想象成一种新的表演方式。"① 支持队友，站在队友身边总是能给队友动力和信任，队友被信任后，也会充满感恩，使得整个团队的心联系得更紧密。迪恩·史密斯教练在开会的时候，讨论得最多的就是，今天你的球传得很好，进攻时你的掩护相当好，而不是讨论说今天你的得分很少，打得不好。相反，得分多也不一定打得好，就算你得到了20分，全队最高，但是你防守很差，不积极，都是等待队友给你传球，出手次数也非常多，这并不算好，为球队做的贡献比那些传好球、好挡拆、帮助队友掩护的还少。信任队友，支持队友，这也是激励团队的一部分。

（5）体谅和帮助：观察疲倦信号与培养球员领导力

史密斯教练说："当我还是一名球员在为堪萨斯州大学效力的时候，我回想起比赛的强度超过了我们训练的强度，因此，我叫我的教练阿伦（Phog Allen 是篮球教练员之父，也是名人堂成员）替换我下场，我快喘不过气了。但是过了几分钟，我身体机能恢复了，替换上场依然可以呈现出最佳状态，这就是需要教练敏锐地观察每一个队员的疲倦信号。"② 史密斯教育自己的球员，上场了就要全力以赴，尊重比赛，尊重对手的同时，也需要展现出自己团队的气势。史密斯说："北卡的方式就是擅长快攻，压迫性防守，这种打法非常消耗体能，疲劳很正常。看到有人累了我会替换他，因为一旦累了，快攻打不起来，防守强度也下降，球队的节奏就乱了，就不能达到预期的攻防效果。短暂休息后就可以替换上场，继续奋战，在整个赛事进程中，我最不愿看到场上有球员放松、懈怠！"

在一个群体中，如果要获得领导者的位置，首先要有独特的人格魅力和领导

---

① Dean Smith. The Carolina way: leadership lessons from a life in coaching [M]. New York: The Penguin Press, 2004: 178-179.
② The Charlotte Observer. Ford, Phil. Dean smith: more than a coach [M]. IL: Triumph Books, 2015.

能力，使群体中的每一个人都信服。领导行为指的是领导者在领导过程中因不同阶段的情境和任务表现出不同领导行为的统称。篮球场上的领导者有两种，一种是教练对球员的领导，还有一个是比赛中，球员对球员的领导。这种领导也关乎整个团队。一支优秀的球队，是由一个教练和十几名球员组成的团体，为了一个共同目标而努力，而团队成员的领导力水平对球队的竞技水平、凝聚力和抗压性等有重要的影响。综合大量研究表明，队伍中，球员的领导力水平越高，球队越优秀。史密斯教练认为，有较好领导力的球员应该具备以下六点品质：①发挥好榜样的作用；②要有自信；③勇于承担责任和错误；④信任队友，加强与队友沟通；⑤有自我反省的能力；⑥积极训练，全力以赴去比赛。

4. 努力实现团队目标

每个新的赛季，史密斯教练提醒队员最多的就是团队的共同理念：团队至上、尽力而为、聪明打球（play together、play hard、play smart）。这三个词语就凝聚了教练对整个团队的希望和努力实现的目标。"Play together"意思就是团队成员之间互相信任，合力作战；"play hard"意思就是无论是训练场还是比赛场，每时每刻都要做到竭尽全力去为球队贡献最大力量；"play smart"意思就是能够在合适的时机配合队友，提高团队效益。同时也说："赛季期间，一切事情服从球队需要；赛季后，一切事情为了个人发展"[1]。为了实现团队目标，需要付出极大的个人代价。在我们没成功时，我们要扪心自问一下：我们无私了吗？我们都尽力了吗？我们已经做好基本的进攻和防守了吗？

（1）全力以赴（play hard）

在球场上也许这个队员不是速度最快、也不是最高的、更不是最敏捷的，而且他对整个球场内的比赛也没有任何影响效果，但是他积极努力地控制好自己，做好自己的本职工作，这是迪恩·史密斯教练所希望看到的。他告诉队员："赛场中努力做好自己，即使你不能左右比赛，但这已经够了。"在迪恩·史密斯教练的选材理念当中，他喜欢努力、勤奋、拼搏精神足的球员。训练中，他对自己队员的体力要求很高，毕竟在比赛的48分钟里，基本都是加速跑、变速跑，所以，在训练中，他都让队员打满整场比赛，不换人，而且都要尽自己的最大努力去打，把训练赛当成正式比赛。当然，这只是训练，到了正式比赛时，如果有队

---

[1] Frothingham, R. Scott. The Words and Wisdom of DEAN SMITH: Legendary North Carolina Basketball Coach [M]. Createspace Independent Publishing Platform, 2015.

员体力不支,他会第一时间将队员换下去,因为体力下降,进攻和防守的效率也随之降低,影响整个球队的士气。因此,训练中,尽自己最大努力去完成训练计划;而比赛中,将努力的结果发挥出来,为团队做贡献,提高效率,帮助球队赢得胜利,这就是努力的目的①。

(2) 团队篮球(play together)

对球队来说,一起打球说起来简单,做起来还是需要一定的时间来磨合的。但是聚在一起是团队能力体现的核心之一,篮球就是五个人的比赛,需要集体一条心,将效率最大化。迪恩·史密斯教练确信:"要想成为冠军,只有将自己融入团队,将效率最大化,才能赢,团队才能走得更远。"他告诫自己的队员,要积极抢位;卡人挡拆;为队友掩护;传球给跑出空位的队友等来进行团队进攻,避免一个人打5个人的情况,如果出现这个样子,球进了,他也不认为是好球。因此,一起打,相信队友,无私传球,这才是篮球的真谛。

(3) 以智取胜(play smart)

我们有自己个性的同时,还要结合教练的指导训练,不能只拥有一个死板的方式进攻或者防守。迪恩·史密斯教练说,"训练就是为了应对所有多变的情况,只有这样,才能够机灵打球。"确实如此,一种方式只会让别人看透你,然后打败你。就比如,只会右手进攻,别人会只防守你的强侧右侧,放掉左侧,明显给自己增加了难度,自己就会处于被动的状态,如果我们灵活起来,强弱侧都练习,进攻方式多样,占据主动优势,这样才更有利于整个团队的发展。技战术也是如此,可以运用多变的进攻与防守的战术来灵活运转,这就会使整个球队的效率提高,能够起到事半功倍的效果。

三、迪恩·史密斯教练执教领导力形成过程和其影响力

(一) 执教领导力形成过程

正如马克思主义所讲的,教育和环境决定人的发展。在人的成长过程中,也不知不觉地被外界环境和所受的教育塑造着。因此教练员执教领导力的形成,与其本身受教育的程度、成长环境和经历等密切相关。史密斯教练是1931年2月

---

① Dean Smith. The Carolina way:leadership lessons from a life in coaching [M]. New York:The Penguin Press,2015:98.

28日出生在堪萨斯州恩波里亚市,在他成长历程中,经常看他父亲熟读各种有关体育的书籍,好奇心的指引,他也看着这些书,慢慢喜欢上体育,而且,其父亲在堪萨斯州恩波里亚中学执教足球、棒球、篮球和田径的队伍。很多时候,他也跟随父亲的队伍去比赛,熟悉父亲怎么领导球员,怎么指挥比赛,这是他家庭的条件优势。受父亲的影响,他更是爱上了竞技体育,而且是特别喜欢篮球这项团队运动。他看着父亲在指导队员时的领导风范和队员们努力拼搏不服输的状态,很沉迷,立志要当一名教练员。迪恩·史密斯在1949—1953年期间就读于堪萨斯大学,并随队获得了1952年NCAA锦标赛冠军。在堪萨斯期间,史密斯的篮球教练就是被称作"篮球教练之父"的福格·艾伦（Phog Allen）,艾伦教练对史密斯教练的影响非常大,史密斯教练不懂的问题,只要问艾伦教练,他必定会详细解答和指导。史密斯教练说:"他不仅仅是我的教练,更是我的朋友,是我这一生中最敬仰的人之一。"他从堪萨斯大学毕业后,在1953—1954年,曾担任过堪萨斯篮球队的助理教练。随后的1955—1958年,也担任了美国空军学院（Air Force Academy）篮球队的助理教练。1958年后,迪恩·史密斯来到了北卡罗莱纳大学担任助理教练。助教期间,受到多个教练员多种领导方式的影响,这有益于其在三年后开启了北卡主教练生涯,由此也展开了他在北卡执教的伟大事迹,直到他在1997年从北卡退休。他能够36年如一日地做着教练的工作,需要莫大的毅力,加上其助教的时间,差不多半个世纪都在当教练,史密斯执教生涯,只能够用"伟大"两个字来形容了。

一个教练的执教领导力的形成,外界的影响是必须经历的事情,但是只有在受你影响的过程中提炼出对自己有用的信息,这才是最有价值的。史密斯教练始终如一地坚持做一件事情,并且做好它,这需要强大的毅力来坚持。因此,一名优秀教练员的成长过程,是需要不同层次的外界影响,需要教练员相互交流和沟通,更要与能力比自己优秀的教练沟通,同时去阅读他们的书籍,观看他们的视频等,熟悉他们,并且在他们这种优秀的环境中学习。正所谓:"近朱者赤,近墨者黑。"在我国也有很多优秀的篮球教练员,其执教的年限与经历都是年轻教练员的财富,年轻教练员应该主动去请教和学习,利用他们优秀的领导力与自己的领导力水平相碰撞,这是非常有意义的。同时这也是本研究的意义所在,期望能够对我国篮球教练员执教能力的提升有更进一步的帮助。

（二）影响力

2015年2月7日故去的迪恩·史密斯教练,其执教生涯的光辉事迹数不胜数,不管对社会还是对球员都具有非常好的影响。从1961年开始执教北卡罗来纳大学,1967—1969年连续三年打进全国四强赛,1968年甚至进了决赛,但是遗憾败北。1972年,全国四强赛败北。1977年,全国亚军。1981年,北卡又输掉一次全国决赛,被由全明星级别的球星带领的伊塞亚·托马斯印第安纳大学所击败。到那时为止,迪恩·史密斯先生被媒体认为是个"无法取得冠军的伟大教练"[1]。但是在他对手的眼里,他始终是伟大的。

接下来就说说他在北卡执教时的经典实例,估计也有很多人看到过这个内容。1982年,他再次带领北卡闯入NCAA全国总决赛,对手乔治城大学的约翰·汤普森——培养出尤因、莫宁、穆托姆博和阿伦·艾弗森这些铁汉的教练——如是说:"我是史密斯教练的终身粉丝。你们别胡扯什么进了六次四强赛没冠军的阴影,我还想要那个阴影呢!"以及:"跟史密斯教练对垒,不管对我还是他,都是双赢:或者我赢冠军,或者我的偶像教练赢冠军!"听起来像是一个玩笑,但是这说明史密斯教练当时的影响力已经深入人心,领导能力也被人敬仰。当然,史密斯教练的冠军魔咒,于1982年夏天告终。众所周知,那年NCAA总决赛发生了一件事儿:比赛剩32秒,计分牌上61比62,北卡落后乔治城大学。全场在61612名球迷的噪声之下,史密斯教练把北卡大学的23号一年级生迈克尔·乔丹叫到一边。开球后,汤普森用了区域联防,以控制北卡的突破。北卡企图高位配合未遂,但乔治城已把防守重心倾向了右侧。北卡的王牌詹姆斯·沃西正被死缠,时间急速流逝。后卫布莱克做出传球假动作,准备把球挥给低位的北卡长人帕金斯。乔治城的弗洛伊德中计,保护中路。布莱克传球向左翼,迈克尔·乔丹面对篮筐,17英尺远。很多年后,乔丹说,从酒店出发到球场的大巴上,他就在想象这一刻。地点一模一样,场合一模一样。61612名球迷齐声呼啸,乔丹起跳,出手。球在天空旋转时无比缓慢。乔丹赛后自己说:"我没看到球进,我都没敢去看,我只是祈祷。"然后,他听到了祈祷的回声,是一记坠落的"唰"声。北卡63比62反超。还剩18秒。这个球成就了史密斯教练的第一个大学冠军,也成就了乔丹的伟大声名——这是他的第一个冠军。这晚的主角是史密斯教练,是拿到了四强赛最佳球员的沃西,但很多年后,世界回望这场比赛时,谈论的只剩乔丹,以及那最后一球。乔丹知道:自己投篮的那一刻被无数照相机拍下。他还不太知道这一刻会在多年后,成为多么伟大的传奇——史

---

[1] The Charlotte Observer, Ford, Phil. Dean smith: more than a coach [M]. IL: Triumph Books, 2015: 11.

上最伟大的决赛之一，最激动人心的结局，而且一直被传颂。但是第一年就拿冠军，很棒的感觉。对乔丹而言，重要的是，他得到了信任。本来，他只是个一年级学生，球队第三攻击手，但在那个生死存亡之时，教练相信他，把球交给了他，他投中了。信任固然重要，能够给予被信任的人以勇气、自信，这种能量是巨大的。1984年，大学尚未修完的乔丹以大三学生的身份进入了NBA。那时，经过三年大学篮球联赛的锤炼，与1982年入校时相比，他在球技和经验方面均已脱胎换骨，这与史密斯教练的教导是密不可分的。

比赛中打法丰富灵活多变，球动人动，许多篮球的基本战术都被注入了新的观点，比如，直传球、联防战术、移动进攻、制造空位投篮机会、无球掩护、第一时间转移球等，让人感到焕然一新，这些东西带给人们篮球的真正意义要比一个人运球杀入前场后一对一有意义得多。此外，迪恩·史密斯教练有许多创举，比如，是他创造了"球员得分后指向给自己传球的队友表示感谢"。他尝试了混合防守战术和临场改变防守战术。他推广了"组织后卫过半场时为队友叫战术"。他使一些基本战术成熟了，比如区域联防、挡拆时夹击持球者。当然，还有他著名的"四边角进攻"，这个战术过于有效，1985年NCAA甚至重新定了进攻限时，让北卡无法慢条斯理地摆这个半场进攻的阵容。他的创新和尝试，为当今NBA的发展奠定了基础[①]。

再者，史密斯教练理解每个人，会站在队员的角度上看事情，每年，他总会在赛季最后一个主场比赛时，让大四生都上场。不仅仅是富有人情味，更重要的是感恩和尊重，这些细节影响着每个人。他带出的队员各个也都很出众，乔丹这个人物是我们再熟悉不过了，此外还有文斯·卡特、贾米森、拉希德·华莱士这些北卡出来的家伙们，都是看上去少年才气，但却能坚持得格外长久的球员。因为他们都和乔丹一样：在北卡的传统下，已经打好了一切的底子。乔丹的信心、乔丹的好胜精神、乔丹的基本功和攻防两端的基础，都是迪恩·史密斯的北卡风格打造出来的。

当然，你还可以说：迪恩·史密斯教练教出了拉里·布朗，而拉里·布朗又教出了波波维奇，相信波波维奇执教的马刺队，大家也都深有感触吧，这些都有着史密斯教练的影子在里面，影响着一代又一代的教练员。

---

① Dean Smith. The Carolina way: leadership lessons from a life in coaching [M]. New York: The Penguin Press, 2004: 92.

四、迪恩·史密斯教练执教领导力对我国篮球教练员的启示

(一) 角色定位明晰

明确篮球教练员的角色定位,有利于促进他们执教能力和水平的提高。作者查阅了很多关于 NCAA 优秀教练员的著作。在著作里面,说得最多的不仅仅是技战术、团队配合,更重要的还是领导力。如本研究北卡罗莱纳大学的功勋教练迪恩·史密斯(Dean·Smith)就出版了有关于领导力心得的论著,《北卡方式:来着执教生涯的领导力课程》(The Carolina way: leadership lessons from a life in coaching)中提到的好多关于执教领导力的思想、行为等进行了深入的讲解;还有加州大学洛杉矶分校的传奇教练约翰·伍登(John Wooden)所著的《伍登教练论领导力:如何打造一个成功的组织》(Wooden on leadership: how to create a successful organization);NCAA 大学篮球联赛历史胜场最多的教练,也就是杜克大学男篮主教练迈克·沙舍夫斯基(Mike Krzyzewski)所著的《超越篮球:K 教练的成功关键词》(Beyond basketball: Coach K's Keywords for Success)和《领导——带队更要带心:K 教练教你打造卓越团队》(Leading with the heart: Coach K's Successful strategies for basketball, Business & Life)。此类书籍不胜枚举,其表达的一个共同观点就是这些卓越的教练都将自己定位为团队的领导者、老师,同时也是服务员,通过自己的智力和体力的付出为球员和球队服务,而且他们能够做到不断汲取各学科的专业知识,与时俱进。在领导的过程中,球员的人格品质培养也是一门极其重要的课程,这就需要教练员定位好自己的角色,具备篮球知识的同时,更需要有一套自己的领导理念、领导能力来教育好球员,服务球队,顺应时代潮流,多与优秀的教练员学习,时代在进步,我们的知识也要跟着时代的脚步前进。因此,我们需要借鉴外国优秀教练员的独特领导力来引领我国篮球教练员前进。

(二) 具有清晰的执教领导方式

纵观美国高水平的大学篮球教练员,给我们最直观的感受就是,他们都有着自己一套独特且经验丰富的执教领导方式。他们并不是讲大道理,而是引导你,怎么教好自己的队员,怎么引领他们走向成功,怎么制订训练计划,怎么在变化中应对各种情况,怎么对不同的队员进行指导,怎么去塑造自己球队的风格等。

我国篮球教练员需要这种执教领导方式的注入,来充实其执教领导体系,提高执教领导能力。

(三) 形成有效的团队领导

史密斯教练注重的团队领导与建设也是领导力的重要部分。其中,团队领导包括了树立正确的比赛胜负观、对球员的教育、团队建设、实现团队目标等。纵观我国篮球教练员的发展现状,不仅仅需要在选材、战术、阵容上下功夫,还更应该考虑到以下几点:

(1) 树立正确比赛胜负观:把自己融入团队,努力去最好自己的本职工作,即使输了,也不抱怨,我们也没有遗憾;赢了,可以庆祝,但是我们需要为下一次的目标继续努力。这种思想也需要我国篮球教练员进一步深入灌输给球员。

(2) 对球员的教育:学习第一,团队里的每个人都是重要的,尊重对手,建立自信,不怕犯错误等。史密斯教练着重强调的这几点,同样值得我国篮球教练员学习。

(3) 团队建设:包括奖励(奖励球员)、沟通(赞扬和批评)、感恩(感谢传球者)、支持(支持队友)、引导(高年级引导新人)、荣誉(教练设置荣誉榜)、体谅(疲倦信号)、培养(球员领导力的培养)、平等(纪律面前人人平等),史密斯教练认为这九点是团队建设的基础,是需要球员和教练共同完成的,它能为我国篮球教练员执教领导力的团队建设方面给予补充,提高领导效率。

五、迪恩·斯密斯教练执教领导力格言及评介

(1) 我们必须善于识别错误,从错误中学习,然后忘掉它继续前进。(What to do with a mistake—recognize it, admit it, learn from it, forget it. —Dean Smith)

评介:这句话告诉我们,人不怕犯错误,但要善于利用所犯错误让自己进步和提高,第一步,就是要解析错误的缘由和要点,从而改正它,在这之后,不要总是沉浸在过去的错误中,要及时将其忘掉,轻装再出发。

(2) 一个优秀的人往往是那种看到别人取得成绩会感到高兴的人。(Good people are happy when something good happens to someone else. —Dean Smith)

评介:这句话告诉我们,要做一个具有高尚品格的人,要乐于为别人的进步和取得的成绩而高兴、喝彩和鼓掌,而不是去嫉妒。

(3) 不要过度执教,过犹不及。(Over coaching is the worst thing you can do to

a player. —Dean Smith)

评介：作为一名教练，往往容易犯的错误是时时刻刻去指导球员，去约束球员，这样会让球员感到窒息，从而丧失了兴趣和自我思考能力。因此，指导火候的把握非常重要。

（4）最重要的事情就是建立球队精神面貌（The most important thing is team morale. —Dean Smith）

评介：这是斯密斯关于团队建设的核心观点，他想让球员成为一个具有爱心、品格、奋斗精神、正确面对胜负的阳光青年，拥有这些优秀品质和精神面貌的球员共同组成的球队才能是一个充满正能量的好团队。

（5）当你看到一位球员在球场上做不到拼尽全力和打球比较自私时，就应该把他替换下场。（You should sub a player out when you see a player not going full-speed or playing selfish basketball. —Dean Smith）

评介：这句话告诉我们，作为一名教练在临场指挥时，观察力要非常敏锐，看到有球员因体力或注意力等方面不够全力以赴时，以及打球陷入了个人单干模式时，要及时将其替换下场，以免影响团队战斗力和团队氛围。

（6）我从来不招收对队友指责谩骂的球员、不尊重队友的球员以及自己得分很高而球队战绩很糟糕的球员入队。（I would never recruit a player who yells at his teammates, disrespected his high school coach, or scores 33 points a game and his team goes 10-10. —Dean Smith）

评介：这句话充分体现了斯密斯教练的选材观，除了具有较好的篮球天赋外，他更重视球员的品格，对没有团队精神和服从精神的球员他是很不欢迎的。

第四节　NCAA 杜克大学主教练迈克·沙舍夫斯基（Mike Krzyzewski）的执教领导力分析

一、迈克·沙舍夫斯基教练简介

迈克·沙舍夫斯基，1947 年 2 月 13 日出生于美国伊利诺伊州芝加哥，美国知名篮球学府杜克大学的篮球主教练，现是美国男篮的特别顾问，培养出多名 NBA 球星。2001 年 10 月 5 日，沙舍夫斯基入选美国"奈·史密斯"篮球名人堂。沙舍夫斯基曾经率领杜克大学十二次闯入 NCAA 四强赛，四次获得全国冠军

（1991年、1992年、2001年和2010年），NCAA胜场最多的教练，12次当选年度最佳教练员（表4-10）。2005年，沙舍夫斯基成为新一届美国男篮的主帅，同时他也是自1992年国际篮联允许NBA职业球员参加奥运会或世锦赛以来首位执教美国男篮的大学教练。与NBA中的大牌教头相比，沙舍夫斯基也不逊色。在美国篮球界，老K教练同样是一个举足轻重的人物，而且在大学联赛结束后，老K教练立即能够进入备战准备，而NBA教练则还要和老板讨价还价。执教美国男篮期间，辅助老K教练的还有贝海姆（雪城大学）、迪安东尼（太阳队）和麦克米兰（开拓者队）三人。贝海姆熟悉联防，迪安东尼对欧洲篮球很了解，而麦克米兰对于NBA球员方面很有一手，三位助理教练在各个方面形成很好的互补。在他执教的第三十个年头，带领杜克大学，历史上第四次夺得NCAA的冠军。同年，在土耳其举行的世锦赛上，"梦九队"一路过关斩将，以不败战绩重夺世锦赛冠军。2012年8月12号，在伦敦奥运会上，他成功率领"梦十"击败西班牙队，以不败战绩卫冕奥运金牌，期间球队创下多项纪录。在沙舍夫斯基执教期间，美国男篮重回世界篮坛巅峰，不仅在2008年奥运会和2012年奥运会上夺回了金牌，并且也在2010年世锦赛和2014年世界杯上夺回了冠军。里约奥运会美国30分胜塞尔维亚取得奥运三连冠，2016年里约奥运会夺冠后退出美国男篮。

表4-10 老K教练执教杜克大学胜率表

时期	队伍	胜负	季后赛
Duke Blue Devils (Atlantic Coast Conference) (1980—2019) 杜克蓝魔队（1980—2019）主教练：Mike" Krzyzewski			
1980—1981	Duke	17-13	NIT 第三轮
1981—1982	Duke	10-17	
1982—1983	Duke	11-17	
1983—1984	Duke	24-10	NCAA 32强
1984—1985	Duke	23-8	NCAA 32强
1985—1986	Duke	37-3	NCAA 亚军
1986—1987	Duke	24-9	NCAA 甜蜜16强
1987—1988	Duke	28-7	NCAA 最终4强
1988—1989	Duke	28-8	NCAA 最终4强
1989—1990	Duke	29-9	NCAA 亚军

续表

Duke Blue Devils（Atlantic Coast Conference）（1980—2019） 杜克蓝魔队（1980—2019） 主教练：Mike" Krzyzewski			
时期	队伍	胜负	季后赛
1990—1991	Duke	32-7	NCAA 冠军
1991—1992	Duke	34-2	NCAA 冠军
1992—1993	Duke	24-8	NCAA 32 强
1993—1994	Duke	28-6	NCAA 亚军
1994—1995	Duke	9-3	
1995—1996	Duke	18-13	NCAA 64 强
1996—1997	Duke	24-9	NCAA 32 强
1997—1998	Duke	32-4	NCAA 精英 8 强
1998—1999	Duke	37-2	NCAA 亚军
1999—2000	Duke	29-5	NCAA 甜蜜 16 强
2000—2001	Duke	35-4	NCAA 冠军
2001—2002	Duke	31-4	NCAA 甜蜜 16 强
2002—2003	Duke	26-7	NCAA 甜蜜 16 强
2003—2004	Duke	31-6	NCAA 最终 4 强
2004—2005	Duke	27-6	NCAA 甜蜜 16 强
2005—2006	Duke	32-4	NCAA 甜蜜 16 强
2006—2007	Duke	22-11	NCAA 64 强
2007—2008	Duke	28-6	NCAA 32 强
2008—2009	Duke	30-7	NCAA 甜蜜 16 强
2009—2010	Duke	35-5	NCAA 冠军
2010—2011	Duke	32-5	NCAA 甜蜜 16 强
2011—2012	Duke	27-7	NCAA 64 强
2012—2013	Duke	30-6	NCAA 精英 8 强
2013—2014	Duke	26-9	NCAA 64 强
2014—2015	Duke	35-4	NCAA 冠军
2015—2016	Duke	25-11	NCAA 甜蜜 16 强

续表

时期	队伍	胜负	季后赛
Duke Blue Devils（Atlantic Coast Conference）（1980—2019） 杜克蓝魔队（1980—2019）主教练：Mike" Krzyzewski			
2016—2017	Duke	28-9	NCAA 精英 8 强
2017—2018	Duke	29-8	NCAA 32 强
2018—2019	Duke	32-6	NCAA 最终 4 强

DUKE：1048-309（79.1%）

总体的：1132-344（76.7%）

二、老 K 教练执教领导力分析

（一）注重球员招募

篮球队是由教练组和十几名篮球运动员等共同组成的一支团队，在竞技运动实践中得出的经验就是篮球团队中的球员选材选得好，是使球队具有良好的"化学反应"的前提，团队中各个环节的技术人才选择得到支撑，是一支篮球队伍取得胜利的基础。竞技篮球运动的球员就像是千里马一样，把他们挑选出来的教练员则是伯乐[①]。在篮球队选运动员时，通常采用类似骨龄的测试，并针对运动员的形态、身体素质、机能、运动技能等方面的考察，更多的是从主观的层面去看待运动员的技战术是否符合自己团队技战术的要求。在我国普遍存在球员招募的时候认为篮球运动员的身高越高越好，注重片面的培养内线球员，在比赛中时常出现高个运动员体力下降明显、技战术执行力不足等现象。

老 K 教练在其构建篮球团队之初就是注重球员的招募，对此，老 K 教练在关于选择球员方面具有自己的选人哲学。老 K 教练认为，弄清楚你的团队实现目标的核心竞争力是什么，你就明白了如何挑选适合你的团队的成员。选择正确的团队成员是团队领导者首先必须要完成的决策，因此教练员必须花足够的时间在这上面。一个伟大的团队初步建成取决于基本的才干，必须建立在高低年级球员的组合上，高年级球员富有经验、低年级球员活力四射，将这些特点构建起来才是一支会让成员相互学习为目标去努力拼搏的团队。在篮球运动中选择团队成员

---

① 刘卫东. 篮球运动的制胜规律 [M]. 北京：北京体育大学出版社，2013：12.

时必须弄清楚在其团队构建中球员的作用，不一定要选择球技最好的十二个人，就像是由观众投票选出最具有能力的十二个人，但那不一定就是团队适合的人。在观看了北京奥运会美国男篮的比赛之后，就不难发现在金牌争夺战的时候，当美国男篮球员陷入犯规麻烦中，泰肖恩·普林斯站了出来，为美国队作出了贡献。要是说在 NBA 中最好的小前锋是谁，大多数人不大会想到这个身高 2.06 米、体态偏瘦的"小王子"泰肖恩·普林斯，但他就是老 K 教练所提到的适合的人。老 K 教练曾经在媒体上坦言，"2008 年北京奥运会时，如果没有泰肖恩·普林斯在队中，我们可能就不会获得金牌"。由此可见，在篮球团队中关于选择球员时，适合的人比能力强的人更重要。

在关于篮球团队中球员的招募，老 K 教练的选人哲学是在挑选球员的同时需要与其建立一种相互信任的关系，必要的时候亲自去见球员与他面对面地交流，最终选择适合杜克体系的人。我国篮球运动中在关于球员选择的时候大多是注重运动员的形态、技战术能力等，在实践中这些指标都是十分重要的，但不能过于片面地注重选择球员的主观层面，应适当地注重其运动能力之外的其他因素，例如，性格、兴趣爱好等心理方面的因素以及思想品德、为人等是否具备良好的品质等。选择招募适合自己执教理念的十二个运动员，促进其合成产生良好的"化学反应"，为团队创造出良好的运动成绩。

(二) 注重团队建设

团队是指由基层和管理层人员组成的一个共同体，为实现某一特定目标，合理利用每一个成员的知识和技能协同工作，作用是解决问题，目的是达到共同的目标。团队的构成要素总结为 5 个因素即为：目标（Purpose）、人（People）、定位（Place）、权限（Power）、计划（Plan）[①]。一支篮球团队就是一个现实的团队，目的是为了取得胜利，作用是在这过程中解决一切困难，全体队员齐心协力朝着这一目标不断地努力拼搏。

老 K 教练认为，一个团队的伟大之处有 5 个基本点：沟通（Communication）、信任（Trust）、集体责任（Collective Responsibility）、关爱（Care）、自豪（Pride）。"I like to think of each as a separate finger on the fist. Any one individually is important. But all of them together are unbeatable."（"我想每一个作为单独的手指在

---

① 360 百科. 团队 [EB/OL]. [2020-12-21]. http://baike.so.com/doc/5383683-5620084.html.

拳头上，任何一个单独的都是很重要的。但是只有在一起才是无与伦比的"。）

老K教练对篮球团队的理念主要分为两点，一是篮球团队中球员之间，二是教练员与球员之间。在篮球团队中球员与球员之间的相互连接不仅仅是观看和倾听，更重要的是"感觉"。如果你无法让团队中的核心成员在一个运转良好的组织中保持活力，那么团队中球员之间合作关系就不会那么有效。在篮球团队中教练员与球员之间的连接，需要教练员主动地去接近你的团队球员并不要隐藏自己的情绪去鼓励他们，教练员必须尊重全体的球员并让他们感到理解和欣赏，激励整个团队加强，使每个人得到尊重。老K教练将一个完整的篮球团队视为马车，那么领导者就是这辆马车轮子的中心，如果失去了马车轮子的中心那么整辆马车就会崩溃。在这种情况下，如果一个团队失去了领袖，整个团队就会崩溃，而这里的领导者可能是教练员也可能是球员。领导者通过给予下属充分的时间来体现尊重（Leaders show respect for people by giving them time）。老K教练不认为自己是一个篮球教练，而是一个球队组织的领导者。

在老K执教过程中有一个规则一直运用在自己的团队，那就是"看着彼此的眼睛"。彼此诚实是第一步也是最重要的一步，在整个赛季中，通过注视着队员的眼睛来衡量感情，培养信心水平，并建立彼此的信任。这就是团队，只有建立在这些因素上的团队才是一个冠军团队。

- 肖恩·巴蒂尔（毕业于杜克大学）：老K教练最大的优势在于了解球员并让他们紧紧地团结在一起，我知道这需要给他一点时间去了解团队中的部分球员并且弄清楚他们的个性特征，他会找到一个办法让所有的人都团结一心，我认为他干得很不错。

1. 注重了解球队背景

对于任何团队和个人来说，都是有其背景意义的。任何团队和个人都必须了解其所在环境和工作的背景，并分析其发展趋势。中国有句俗话："知己知彼、百战不殆"；可以理解为了解自己和对手的背景，才能做到战无不胜。就好像是你在一家公司工作，必须了解公司的任何情况，经济发展趋势、外在环境等，才能更好地去适应这家公司，为其创造出更大的经济利益。

在篮球团队中，你必须了解自己所在团队的历史背景，这具有很大的教育意义，可以在成员的内心树立团队荣誉感。你必须了解自己所在的团队之前的基本情况、是如何变成现在这个状态的，之前所得到的成绩以及之后所要到达的目标，在这个团队的背景下，你该如何做出改变、做什么等。

老K教练在执教美国男篮之后，首先做的就是让现有的球员了解自己所在的美国篮球在奥运会历史的发展情况，努力从历史的背景下去学习和汲取经验，想办法搞清楚我们为什么胜利和为什么失败。2004年的雅典奥运会美国男篮获得了第三名，这代表着在国际篮球中已经发生了很大的变化，必须重新定义在这个新的国际篮球背景下如何做出改变和激励团队。我们应该在自身的大背景下去分析和评估自身所处的位置①，篮球团队的教练员需要具有一定的责任去告诉自己团队中的成员关于团队现在所处的背景知识，提醒团队不忘过去，争取未来。

在篮球团队的构建中，教练员需要一个会议专门地去讲述我们现在所处的行业背景、自己所在团队所经历的历史背景以及团队文化背景等，树立成员关于团队的荣誉感，这对团队的构建具有十分重要的意义。相比之下，这种了解团队背景的运用较少地应用在高校篮球运动队伍的构建中，在高校篮球团队招收好球员后，可能首先做的就是集合进行训练、不断地训练，使球员在不知道团队基本情况下一味地进行训练，对所获得的运动成绩也不太在意。这就体现了团队成员在团队荣誉感方面的消极现象。因此，篮球教练员在高校篮球团队的构建中应设立了解背景这一环节理念，旨在建立团队成员关于团队的荣誉感并在实践中加以运用。

2. 注重构建团队法则

篮球运动的团队法则是指得到队员内心的认同，为队员的行为、思想做出指导的功能的准则。规则是由球队的领导者制定的，队员可以遵循这些规则也可以打破这些规则，因为这些规则并不是由他们内心真正所认同。一支优秀的篮球队伍需要通过各个因素的相互合作来构建一套属于自己的特定法则，促进团队的进步。老K教练对团队法则的看法是：法则不是那些我们应该去做的事情，很简单，它是我们顺应内心而做的事情，包括还原我们自己原来的样子。

2008年7月20日，老K教练带领美国男篮在拉斯维加斯集合，准备2008年北京奥运会。关于球队的黄金法则的制定，老K教练认为并非所有的好主意都来自领导者，应该让整个团队发挥自身的能量，要想成为一名好的团队建设者，就必须分辨出哪些建议能够帮助你在重要时刻得到你想要的效果。如果在构建团队法则的过程中没有人发言，那这些建立起来的法则就不是来自团队，而是来自规则。领导者必须创造机会让团队为集体作出贡献。老K教练在这次法则制定会议

---

① 迈克·沙舍夫斯基. 我相信你们 [M]. 韩玲，译. 沈阳：万卷出版公司，2011：4.

之前单独会见了德维恩·韦德、科比·布莱恩特、勒布朗·詹姆斯和贾森·基德，并告诉他们："我需要你们发言，聊聊任何你们的想法，但是所说的话要发自肺腑。"老K教练提出了关于团队关系形成其决定性作用的两条法则：沟通和信任。诚实和尊重的交流所带来的结果就是信任，沟通和信任是一支优秀篮球队伍的基础，只有球员相互沟通和信任在赛场上才能凝聚在一起，为同一个目标相互支持、相互依赖。贾森·基德说："我认为准时很重要。"准时是一种对团队的尊重，对团队中所有人的尊重，在团队中不仅我们要相互尊重，同时在赛场上也要用恰当的方式去尊重我们的对手。德维恩·韦德，2004年雅典奥运会获得铜牌，渴望证明自己并为自己重新赢得尊重。他提出了："我们应该彼此承诺，无论如何我们都要相互支持。"韦德所表达是关于团队集体责任的概念，在团队之间个体需要相互支撑与支持，之后发生的一切都将一起去承担。科比·布莱恩特："无论你在哪里比赛，只要你能盖帽或是抢篮板你就能赢，不管对手是谁。"科比为美国梦之队提出了防守的法则；一支由NBA最强的得分手组成的梦之队本应是以进攻为主要手段的球队，但是在老K教练的执教理念中则认同了科比的观点，"防守"，老K教练希望他所带领的梦之队是以防守为名的球队，全力以赴地去防守，团队中相互依靠，将防守变成法则成为我们应当担负的责任（表4-11）。

表4-11 2008年北京奥运会美国国家男篮梦之队及杜克大学男篮的黄金准则

美国男篮团队法则	解释	杜克大学团队法则	解释
不找借口	没有理由，我们的团队拥有了最棒的球员	不找借口	我们具备走向成功的条件
防守	取胜的关键，努力奋斗	自信	相信自己的能力，相互信任
沟通	用眼神沟通；坦诚相待	沟通	用眼神交流，彼此坦诚相待
信任	相互信任	信任	相互支撑、相互信任
集体责任	彼此承诺为胜利而战	集体责任	荣辱与共
战绩	渴望胜利	出色防守	取胜的关键；从现在做起
保持灵活	处理好状况，不抱怨	热情	每天充满活力
尊重	相互尊重，尊重对手；时刻准备着	尊重	遵守时间、准时正点
进取心	每场比赛都要全力以赴	进取心	刻苦训练

续表

美国男篮团队法则	解释	杜克大学团队法则	解释
关怀	并肩作战，援助之手	关怀	无论球场内外，向队友提供支援
无私	更多地传球，寻找最好的机会	无私	球场上多传球
自豪感	我们是最棒的，我们代表着国家	自豪感	我们代表最好的球队和国内最好的大学

3. 注重培养核心球员的领导力

领导行为指的是领导者在领导过程中因不同阶段中的情境和任务表现出的不同领导行为的统称[①]。在一个群体中获得领导地位需要有不同的能力，包括这些能力的有效性及本身固有的人格魅力。组织中由个体的行为表现出来形成组织行为的过程就是领导者的领导行为。在篮球运动中领导者分为两种，一种是指篮球教练员，另一种是指篮球运动员。

老K教练对领导者的理解是不能有一个固体的领导者的定义，领导力是展示在很多不同的方式中，在篮球运动中每一位运动员都可能是一位领导者，所以作为主教练必须了解所带领的每一位运动员，发现他们是什么类型的领导者。领导者的类型可能是声音或是安静的，可以是在会议中有勇气地站起来说："教练，我不明白你说的。"或是："兄弟们，教练的话意味着我们应该做到。"在篮球运动中，例如，勒布朗•詹姆斯、科比•布莱恩特等这样类型的运动员就属于领导者。其实领导者不一定是做了什么，在一个团队中表达出一个简单的声音和勇气就足够了。当然，领导者也可以通过行为激励团队不断前进，而不是在口头上。在篮球运动中领导者可以每天努力工作，做教练安排之外的任务和训练，不断地使自己进步并让其他队员看到，激励其他队员做更多的事情。例如，在备战2008年北京奥运会期间的一次训练中，老K教练布置了训练计划并让开始队员进行训练，但在训练过程中部分队员表现出散漫的训练气息，队伍中的老将贾森•基德发现这一问题后马上将德维恩•韦德叫到一旁并描述了这一现象，两人商量之后进入训练，不断地大声吆喝"快，快，快，传球，传球，挡拆"，练了一组之后马上进行下一组的练习，他们用他们的行为激励了队员，之后团体中的全体队员

---

① 领导行为 [EB/OL]. http://baike.so.com/doc/3673641-3861130.html.

都像吃了兴奋剂一样，时刻保持着活力。如果当教练员发现这一现象后由教练员去训斥队员的散漫，可能会引起队员的反感，然而贾森·基德的这一做法体现了领导者在一个团队中的作用。

4. 注重激发团队精神

团队精神是大局意识、协作精神和服务精神的集中体现，核心是协同合作，反映的是个体利益和整体利益的统一，并进而保证组织的高效率运转①。篮球运动中团队精神的形成并不是要求团队成员牺牲自我的运动能力，而是通过展现特长让成员共同完成任务目标，将团队的合作意愿和合作方法相结合而产生内心动力。篮球运动中的团队精神是指篮球队伍中的成员齐心协力地朝着取得比赛的胜利而努力奋斗，将团队要取得的胜利分解为各个球场上位置成员的小目标，在每个队员身上得到落实。在篮球团队组织中需要教练通过一定的方法将球队成员凝聚起来，通过组织系统自上而下的行政指令，培养群体意识并在长期的实践中逐渐强化团队精神，产生强大的团队凝聚力。

5. 注重团队特质的培养

团队特质是指团队在面对相同环境和运动状态下所共同具备的品质。在篮球团队中每位成员都拥有着优秀的能力，但在实践中专注于篮球表现出无私的态度，刻苦训练并且乐在其中，产生了集体的意识，而不是有某一成员站出来要抢走风光，团队在实践中的表现、说话、打球的方式都可以让外界的人看见这是一支集体的球队，都具有善于沟通和团结的球队。老 K 教练喜欢与自己的球队说：如果你想要胜利，那么你就需要让自己配得上胜利。所以你必须做到在团队中万众一心、众志成城、团结无私、正确地看待比赛。就算是我们被击败了，也不是因为不配胜利而被击败的。这就是老 K 教练所执教团队的特质。

(三) 注重树立正确的比赛胜负观

竞技体育是指在通过全面发展身体，最大限度地挖掘和发挥体力、心理、智力等方面的潜力的基础上，以攀登运动技术高峰和创造优异运动成绩为主要目的的一种运动活动过程②。在篮球运动中，主要是以取得比赛胜利为主要目的，在篮球比赛中取得比赛的胜利是团队努力和追求的目标和方向。

---

① 360 百科. 团队精神 [EB/OL]. [2020-12-21]. http://baike.so.com/doc/160337-169427.html.
② 360 百科. 竞技体育 [EB/OL]. [2020-12-21]. http://baike.so.com/doc/4946167-5167276.html.

往往在构建团队时试图灌输一个思想——赢！团队的目标是胜利，所得到的结果并不是预期的结果。当团队在篮球比赛中，球队赢得或输了比赛，外界对球队的看法就是以胜负、强弱的观点去看待。老 K 教练则认为输了比赛也是一种胜利，只有在失败中了解到团队所努力的程度及问题并做出相应的改变才能为迎接更多的胜利奠定基础。失败是考验团队极限的一种机会，篮球教练员及团队需要最大程度地从中吸取教训。领导者要学会有效利用失败并创造出价值。

胜负观在篮球团队中会影响着运动员在比赛状态，优秀的篮球教练员在执教过程中懂得如何正确地去传达比赛的胜负观，并捕捉其在胜负过程中出现的问题，及时地给予修正及改变，"失败乃成功之母"，只有懂得在失败中吸取经验才能获得成功。在篮球运动中失败时出现了不少教练员对球队打骂式教育的现象，其在执教过程中以惩罚式的方式执教，这必定引起团队对比赛失利的恐惧。因此，正确对待篮球比赛中的胜负及传达胜负理念是一位优秀篮球教练员所应具备的。

（四）注重对球员的教育

随着篮球运动项目的高速发展，篮球以课程的形式进入学校这个教书育人的环境，成为教育学生的一种方式，使篮球运动得到了实质发展，使其成为教育学生的价值层面①。由于篮球运动的趣味性以及竞技体育带来的经济、政治的发展，使篮球运动受到了广大群众的喜爱。竞技篮球运动是具有团体性的运动项目，团队中各要素之间团结协作、互相配合才能促进队伍的整体作战能力的提升，从而在实践中获得比赛胜利。在这一过程内球员与团队之间相互依赖、共生共存的团队意识和团队精神就是竞技篮球运动的灵魂与核心②。

美国篮球教练员摩根·伍腾曾经说过，"参与篮球运动是一项了不起的教育过程，我们必须通过篮球运动的教育性来指导队伍中的年轻人，当他们在作出对他们人生的品质产生深远影响的决定时，我们必须帮他们做好准备"。一名篮球教练员必须肩负另外一个名称，那就是教师。在训练场上或比赛场上与你团队中的成员沟通交流的方式和教师在教室里教书育人的方式相同，当球队在训练时，你必须想象你是一名教师与学生在一起学习，给予肯定的指导，共同营造一种相互学习、相互探究的氛围③。

---

① 李彦龙. 篮球运动的本质与价值研究 [D]. 武汉：武汉体育学院，2014.
② 刘鸿志. 篮球运动中团队精神与个人主义价值观的关系研究 [D]. 湖南：湖南师范大学，2011.
③ （美）摩根·伍腾. 等. 潘祥，译. 篮球成功教学 [M]. 北京：北京体育大学出版社，2007.

关于大学球员处在训练与学业的矛盾，我国的大学篮球运动员的培养模式大多是以队员把大多数时间投入在训练中，为我国 CUBA 的比赛做准备，有不少的高校甚至让队员不去学习，每天参与训练，由学校处理其学业成绩，导致高校大学生在毕业后对自身专业的知识一窍不通，影响今后的工作。这种模式是把重点放在打球上。在美国，杜克大学和老 K 教练在球员的教育方面有着严格的把控，从球员进入篮球队后，就会有专门的工作人员对其学业上监督，只有完成好相应的学业成绩才能继续参加和篮球运动，否则将不能参与训练和比赛，从而激发学生喜爱篮球、"我要打球"的信念，进而努力学习完成学业。其模式重点在于学习的重要程度高于篮球。老 K 教练曾经说过的名言，"我们教的是学生而不是球员"。

我国关于高校篮球队员在打球与学业之间存在矛盾，需要教练员与高校管理机构共同配合构建一套两者兼容的模式，促进学生在篮球与学业之间找到共赢的模式。在篮球运动中体现教育的重要性，而不是一味地从事篮球运动。

（五）注重团队训练

美国的篮球教练员在运动员生涯中的经历十分丰富，都是接受了美国学校教育体制及篮球训练体系的培养而成长起来的，篮球教练员在其运动员生涯中积极学习了关于篮球的专项知识，退役后进入教练组担任助教的职位，在积累了大量的实践经验并取得突出的成绩后执教更高层次的篮球队[1]。美国的篮球教练员大多是以这种培养模式成长起来的，并在这过程中慢慢形成了有自己见解的训练理念。篮球运动训练时指在篮球教练员的指导和篮球运动员的参与下，为保持和提高运动员技战术水平而进行的过程[2]。

1. 注重团队训练理念的建立

篮球运动中训练是日常生活中重要的一环，一支优秀的篮球队伍在制订训练计划时，首先是构建一个根据自己队员条件、队员水平的发展的训练理念。结合自身的知识结构和训练理念形成一个训练体系，灵活地去运用和改进自己的训练体系。例如，在国外，迪玛莎的篮球训练计划是全美高中训练计划中最好的，但是他的训练计划不一定是适合你的队伍的训练体系。相反，篮球教练员需要通过学习、交流总结别的优秀教练员的训练体系，结合自身情况构建出属于自己的迪玛莎式的篮球训练体系。

---

[1] 蔚世超. 美国大学篮球教练员训练理念研究 [D]. 杭州：浙江师范大学，2012.
[2] 孙民治. 篮球运动高级教程 [M]. 北京：人民体育出版社，2004：185.

2. 注重球员基本功的训练

篮球运动技术是通过不断练习和改进而形成的动作技能,是篮球比赛过程中体现技战术的基础,因此篮球运动员的基本功是十分重要的。良好的基本功是球员在篮球运动实践中的基础,有助于技战术水平的提升和发挥,并且对球员的自信心具有积极的影响。关于篮球运动的基本功的重要性,美国篮球教练约翰·伍登认为把基本功训练做好了,胜利就会到来①。在老 K 教练的执教理念中十分注重球员的基本功训练。老 K 教练在杜克大学执教时期对球员的基本功训练,体现了老 K 教练对基本功的注重。在训练过程中老 K 教练会给予球员一定时间进行基本功练习,根据每个位置球员的特点进行脚步、移动等身体运动能力的训练,有时老 K 教练会亲自参与到指导球员基本功练习中,可以看出其对球员基本功训练的注重。球员基本功是影响篮球比赛胜负的基础,因此作为篮球教练员必须注重团队中每一球员基本功的训练,为在比赛中执行技战术配合提供支撑。

3. 注重解决团队训练与球员学业教育的矛盾

与我国高校对学生运动员的培养相对比,美国高校在培养学生运动员的教育体系中的观点认为,竞技体育人才培养的宗旨在于培养学生运动员的竞技运动能力、学业学术水准、道德规范均衡与同步发展的大学运动员②。在美国篮球训练理念中关于教育的见解、观点是篮球教练员同时也是一名育人的教师,并强调利用篮球这项特殊的运动项目在训练中将普通人培养成为优秀的人。篮球教练员大多是注意防守、进攻、赢球、输球,往往忽视了育人的职责。关键在于教练将自己看成是怎样的人,或者场上观众和球迷们把教练看成是怎样的人。教练首先是教师,本着以育人为本的目的,将篮球运动作为一种强有力的教学工具。教练员必须明确教育的含义,并传达教育理念,在训练和日常生活中传达③。老 K 教练对于训练中教育问题的看法是:大学生运动员,首先你是一名学生,必须完成应有的学习学业,其次才是运动员,进行篮球运动的训练。在杜克大学中,一名新的篮球运动员进篮球队是需要一定的学业成绩,并在今后的学业中必须达到一定的等级才能继续进行篮球项目的比赛和训练。在老 K 教练的执教理念中训练与学生教育的矛盾直接将这主动权交给学生,你想打球就必须努力学习,促进学生在

---

① 徐建华,黄汉升. 美国大学篮球教练成长经历及启示 [J]. 成都体育学院学报,2013.12 (39):45-50.
② 池建. 竞技体育发展之路:走进美国 [M]. 北京:人民体育出版社,2009:196-212.
③ 比尔 O. 罗克. 教练即老师 [J]. 李寅生,译. 辽宁体育科技,1985,8:29.

训练与接受教育的矛盾中取得平衡。

4. 注重团队训练理念中的纪律环节

纪律，指为维护集体利益并保证工作进行而要求成员必须遵守的规章、条文①。在篮球训练中，纪律是保证训练有序进行的重要因素，也是保证篮球队员在训练中安全的重要因素。美国大学的篮球教练在训练中强调对纪律的要求，奈特强调"纪律就是做你必须做的事"，他从不偏爱某个队员，一旦出现某个队员在训练中对球队纪律的挑战，他就会直接让队员坐上冷板凳或者直接将其降到二线队伍中去。他所传达的理念就是纪律是不可动摇的。老K教练在其训练理念中对纪律重要性的诠释则更为艺术化。在美国男篮"梦之队"的某次训练中，老K教练发现某些队员在训练中散漫，违反纪律，他并没有直接对这一现象进行处理，而是将队伍中的老将贾森·基德叫到身边并讲述了这一现象，贾森·基德进入训练后通过自己积极训练的行为和态度引领着其他队员认真对待，从而化解这一现象。在随后的球队会议中，老K教练提出了"尊重"法则。"尊重"，指的是不管你在做什么，你都必须尊重你的队友、教练及训练。老K教练重新给予队员关于训练中纪律的理念。一支拥有优秀队员的团队，没有纪律那也是盘散沙；一支实力平平的团队，共同遵守同一纪律，他们所散发的力量是不容小觑的。

5. 团队成员之间信任至上

老K教练在杜克大学执教的岁月，一批又一批年轻队员在他的调教下成长，他给予球员的永远是信任。"我教给球员的第一课，是为了胸前的球队而比赛，而不是为了胸后的自己。如果你为球队比赛，你将获得成为最优秀的球员的机会；如果你只为自己比赛，则可能一事无成。球员知道我信任他们，他们也信任我。如果相互信任，可齐力夺金；如果缺乏信任，则一事无成。信任是最重要的，特别是在教练和队员之间。"他还给予球员最大限度的信任，如果你问他带领团队成功有没有什么金科玉律的话，他会告诉你只有四个字：我相信你。他认为这样的信任能够使球员战胜失败的恐惧，让他们有勇气去尝试。当年NBA就有很多人指责科比在比赛中出手次数过多，然而来到"梦之队"的科比却从"老K"教练的口中听到了这样的话："你一定要清楚自己是谁，你要成为一名得分手！我们希望你投篮、投篮、再投篮！"

---

① 360百科. 纪律 [EB/OL]. [2020-11-26]. http://baike.so.com/doc/2438415-2577652.html.

6. 注重建立团队打法风格

篮球运动中各个国家和地区的风格、打法及特点都各有不同。欧洲球队的打法风格更多是以全队配合为前提、与个人特长相结合的团队模式。具有代表的是西班牙、希腊等国家，以一种整体篮球的方式与篮球强国美国相对抗。亚洲球队的打法风格则是以传统中国队为代表的以中锋为主，稳扎稳打的技战术风格。如我们所见的亚洲球队更多是以内外结合、积极主动、快速、灵活、多变为风格的打法。美国篮球的打法风格则是以2~3人的配合为主，通过采用攻击性的半场或全场人盯人防守，迫使对方失误和进攻效率下降，发动快攻反击[1]。每支篮球队伍的打法风格都跟教练员的执教理念有关系，老K教练的执教理念中关于打法风格理念的传递是以防守为主的风格。在世界舞台上美国男篮"梦之队"颠覆了世界观众对美国NBA联赛中以球队球星为主的个人进攻风格打法，摇身一变成为以高强度、具有威胁性的防守带动快攻反击的流畅性比赛模式。老K教练的执教理念注重球队的防守及团队篮球的理念传递。

篮球教练员首先在其执教理念中需要构建出属于自己及适合团队的打法风格，并将其理念运用到训练和比赛中。需要教练员明确其执教理念中的风格理念，准确地传递到团队中，影响团队中的每一成员在比赛或训练中的表现，更加充分地运用起来，从而更好地执行教练员传达的技战术要求。

7. 注重防守

篮球运动是由进攻和防守两者矛盾统一的结合体，进攻在比赛中是为了获取得分，而防守则是为了阻碍和破坏对方的进攻，并在防守中争取获得球权并转换为进攻[2]。在篮球运动中时常听到"进攻赢得比赛，防守赢得冠军"。刚萨卡大学篮球队的运营主管杰瑞·克劳斯和北州立大学队的教练员丹·马耶尔用缩写词ATTACK来体现防守：态度（Attitude）、合作（Teamwork）、手段（Tools）、预判（Anticipation）、专注（Concentration）、保持距离（Keep in the distance）[3]。美国大学篮球教练员老K教练所带领的杜克大学十分注重防守，其队训是，"态度决定防守的成败"。在训练中强调通过防守使对手感到极为不舒服，只有通过这样的

---

[1] 邵正西. 从第15届世界男篮锦标赛看世界篮球风格发展 [J]. 重庆文理学院学报（自然科学版），2008, 27 (5): 87.
[2] 张超, 郭雅. 篮球运动教程 [M]. 西安: 西北工业大学出版社, 2013.
[3] 汤姆·柯林, 拉尔夫·皮姆. 执教团队篮球: 培养具有球队至上精神的常胜球员 [M]. 杜婕, 刘斌, 译. 北京: 人民体育出版社, 2008.

压迫才能获得胜利,老K教练的防守理念就是让球员在心理上和生理上完全战胜对手。强调球员在训练中保证防守的积极性和正确的防守姿势以及快速移动,并加强队员在训练防守时的相互交流与配合①。

8. 注重特殊状况的训练

国际篮球运动是指在40分钟的比赛时间内通过进球获得分数、取得胜利的运动项目,为了使团队在比赛中取得胜利就必须得通过训练来给予支撑。为使球队的训练达到最大化的效果,篮球教练员在训练过程中就必须注重训练细节,在训练中制订训练计划和强调训练目的。竞技篮球运动的竞争十分激烈,运动员必须把握好每一次得分的机会,因为这些机会都将是决定比赛胜负的关键,因此,在训练中必须注重对训练细节的重视,为运动员在比赛时间内技战术水平的发挥起到促进作用。对比赛中时常出现的特殊情况的训练是为应对比赛出现的特殊状况做准备。其中特殊状况指的是边线球、底线球、比分落后、时间不足等情况。在训练中通过模拟比赛场景状况的出现,制订技战术配合计划并进入实践演练,为比赛中出现特殊状况做准备②。老K教练在关于训练中就有特殊状况的训练环节,例如,在训练中模拟比赛情景:比赛时间还剩下1秒,球队落后1分(或2分、3分)执行掷界外球通过站位跑位掩护等篮球运动技能获得空当进行得分。

(六)注重团队沟通理念的建立

老K教练曾总结出每个伟大的团队都离不开的五大基本品质:沟通、信任、责任、关怀和自豪。可见在老K教练的执教领军哲学中,沟通是排在第一位的。篮球运动是具有集体性的运动项目,融合了球队成员的理想、价值取向、道德修养和意志品质,集中体现出团队的精神、作风、凝聚力,因此,想要在比赛中将这些品质表现出来就必须通过有效的沟通和交流③。在篮球运动中的团队中是由每一成员所构成的,因此必然存在人与人之间的相处过程,在相处的过程中由于每个人都是独立的个体、都是具有独立思想的发展中的人,因此必然存在不同的想法与行为。在一支优秀的篮球团队中,每一因素的构成需要得到团队中所有成员的认可和肯定。作为篮球教练员的你需要将你对执教篮球团队的理念传达到球队中,那就必须建立在沟通上。如果教练员一味地按照自己的理念强加在团队上,可

---

① 鲍勃.默里.篮球训练计划精选[M].谭朕斌,译.北京:人民体育出版社,2004:29.
② 徐建华,黄汉升.美国大学篮球教练成长经历及启示[J].成都体育学院学报,2013.12(39):45-50.
③ 李卫东.篮球运动的制胜规律[M].北京:北京体育大学出版社,2013:12.

能产生的效果是负面的。团队中的沟通可能产生在教练员与球员之间、球员之间等。处理好各个因素之间的沟通理念的建立是构建一支优秀团队必不可少的环节。

1. 注重教练与球员的沟通

团队中与球员的沟通是十分重要的，球员就像是孩子一样，有时并不清楚自己做的是对的还是错的，或者自己需要什么，这就需要教练员的指示和帮助，但是这里需要注意的是教练员所做的是指导而不是命令，因为作为一名教练员同时也是一名教师，你所应该做的是与球员进行沟通而不是命令。例如，在篮球比赛中，A球员抢下了多个篮板，教练员对其说，"你抢的篮板还不够，还需要更多的篮板"或"你的篮板球抢得真棒，但是你不要感到骄傲，因为你要是产生了骄傲，我们可能会被对手反超甚至拉开比分，团队需要更多的篮板"。这两句话的意思都是需要队员抢下更多的篮板。由于沟通说的话语不同，产生的效果也可能不同。因此，在团队中与球员的沟通是作为教练员在执教理念中应该注重的环节。如果你仔细观察就会发现，赛前老K教练总是安静地坐在教练席上，脸上挂着东欧人特有的羞涩神情。然而一旦比赛开始，他就像上了发条一样手舞足蹈，甚至突然跪下来，比画动作，或是向裁判表达不满。同样是他，每逢队员替换下场时，他总是轻轻拍一下球员的臀部，这既是一种简单的亲昵，也表达着无声的鼓励。在场下，老K教练除了经常组织所有球员一起聚谈之外，也重视跟每位球员进行单独交流，指出他们的不足，也问一下他们的感觉，他希望能从个人的角度去了解每一位球员。"我需要让他们知道我是一个什么样的人，无论是在球场上，还是在生活中。我必须与自己的球员建立一个非常好的关系。这是我们取得胜利的基础。"无论你是超级球星还是菜鸟，"老K"都会用慈父般的关怀让你感动。于是老K教练迅速在"梦之队"赢得了信任并树立起了权威。

老K教练在美国甚至是篮球界都是出了名的优秀教练，在NBA中的优秀球员例如科比、詹姆斯等都对其赞赏有加，科比曾经在媒体上说过假如自己没有从高中直接进入NBA他希望可以在大学期间接受老K教练的指导，因为老K教练善于与球员沟通，自己的很多想法可以得到老K教练的指导和鼓励，这就是老K教练的魅力所在。科比、詹姆斯等NBA球员在2008年参加北京奥运会期间接受了老K教练的教导，在这期间老K教练注重与他们进行沟通，表述自己的想法和接受球员的想法，在整个比赛期间球队所产生的团队氛围和效应是积极的。这就是沟通的魅力所在。

球员对老K教练的评价：

科比·布莱恩特：当年我如果不是直接加入 NBA 的话，一定会去杜克大学接受老 K 教练的培养。

勒布朗·詹姆斯：大多数人只是知道老 K 教练是篮球名帅，但却不了解他是一个非常好的人，和他在一起工作真的让我感到很舒服。

2. 注重球员之间的沟通

篮球运动是由球员共同努力奋斗以取得比赛胜利为目的的过程，其核心是球员，在球队训练、比赛中经常出现球员之间防守补位不及时、漏防甚至是争吵的极端情况，主要产生的原因是球员之间的沟通出现问题。球员之间的沟通是一支优秀团队构建中重要的一环，教练员必须注重培养球员之间相互沟通的理念。老 K 教练十分注重对于球员之间沟通的培养，通过观看老 K 教练执教杜克大学以及美国男篮的比赛发现，经常出现老 K 教练在讲解完战术之后让球员之间进行沟通并明确自己需要做的事，甚至还出现老 K 教练叫了一个暂停，但是全程都是由球员去进行沟通和讲解在比赛中出现的问题。这体现了老 K 教练对球员之间相互沟通所产生的效果的注重。篮球教练员需要通过构建球员之间的沟通理念让其在团队中传播，为团队成员之间相互信任和理解，避免因为缺乏沟通产生的极端现象。

• 球员对老 K 教练的评价：

贾森·基德（毕业于杜克大学）：最重要的事情就是沟通，他做得非常好。老 K 教练总是会尽可能详细地告诉你应该怎么做，这样会让一切变得简单。

（七）注重与媒体关系的建立

随着竞技篮球运动的全球化发展，更多网络媒体的关注使篮球运动通过传播越来越具有影响力。在美国篮球运动中 NCAA 比赛的影响力并不比 NBA 差，这一现象的主要原因取决于媒体的功劳。篮球队伍与媒体之间的关系变得十分重要，作为篮球教练员应该使团队的信息通过媒体得到更多的传播，应与媒体构建良好的关系。篮球教练员必须创造与媒体沟通的机会并友好地回复媒体的问题，在这过程中宣传自己的球员和团队。公平公正地对待每一家媒体或对篮球热爱的每一个人，因为作为教练员，你需要从媒体中获得更多的报道同时将自己的团队让更多的人知道，得到更多的人支持。努力与媒体建立良好的关系，为整个篮球运动氛围及团队营造出良好的外部环境。鼓励球员与媒体接触，培养其学会与媒体交流，在媒体的询问中学会独立思考的能力。在美国篮球联赛中篮球教练员都会建立好与媒体之间的关系，并通过媒体传递球队文化和氛围，甚至还会有许多教练会风趣地与媒体开玩笑，深受媒体的喜爱。老 K 教练在其执教过程中也注重与媒体的交流，与其构建良好的关系，通过媒体传播团队积极的信息。老 K 教练在执教团队训练及比赛过后都会及时地接受媒体的采访，并向媒体表述团队的现状及相关问题，避免一些信息传达不及时而使媒体猜测反而报道出关于团队的负面信息。例如，在备战 2008 年奥运会的美国男篮训练营中，NBA 球员伊戈达拉因为个人原因无法及时地参加训练，对媒体猜测伊戈达拉没有入选美国男篮训练名单的问题，老 K 教练就及时地给出了答复，避免了媒体通过猜测报道对整个团队产生负面的影响。例如，美国男篮在战胜澳大利亚队后接受了媒体的采访，在采访中赞赏了澳大利亚队集体的表现，重点提出了对布朗教练执教水平的赞赏及其队员的出色表现，同时也提到了自己团队在比赛中的出色表现。

三、老 K 教练执教理念形成与启示

老 K 教练执教理念的形成与其自身所受教育、人物环境等息息相关，通过阅读相关资料分析总结出老 K 教练执教理念形成的因素及启示。

（一）所受教育对老 K 教练执教理念形成的影响与启示

老 K 教练毕业于美国军事学院（The united States Military Academy）西点军校。美国西点军校主要重视对学员思想品德的培养，以培养品德高尚的领导人才为主，西点军校的价值观为正直诚实和尊重他人的尊严；西点军校办学的核心理念为领导力、执行力、人格魅力；西点军校的校训为终身受教育、求知、诚实、服从集体等[1]。通过对西点军校的了解，结合老 K 教练在执教过程中所呈现的能力与其毕业的西点军校的理念有着异曲同工之处。老 K 教练在训练和技战术的安排是通过学习其他优秀教练员的模式逐渐摸索形成属于自身的特点，这体现出西点军校"终身受教育、求知"的校训。在执教美国男篮"梦之队"时所构建的团队法则中体现了"不找借口、服从集体等"以及在执教过程中对领导者所执行的领导力及其个人魅力等的呈现都具有西点军校所给予的理念。受教育者接受教育的过程中会逐渐形成自己对事物特有的理解，并逐步形成属于自己特有的理念。西点军校的核心理念主要是指领导力、执行力、人格魅力。培养了老 K 教练在执教方面对领导力、执行力、人格魅力以及团队建设等有独特的执教理念。

---

[1] 360 百科. 西点军校 [EB/OL]. [2020-11-26]. http://baike.so.com/doc/5391055-5627757.html.

启示：在关于篮球教练员培养上应当构建属于教育机构所特有的理念或魅力。例如，在大学篮球队伍构建及训练中所传递的固定理念，是以防守为中心还是以敢打敢杀的进攻为中心，或者是两者相融合的特点，需要给予队员明确的理念。一个稳固的理念将会支撑一个人的信念。篮球教练员的教育机构所给予的理念也是需要明确并坚定的。这将对有可能成为一名优秀的篮球教练员产生最大的影响与支持，见表4-12。

表4-12 西点军校的部分校训

西点军校校训	解释
终身受教育	强化知识更新、顺从时代发展
无知——求知心切	永远将自己当成学生，多问些"傻问题"
向别人学习	学习别人优秀的观念、做法等
发展自我	充分利用时间，不浪费机会
服从集体	个人服从集体、服从部队、服从团队
坚持原则	最重要的是关键时刻能够坚持原则
不找借口	不要放置自己给自己找借口
相信自己	相信自己的能力，可以战胜一切
学会忍受	为了胜利学会忍受不公平，学会恪尽职责
责任、荣誉、国家！	明白自己的责任和得到的荣誉都与自己的国家同在

（二）环境对老K教练执教理念形成的影响与启示

马克思主义告诉我们，教育与环境决定人的发展。人的成长过程无形之中接受了外界环境以及所受教育的塑造。人的全面发展受到社会生产关系、精神生产、生态权益、个体能力等综合因素合力的作用。包括个体与族类发展的矛盾统一、人的自然属性和社会属性的矛盾统一、人的自由发展和全面发展的有机统一①。

老K教练的执教理念形成的过程受到了许多的外界影响，其中值得一提的是他还在西点军校篮球队效力时的主教练鲍勃·奈特。当老K教练得知执教自己的主教练鲍勃·奈特宣布退休之后说："除了我的家人之外，没有人能像鲍勃·奈

---

① 张立鹏. 马克思人的全面发展理论及其在当代中国实现条件研究 [D]. 江苏：苏州大学，2014.

特教练影响着我一生，作为我的教练和导师，生命中的挚友，我献上我最终的敬意。"老K教练说的话足以证明其主教练对他的职业及精神上的影响。

随着现代竞技篮球运动的发展，职业篮球运动已经慢慢转变为篮球教练员之间在训练方法和手段及临场的技战术等方面的竞争。优秀的篮球教练员会根据篮球团队中的因素制定新的方法和手段，只有运用了先进高效的科学训练方法，才会获得最大的训练效果。

● 附：老K教练培养团队领导力：对教练迈克·沙舍夫斯基的采访

越来越多的公司和各种各样的组织都依赖强大的团队来完成工作。团队领导的质量，无论是来自正式领导还是来自其他团队成员，都变得越来越重要。因此，"培养和发展卓越的团队领导能力需要什么？"是一个非常重要的问题。

为了探讨这个问题，我们采访了杜克大学著名的篮球教练迈克·沙舍夫斯基（Mike Krzyzewski），通过他的见解、经验和建议，帮助我们这些日常工作主要涉及个人和共享团队领导力的研究或发展的人。老K教练执教杜克男子篮球队31年，还曾任美国国家男子篮球队主教练。他是NCAA历史上仅有的三位获得过四个或更多国家男子一级联赛冠军的教练之一，在一个引人注目的年份里，他的杜克大学和美国队获得了NCAA冠军、奥运会金牌和世界篮球锦标赛冠军。他著有五本书，是一位非常了不起的演说家，主持了一个很受欢迎的广播节目"超越篮球"，在节目中，他与来自社会各界的各种各样的客户讨论领导力问题。

为了利用他卓越的团队领导力和领导者发展记录，我们围绕三个一般性问题安排了采访：你如何招聘和发展团队领导？如何创建团队成功的环境？你如何发展和维持自己的团队领导能力？

1. 招募和培养团队领导

问：你们有很多不同背景和个性特征的球员，你是如何调整你的系统和战略，以适应你每年不同的团队组成的。你是怎么做到的？

答：让我举个例子来说明。在我们最近的团队中，有高级副队长，他们应该是我们的领导者。他们两人有两种不同的性格。其中一个凯尔·辛格勒，他不是一个口头领导者，他喜欢以身作则，我从未要求他做更多。我说："你努力比赛，你一直努力训练。但每隔一段时间，就对队友说一句'那很好'或者挤成一团，说'我们走吧'"。如果我让他多说些口头上的话，我想他会搞砸的。相比之下，控球后卫诺兰·史密斯则情绪激动。他在路上、更衣室和球场上都很好地带领我们。但对他来说，面对某个人真的很难。所以我也转向控球后卫说："在比赛中，你可以面对任何人。"然后，作为一名团队成员，我们不得不做更多的调整，我试图根据我必须帮助的人来调整我的领导能力。

问：你说过每个团队的领导者都应该根据他们的能力做不同的事情。你也许可以发展他们，但你不会改变他们。你如何在鼓励他们发展新的领导能力和承担他们的责任之间保持良好的平衡？

答：我试着一个月和凯尔、诺兰见两次面，只是与他们闲聊，不想让他们变得与众不同。我很担心坚持"你需要成为这个领袖或者那个领袖"，会让他们更有压力，我也希望他们成为一名好的球员，不想与他们天生的玩乐倾向发生冲突。我认为这很重要。就像在一个企业里，当某人被提升到某个职位时，你会说，"我现在需要你来领导"。好吧，他们之所以被提拔是因为他们有一定的能力，不管他们是做销售的，还是做任何事情的。我们希望在培养他们领导力的同时保持他们的优势。作为一个领导者帮助他们成为更好的球员。但事实并非总是如此。我告诉你，很难找到很多卓越的领导者。

（1）帮助初出茅庐的领导者发挥潜能

问：有时候，在一个团队中最好的领导者是最年轻或最新的团队成员，你如何在尊重老成员的基础上同时鼓励他们向前迈进？

答：领导行为是多面向的，不是单方向的，所以可以有很多领导。你要确保在培养高层领导的同时，不要扼杀一个具有卓越领导品质的新生。你给他们机会去帮助年长的领导者，当他们成为那个年长的人时，他们的工作就更出色了。

我认为在他们加入球队之前，我在他们的高中球队里见过他们的表现。所以我已经知道这个孩子有领导能力，他有很好的沟通技巧，他是一个可以以身作则或口头领导的人。然后我试着鼓励那些我认为可能成为领导者的人，即使是大一的时候也要帮助他们。我所要做的并不是仅仅因为年纪最大就认为他是领袖，因为他们最有经验，但不是团队中的每个人都是领导者或想成为领导者。

问：个人并不总是能意识到别人是如何期望他们发挥领导作用的。他们并不总是意识到自己有多大的权力和影响力，也不知道自己有能力领导别人。你如何帮助他们了解他们能提供的？

答：迄今为止，我最好的领袖之一是肖恩·巴蒂尔，他现在（被采访时）为孟菲斯效力。在他大四的第一次训练中，球队已经完成了伸展运动，我准备和他们谈谈，给他们一点动力，只要一分钟的谈话。在我开始之前，肖恩把他们召集在一起，他对球队说了一些事情。我说："很好，我觉得我做不到。"训练结束后我告诉肖恩，"那很好，如果你想每天都这么做，你可以的"。他说："我每天都这么做。"那一年剩下的时间里，在训练之前，我再也没有和球队谈过。

这是另一个例子。我们的标准之一就是要求球员展现出坚毅的面庞。当我们看比赛录像的时候，不仅仅是看球员如何投射或防守。如果我看到一个球员在比赛中展现出坚毅的表情时，我会按下暂停键重点强调一下这种精神。记得去年夏天在马德里，当立志成为伟大球员的新星凯文·杜兰特，看到录像中的他从球场上下来时展现出来了强大的坚毅表情，我按下了暂停键。这时我问他的队友——拉塞尔·韦斯特布鲁克，"当凯文看起来像那样的时候，你感觉如何？"他说："教练，当他看起来像那样的时候，我觉得我们会赢。"于是我转向凯文说："凯文，我想让你明白你的力量。即使在你投篮或防守之前，你也可以创造一种氛围，让你周围的人觉得他们能赢。那有多好，伙计？"作为一名领导者，当你变得更加安全时，分享领导权、授权他人变得更加容易。谢天谢地，我在球场上有很多伟大的领袖。他们中的一个现在在哈佛执教，汤米·阿马克，一个控球后卫，他从大一开始就是一个天生的领袖。然后我们有了奎恩·斯奈德，他也是一个伟大的领袖。我得到的新人越多，我就越意识到我需要给他们更多的机会。这是有经验的。

（2）在意想不到的地方找到领导

问：在你所带的球员中，每名球员都有着不均衡的天赋、动机和对荣誉的需求。但是你需要确保他们作为一个团队有效地运作。考虑到球员的各种技能水平和动机，你如何充分开发和挖掘每位团队成员的潜力的？

答：你必须有天赋或能力才能给别人建议或被别人认可。我们试着不去改变那种文化。如果你有一个球员从大一升到大四，有些是刚来大一的时候比大四好。并不总是这样的，以前如果你是一个高年级的学生，你应该总是击败年轻人。现在，你可以带三个新生来，他们也有可能会获胜。那么，当他不是最好的球员的时候，他将如何成为一个领导者呢？在要求其他人之前，我应先表达出对他作为一个领导者的尊重。

至少在西方文化中，把团队表现的功劳或责任推给指定的团队领导是一种普遍的倾向。例如，对专业交响乐团的研究表明，无论是观众还是评论家都倾向于让指挥对交响乐团的演奏负责。此外，客串独奏者、出色的小提琴家或杰出的声乐家有时也会进来，希望每个人都能满足自己的需要。

问：顶级篮球队的球员，无论是杜克大学还是你执教过的奥运代表队，也都是由高水平的球星组成的，他们习惯于围绕他们打战术。你怎么处理这个？你如何帮助你的球员接受你的指导，最好是其他球员能够提供的领导力？如果是一个18岁的孩子，一个还没有完全成熟的人，他是金州的，被五所大学录取，还希望在杜克大学成为明星，你会怎么做？

答：你实际上是在社交上做一些事情，而不是在篮球场上。事实上，我们不会继续招募一个我们觉得最终"得不到"的孩子，因为他的伟大天赋可能是破坏性的，而不是建设性的。所以性格是我们招募的重要参考部分。当然，成绩也很重要，但性格可能是最主要的。我想看到这个孩子是一个愿意倾听教练意见的人，他尊重他的父母和他处理过的其他类似局面，他愿意学习。当你为你的球队招募球员时，寻找这样的球员是很重要的，他会是一个非常好的运动员，哪怕没有很高的天赋。诚然，最好的球员可以带你到巅峰，但最有天赋的球员也可以带你到地狱。因为那个最好的球员会有很大的影响力，你要确保在他进来之前，你能和他建立和保持一个良好的关系。

所有来到杜克大学的球员都会立刻在某些方面感到自卑，因为他们的水平，他们的速度，以及他们并不总是场上最好的球员。他们中的很多人以前从来没有这么努力过，因为他们一直是最好的球员。来到这里，你不是潜在的最佳球员。有人比你更努力，有人跑得比你快，在那段时间你会变得脆弱。我把它比作我去西点军校时的经历。我觉得我真的很火爆。但我一到那里就被秒杀了，我需要有人帮我。所以，如果你是那个提供帮助的人，那么你就发展你的关系，你就更加保护他们，防止他们完全崩溃。在他们被刺激的那一天，你想待在那里，或者你要求队里的某个人去找他们，这有助于他们的发展。你觉得大四谁不如他，但在那一天谁就更适合去问他："别担心，伙计，你会成为我们最好的球员。"

● 所有来到杜克大学的球员都会立刻在某些方面感到谦卑，因为他们的水平，他们的速度，以及他们并不总是场上最好的球员。他们中的很多人以前从来没有这么努力过，因为他们一直是最好的球员。——老 K 教练

问：真正的明星球员需要从教练那里得到什么？

答：我发现当我执教杜克大学篮球队的时候，我需要成为最好球员的最好朋友。成为最好的球员是一件孤独的事情。即使你得到了荣誉，不管你有多优秀的团队，总会有一定程度的嫉妒。因为你很有竞争力，一点也不坏。但我想确定我和那个人有联系，因为在紧张的时刻，他可能会更好地知道他不是一个人在

外面。

在国家队,科比告诉我的小女儿一件有趣的事情:"自从我上高中以来,没有人试图激励我,他们只给我工资。"他说,"但是,你爸爸和他的员工每天都在努力激励我们,这太令人振奋了"。领导力不仅是让明星产生,而且是成为明星的朋友,去激励明星。如果你的明星们奋勇向前,你的球队会走得更远,而自然会影响到其他人也努力赶上。

问: 经验丰富的老牌球员是什么样?指导他们并培养他们成为领导者和指导大学球员是一回事,还是需要一种完全不同的方法?

答: 我记得当我是1992年巴塞罗那奥运梦之队主教练时,我们获得了金牌。我们有迈克尔·乔丹,拉里·伯德,魔术师约翰逊,大卫·罗宾逊,帕特里克·尤因,卡尔·马龙,查尔斯·巴克利,斯科蒂·皮蓬。我第一次参加训练,乔丹是最好的球员。他也来自北卡罗来纳州,我来自杜克大学。所以,在图腾柱的顶端有迈克尔·乔丹,在柱的下面是迈克·沙舍夫斯基。

所以我有点紧张,我不想犯错误。第一次练习后,我正在喝苏打水,乔丹朝我走来。我以为他要为难我,但是他并没有。他走过来对我说:"教练,我想做一些个人动作,大约半个小时。你能和我一起协助指导训练吗?"所以我们又加练了半个小时,最后他说:"教练,非常感谢。"我在那次旅行中学到的所有东西中,那次会议是最重要的。想到这里我还是觉得心里发慌。这类比赛对任何球队都是力量倍增。

乔丹本可以成为世界上最大的主教练图腾,但他不是。他明白在这支球队里没有图腾柱,每个人都很重要。他本可以叫"嘿,迈克,过来",我本可以跑过去。我会觉得自己像个白痴,但我会做那件事,我会失去对自己的尊重。他不想那样,所以他说"教练",然后他说"求你了",最后他说"谢谢"。这有多好?我觉得这对他来说很有帮助。当一个处于乔丹位置的人做这样的事情来创造一个有利于成功的环境时,这是一件很有力量的事情。我不知道他是否知道他在这么做,但他做到了,我永远尊重他,这对我在杜克大学的执教有很大影响。

问: 很明显,很多教练都把重点放在你的球员身上,帮助他们取得优异成绩,同时也帮助他们学习如何帮助队友。怎样才能让团队中的每个人都发挥领导作用?

答: 我在执教奥运代表队时,每次训练中都试图做的一件事就是让我的助手做很多训练的技术性的事情。我特意每天和四至六个人谈,谈篮球以外的事情——"你的家人什么时候过来？"或者"我听说了，你觉得呢？"那种事。我把他们当作朋友来认识，这有助于我理解我在团队中必须与之合作的动力。

在两届的奥运国家队中，我分别有科比布莱恩特和勒布朗詹姆斯两位球队带头大哥。一个完成了很多，另一个想完成另一个人已经完成的事情。我试着让他们互动。所以我对科比说，"你需要和勒布朗相处融洽"，我对勒布朗说，"你需要和科比相处融洽。"好吧，勒布朗很有幽默感，他是个艺人。所以，当我们在一个团队会议上，勒布朗会模仿科比，他会拿他的热身裤，把他们拉到这里，并进行一个完整的例行程序。球队笑了，科比笑了，因为模仿你最棒的一点，这意味着我接受你，我喜欢你。至少在那段时间里，这两位明星成了真正的好队友，而不是竞争对手。这为其他人定下了基调。另一个例子来自奥林匹克梦之队。可以说，乔丹是最好的球员，但我们队中有两位老大将，分别是拉里·伯德和魔术师约翰逊。主教练查克·戴利正在和莱尼·威尔肯斯、P.J. 卡莱西莫和我开员工会议。乔丹进来了，我们讨论了谁应该是队长，他说："我不想当队长，拉里和魔术师应该是队长。"你确定，难以置信，对吧？他做了件好事。

（3）处理格格不入者

问：你如何处理"格格不入者"，不管他们是在哪支球队，还是在商业、体育、音乐还是在其他任何地方，团队中总会有引起问题的人。当他们在那里的时候，坏事就会发生。这样的人表现出缺乏诚信，或者他们无法通过自己以外的任何人的眼睛看到世界的样子，或者他们在队友身上表现出最坏的一面。所以想象一下，有人通过了招聘筛选，现在你有了一个大二或大三的人，他是一个格格不入的人，正在腐蚀团队。我们是想救他还是把他赶走？

答：不同环境下的选择很重要。对于奥运代表队，我们永远不会选择他们，因为你没有足够的时间帮助他们。当你执教一支大学球队时，这是一个不同的任务。一个孩子可能会偏离正轨，他可能会因为不安全感或者其他原因而脱离轨道。拯救一个孩子是很重要的，因为这可能只是他失去了他的开始工作，或者他发现他不够好，无论他如何努力工作。另一部分可以重新定义什么是成功的孩子。之前，他对成功的看法是，"我要成为职业选手，我要成为选秀的最佳人选"，然后突然，"我甚至都没有在我的队伍中首发。天哪，我的一生都很可怕，我要让其他人都感到可怕"。

我会试着建议他，一个人安静地做事情，不要大喊大叫，而只是说，"听着，你现在不在队里。我的意思是，不是你被开除了，但你不是我们的一部分。你为什么要做这些事，告诉我，我要试着去理解。或者问他你知不知道你在做些什么？你需要一个人处理"。

2. 团队领导为成功创造环境

问：当你30多年前开始在杜克大学工作的时候，你还并没有执教成功的经历，也没有一个培养双赢和相互尊重的文化。你是如何创造合适的条件的，你是如何维持这些条件的？

答：如果我自己不在一支伟大的团队里，我们就不可能成功。我的意思是杜克大学是一个伟大的团队，由特里·桑福德（Terry Sanford）担任校长，汤姆·巴特斯（Tom Butters）担任体育总监。我一直觉得我是他们的一员，从那以后每一位校长和体育总监都是这样。我努力与他们发展良好的关系。这并不能反过来说，希望他们能和我发展良好的关系。我知道我有多依赖他们，需要他们的支持，而我一直积极努力学习如何做到这一点。我从他们和周围的人那里学到了很多。

（1）保持稳定

问：在当今的大学篮球运动中，明星球员的流动速度很快，就像许多公司面临着最有才华的人才流失一样，MBA课程也面临着在学生只上一小段时间课程的情况下，试图打造一个社区的问题。你如何创造一个"茧"，让成员领导在你的团队发展？每年都是一支新球队，球员组合不同，这有多大问题？

答：大学篮球文化发生了很大的变化。有了"一个和一个甜甜圈"，你不知道每年都会有谁。现在我们的运动有很多不同的动力。我们要确保自己的文化是一样的。问题是你如何延续这种文化，这个新群体将要进入的环境怎么样？稳定在哪里？我在杜克大学已经工作31年了，我的员工也很稳定，最重要的是我以前的球员都在这里工作。他们就像队里的大四学生一样，他们认识杜克、认识我、认识大学篮球。另一个稳定的来源是我们的经理。我们队有12名经理，他们是很棒的孩子。他们做所有的后勤工作，为我们准备好一切，他们与我们的球员有平等的地位。他们从大一到大四都在这里。我们努力适应大学篮球的新形势，结果相当好。但我还是更愿意看到一个传帮带的团队氛围，由大四的球员教新入队的年轻球员。

对我们的美国国家队来说，稳定也很重要。管理美国篮球国家队事务的是杰里·科兰杰罗（Jerry Colangelo）。科兰杰罗说，2006年我们将开始建立一个新的项目，在那里我们可以了解我们的人，并有一些持续性。以前，我们认为选择12个人和一个教练意味着你有一个团队，这是荒谬的。对于我们的奥运代表队来说，在成员和领导方面保持一定的稳定性会对球队有巨大的帮助。我已经签约在2012年再次执教我们的球队参加伦敦奥运会。尽管我在NBA的赛季里没有和他们在一起，但我会打电话或写信给他们，让他们一路保持联系。

问：时间安排如何？你有没有特别关注不同的领导活动？

答：有些事情可以很快完成，有些需要很长时间才能确定。一旦进入比赛阶段，当你真正开始新的赛季，就会有一个更快的节奏。那时你就可以看到你在淡季为发展你的球队所做的一切带来的结果。在练习过程中，不是以输赢来判断的，所以我可以多花点时间。例如，我可能会对一个球员说，"看，今天的训练，我想让你说几句话。我不在乎你什么时候说，或者你怎么说，但我们需要解决这个问题。"希望其中的一部分能在以后的比赛中使用。这确实是一种不同的节奏。

(2) 制定标准，消除干扰

问：你正在处理快速变化的鱼缸团队环境。如何使所有团队成员保持在同一频道上？

答：我们尽量让我的队伍有一定的队规和要求。我有我所说的"标准"，当我去西点军校的时候，我们有很多规定，我都不同意。通常当你被统治的时候，你从不同意所有的规则，你只是遵守它们。但如果你有标准，如果每个人都为你的做事方式作出贡献，你最终会拥有你的做事方式。以我的经验，最好的团队都有自己的标准。

在奥运代表队，我遇到了个别明星。在我们举行集体会议之前，我分别会见了基德和勒布朗、科比和韦德。我告诉他们，"今晚我要开个会，不是关于进攻和防守，而是关于我们接下来6周的生活。我要告诉你们我想要的两个标准。当我们彼此交谈时，我们会直视对方的眼睛，这是第一个。第二，我们总是要说实话。如果我们能做到这两件事，信任就会得到发展，这将是我们作为一个团体的最重要的事情。"然后我说，"你们现在不必告诉我，但我希望你们为会议作出贡献，至少今晚说一件事。无论你说什么，如果大家都同意，都将成为我们的标准之一。"

我们开了一个很棒的会议，提出了15个标准。他们每个人都举起手来，使用了决定权。这不仅是他们的天赋，现在也是他们所说的。勒布朗说："没有借口。你知道我们有最好的天赋。我们在为最好的国家比赛。所以，不要找借口。"

这是我们的第一个标准。基德说："我们不应该迟到，我们应该互相尊重。"我说，"我们应该尊重我们的对手，因为他们在过去几年里一直在击败我们。所以我们应该做好准备，永远不要有坏习惯。"然后就这样继续下去了。我们从来没有一个队员迟到过，也从来没有一次不好的练习。我真的感觉到它把我们联系在一起，而不仅仅是我给他们穿上了我相信的东西。

问：你说没人迟到，但如果有人迟到了呢？人们会看着你来处理他，还是团队会负责执行标准？

答：如果有人第一次迟到，我可能会采取主动。我会对一些最受尊敬的球员说，"你知道，德韦恩迟到了，你想让我来处理吗？"他们会说他们会处理的。如果再发生一次，我会把它带到整个小组。如果球员们不自己处理，我也不会犹豫。

问：你做了什么来确保问题得到解决，小问题怎样才不会成为影响团队目标的大问题？

答：我继续密切关注球队的情况。有时我会和我的团队或团队员工见面，我会说，"我想让你考虑一下刺激因素。我们将开一个关于困扰的会议，让我们尽量消除团队困扰因素。"换言之，我们不要让杜克打败杜克，因为我们每天都不能忍受一些事情。我试着确定，即使是和奥运代表队。"好吧，让我们开个会。现在在困扰我们的是什么？没有什么？很好，我们走吧。"如果大家都不分心，你就能领导得更好。

询问人们的感受或者是否有什么事情困扰着他们，这表明了你的担忧。这也肯定了他们是球队的重要组成部分。他们有眼睛，他们可以看到你，可以看到领导可能错过或是视而不见的东西。你想让每个人的眼睛都盯着球队和事情的进展。如果有什么事情让我的一个助手无法尽可能地做好工作，那么我们需要改变这种情况。

任何权力机构都有两件事会阻碍好的想法。一个是守旧，我们以前从来没有这样做过，那我们现在为什么要这样做呢？另一个是创新或创意太贵了，我们缺少资金储备，所以我们不再讨论这个好主意了。在我职业生涯的最后15年或20年里，我试图通过自己筹集资金来解决这两个问题，这样我们就能实现成功所需的目标。

3. 培养和维持自己的团队领导能力，照顾好自己

问：教练也有情绪，会生气。"你今天是来玩的，还是来拜访的？"现在这是一个非常刻薄的说法，但教练很生气，并表明了这一点。你如何使自己保持心态平衡，既不掩饰自己的情绪，又不过分表达自己的情绪？

答：在日常生活中，你必须让自己保持心态平衡和头脑清醒。所以你需要确保你有控制自己情绪的能力，这样当你遇到困境时，才不会失控。我喜欢直面问题，及时地处理一切。保持生活和工作的平衡对我来说是件大事。我尽量不让自己的生活受到社会商业方面的刺激，我会把社会事务和我的生活泾渭分明地区别开来。我发现保持一个相当积极的健康生活，信仰生活，家庭生活态度是帮助我成为一个更好的领导者的支柱。我不知道这对其他人有什么用，但我每天都很努力，问心无愧。这创造了有利于我自己成功的氛围，然后我会努力把这种氛围带到团队中去。

这种氛围对球员来说是可见的，即使你可能不做广而告之。这也是一种围绕他们能看到的性格、健康和幸福气息浓厚的领导者。毫无疑问，至少你的一些球员会对自己说，"天啊，我也希望有那种韧性。"这对他们学习如何成长是有帮助的。

你偶尔还是会失控的。但当你这样做的时候，我认为它比你一直失控的时候更有影响力。随着时间的推移，我明白了要引导自己必须能够倾听、看到和感受。如果你给自己制造障碍，不管你是不让自己看到别人所看到的，还是你从不跟任何人说话，或者你没有保持良好的健康（最终你会有更多的坏情况）如果你能保持这些渠道的畅通，你就不会让自己失控。

（1）不断学习

问：你执教很长时间了，你是如何来确保自己继续发展成为一个领导者？

答：我从篮球之外的领域中学到了很多东西。我认为无论是慈善机构、医院还是儿童福利院，你都需要参与进来，以保持积极的学习态度。如果你看，你会看到自然的领导力一直在你身边发生。我习惯于对抗，和其他大学篮球教练对抗。现在，我要和国际上最好的教练对抗。他们有不同的想法，这迫使你也要有不同的想法。我相信，如果你想不断提高领导力，就必须这样做。

你可以从每个人身上学习如何成为一个更好的领导者。你可以去学习管弦乐队、你可以去学习足球队，商业和企业，或者别的什么领域。这就是我喜欢谈论领导力的原因。你可以做很多事情来发展它，这也是为什么我喜欢与商学院的合作。它让我离开了自己的领域，我说"你知道吗，这确实是一种更好的表达方式"或者"我从来没有这样想过"。我认为想要理解领导力的人必须有这样的方法，很刺激。

在培养领导力的过程中，你不仅是帮助团队中的一个孩子成为一个更好的领导者，而是通过尝试教导那个人，你正在发展自己的领导力。我会从每一次演讲中学到东西。我们有自己的广播节目,在那里,我不接受采访,我记录所有的时间。我就是这么看的,不会一下子发生的。不是"好吧,我明白了,我是领袖。"因为那时你丧失了成为领袖的权利。

(2) 做你自己

问:你有时会在那些期望从事管理工作或渴望担任领导职位的学生中看到一件事,那就是他们会读一本书或听一篇演讲,然后他们会说:"哦,我想成为那样的人"。你经常提到你从中学到的其他人,你对我们有什么建议吗?他们认为你或其他领导人是我们的榜样?

答:我很幸运,得到了一个伟大的教练的帮助,鲍勃奈特。通过他,我认识了另外两位伟大的教练,亨利·伊巴和皮特·纽威尔。他们都曾经给了我很多好的理念和做法。奈特教练离开后,伊巴和纽威尔都说:"我知道你从奈特教练那里学到了很多,他很棒,但你必须做你自己。如果你想和你的团队讨论一些事情,找出你想教什么,然后用你自己的个性和价值观去做。千万别想成为我们中的一员。"他们是有史以来最伟大的三位教练,就在一个场景里。他们说的话对我来说很有启发。

我告诉身边的助教或工作人员:"永远不要试着像我一样。"我告诉球员们同样的道理。"我不想让你成为这个人。我想让你成为你。让我们弄清楚你是谁,你是什么样的领袖,我们能做些什么让你变得更好。"这就是为什么我不是一个会读别人的自传说我想成为和那个人完全一样的人。拜托,你不能跟那个人一模一样,那太荒谬了。你所能做的就是学习其他领导者的经验,然后吸取他们的一些教训,并将它们融入你自己的技能组合中。这就是我对我的球员所做的,我认为同样的方法在其他类型的球队和组织中同样有效。

引自:Sim B. Sitkin, J. Richard Hackman《*Developing Team Leadership: An Interview With Coach Mike Krzyzewski*》

Academy of Management Learning & Education, 2011, 10 (3), 494-501. http://dx.doi.org/10.5465/amle.2011.0005.

四、老 K 教练执教领导力格言及评介

(1) 当你们低头看到队服上这面旗子的时候就会知道,这远远不只是打一场篮球比赛:你们是在为国家而战。(*When you look down at the flag on your uni-*

form, you will know that this is more than just a basketball game: you are fighting for your country. —Mike Krzyzewski)

解析：这句格言体现了老K教练在执教美国男篮时的激励信条，目的是为了更好地让国家队队员忘掉一些个人得失，奋力为祖国征战，祖国荣誉永远要高于个人利益。

（2）我从来不认为领导力是单方向的，它一定是领导者和被领导者互动的结果。（I think leadership is never singular. In a good organization, it's plural. —Mike Krzyzewski)

解析：这句话告诉我们，在一个组织中，处于团队领导位置的人一定要时刻注重与被领导者的互动、沟通、增进了解，这样才能更好地激发团队战斗力和凝聚力。

（3）作为一名领导者，我将一群追求卓越、天赋异禀的年轻人聚集在一起，像一个团队那样合作。这是起点，天赋可能不同，奉献精神、努力程度一致。（Being a leader: "I get a group of people who are talented to commit to excellence and to work together as one. That's where it starts. Different talents, same commitment." —Mike Krzyzewski)

解析：作为一名团队领导者，要善于将一群不同天赋的人凝聚在一起，天赋程度可能不同，但团队的努力和奉献精神是一致的，只有这样，才能保持团队的竞争力，才能将团队战斗力最大化。

（4）在团队建设中，我们创造一个无嫉妒的空间氛围，我们要求球员彼此要有眼神沟通，互相保持诚实，互相信任。（Cultivating a positive team culture: "We've created a jealous-free zone? … We look each other in the eye. We tell each other the truth. And we trust each other." —Mike Krzyzewski)

解析：嫉妒之心会严重破坏团队凝聚力，在带领团队过程中，要创造一个积极的团队氛围，让大家彼此包容，彼此信任对方，这样积极的团队化学效应才能更多地涌现。

（5）要鼓励自己的球员有主动性和为自己负责。（Encourage members of your team to take the initiative and act on their own—Mike Krzyzewski。）

评介：老K教练通过这句格言告知自己的球员，凡事不能被动地等，要积极主动去争取，自己要对自己负责。

（6）当你赛后对球队讲话时，不要强调谁是本场比赛的球星。要讨论哪些球员帮助球队获得了胜利，从而传播一种健康的团队理念。可以私下对在球赛中表现比较突出的个别球员提出表扬,以更好地影响激励他们。(When you are speaking to your team after a game, never talk about the kid who was the star of the game. Talk about what your other players did to help the team win. Be sure to spread the wealth... Then have individual meetings with one to three players to praise and reinforce. Make sure you touch them."——Mike Krzyzewski)

解析:这句话告诉我们一个理念,不要过多地在全队面前表扬单个球员,而是要私下对表现好和贡献较大的球员进行个别谈话和嘉奖,一是可以突出团队的贡献;二是对表现好的球员也给予了关注和认可。

第五节 NCAA 罗格斯大学(Rutgers)女篮的主教练薇薇安·斯金格(C. Vivian Stringer)执教领导力研究

一、薇薇安·斯金格教练简介

薇薇安·斯金格教练出生于1948年,如今70多岁仍然活跃在执教一线。薇薇安·斯金格教练的执教生涯始于1972—1973赛季,其执教的大学为切尼州立大学(Cheyney University),2009年入选篮球名人堂(Naismith Memorial Basketball hall of fame),2018年,成功进入千胜教练俱乐部,在大学女篮教练界,目前达到此成就的只有六位教练,她们分别是因纳西大学教练帕特·萨米特(Tennessee coach Pat Summitt)、斯坦福大学教练塔拉·范德维尔(Stanford's Tara VanDerveer)、康州大学教练基诺·奥利安(UConn's Geno Auriemma)、北卡罗来纳大学西尔维亚·哈切尔(North Carolina's Sylvia Hatchell)和本特利大学教练芭芭拉·史蒂文斯(Bentley's Barbara Stevens)。2020年被授予伍登传奇教练奖(Wooden "Legends of Coaching"①)殊荣②。她是美国大学篮球联赛教练中第一位率领三所不同的大学进入NCAA大学篮球联赛四强的主教练,其执教成就获得了美国大学篮球界的广泛认可,是大学女子篮球教练学习的楷模。

---

① 伍登传奇教练奖始于1999年,该奖项主要奖励那些具有卓越执教战绩、优秀的个人品格和所执教球员毕业率较高的优秀教练。
② C. Vivian Stringer named 2020 Wooden "Legends of Coaching" honoree [EB/OL]. [2020-11-26]. https://highposthoops.com/2019/10/02/c-vivian-stringer-named-2020-wooden-legends-of-coaching-honoree/.

二、基于库泽尔和巴斯领导力理论的薇薇安·斯金格教练执教领导力分析

（一）詹姆斯·M. 库泽斯（James M. Kouzes），巴里·Z. 波斯纳（Barry Z. Posner）领导力理论简介

《领导力——如何在组织中成就卓越》一书的第一版于1988年由库泽斯和巴斯两位学者共同出版，至今已经再版六次，经受住了时间的考验，销量达250万册，被翻译成22国语言，堪称领导力领域的经典之作。通过30多年的研究和对几千个领导者案例的分析，作者提炼出了卓越领导五种习惯行为和十个承诺。五种行为习惯特征，分别是以身作则、共启愿景、挑战现状、使众人心、激励人心。还需要有十个承诺，分别是：①明确自己的价值观，找到自己的声音；②使行动与共同的价值观保持一致，为他人树立榜样；③展望未来，想象令人激动、崇拜的各种可能；④描绘共同愿景，感召他人为共同愿望奋斗；⑤通过捕捉创意和从外部获取创新方法，来获取改进的机会；⑥进行尝试和冒险，不断取得小小的成功，从实践中学习；⑦通过建立信任和增进关系来促进合作；⑧通过增强自主意识和发展能力来提高他人的实力；⑨通过表彰个人的卓越表现来认可他人的贡献；⑩通过创造一种集体主义精神来庆祝价值的实现和胜利。

（二）薇薇安·斯金格教练领导力特征之一——勇于挑战过程

挑战现状是成就卓越的不二法门，保持现状只能甘居平庸。通过提供有效的指导和服务来不断完善做事过程中的程序，不断完善过程，从而可以提升团队组织的表现，为更快、更好地达成团队目标提供支撑①。领导者对组织最大的贡献就是可以识别好的想法，通过不断完善过程中的细节来支持这些好想法落地，从而产生更多好的产品、服务、体系系统。通过阅读薇薇安·斯金格的自传和相关采访发现，她完善过程的领导行为主要涵盖以下几个方面：

1. 做事聚焦

薇薇安·斯金格教练是NCAA大学篮球教练中（包括男篮和女篮）唯一一个带领三所不同学校进入四强的主教练。在接受采访时她说到，为了能够在赛季

---

① 詹姆斯·M. 库泽斯，巴里·Z. 波斯纳. 领导力：如何在组织中成就卓越 [M]. 北京：电子工业出版社，2013.

中获得优异的竞技成绩,作为球队主教练必须将自己的全部精力聚焦在训练和比赛中去,必须一心一意地了解和掌握有关比赛的方方面面。她还讲到,她的比赛准备手册总共 45 页之多。她将比赛的赛前准备、交通出行、技战术战略、中场调度、先发对位等方方面面都写下来①。正如台湾著名教练邱导所说,对一支要争冠且有竞争力的球队而言,要有全面性的发展,要变强队就必须面面俱到,必须全盘考量才会变成一支最好的球队。他更进一步提到,我们必须做到一支强队让对手看到感觉是敬畏的。要聪明,要强势,要快速,要灵巧,要有抵挡能力,要有好的篮球观念②。库泽尔在描述优秀领导者的特质之一挑战过程中讲道,优秀领导者必须具有先锋精神,勇于尝试和挑战未知的领域和做法。为了发现新的和更好的路,他们勇于冒险、创新、变革、试错。通过有关薇薇安·斯金格教练的采访、自传等资料发现,她的执教成功之路正是一条不断挑战过程的路,这也是促进她不断提升自我执教能力的方法之一。

2. 激发别人实现梦想

攀登顶峰的路艰辛而漫长,在进步的路上人们会感到筋疲力尽、充满挫折感,不想再往前走,总是想放弃。领导者要用真诚的关心鼓舞他们奋发向前③。薇薇安·斯金格教练为了挖掘出球队的最大潜力,她在平时执教过程中,很注重不断激发球员和教练团队的成员的潜力,给他们灌输梦想的力量。她说,我作为一名主教练,必须非常善于发现球员和助教们的潜力在哪里,通过沟通让他们知道自己的潜力,并为之不断奋斗努力。通过让团队中的每一个人变得卓越,从而达到建设一支卓越球队的目标。每个人都有优势和不足,只有不断地努力工作和训练,将不足降低或改正,这样才能呈现更好的个人和团队。她的助理教练弗里曼(freeman)评价道,薇薇安·斯金格教练是一个善于督促和激发球队成员超越自己的潜能和极限从而变成最好个体和团队的人。在这个过程中,也经常会被球队成员误解,不明白她为什么什么事都要求尽善尽美,一刻不停歇,永不止步。但事后球队成员都很感激她,因为大家看到正因为这样做才取得的卓越成效和成果。

---

① Transform your mind with coach C. Vivian [EB/OL]. [2020-06-16]. https://wfan.radio.com/articles/ap-news/rutgers-coach-c-vivian-stringer-returns-new-outlook.
② YAHOO 运动. 强硬裕隆来了!邱大宗欲打造让对手敬畏的劲旅 [EB/OL].[2020-06-16]. https://tw.sports.yahoo.com/news/sbl-175153459.html.
③ 詹姆斯·M. 库泽斯,巴里·Z. 波斯纳. 领导力:如何在组织中成就卓越 [M].北京:电子工业出版社,2013:17.

库泽尔在领导力理论研究中反复强调，打开机会之门的钥匙就是学习①。薇薇安·斯金格教练认为，学习是必须贯彻一生的事情，只有不断学习，才能拓展思维和理念，提升自己的能力。同时，她也要求团队成员之间要互相学习，互相督促。作为一名教练员，就是要富有创造性的激励方式，有效地认可、表彰球员和教练团队的进步和成绩，营造一个乐观向上，鼓舞人心的球队氛围。

3. 找寻新的路

要想成就卓越，你就必须愿意去做以前从来没有做过的事情，必须尝试未曾被验证过的事情，打破身边的常规限定，并要承担因此而带来的风险。薇薇安·斯金格教练在切尼州立大学（Cheyney State University）大学开始自己的主教练执教生涯时发现，对女篮球队来说，场馆、资金、器材等方面都非常匮乏。她经过与教练团队的商议和争取，为了有更好的训练条件，他们决定冒险与男篮一起训练和队内对抗赛，这在美国大学篮球界也是一个创举，要知道，这样的做法很容易让女篮受伤。库泽尔认为，成功的道路注定是不平坦的，如果只是按部就班，遵循常规，很难超越。有时候，适当地冒险，寻找不同的操作方式是获得成功的不二法门②。

4. 虚心地从逆境和挫折中学习

卓越的领导者，包括教练在内，他们的成功绝对不是靠运气，他们往往能够充分认识到付出与收获的因果关系。在一个赛季结束之后，尤其是一个不成功的赛季，好的教练往往会从各方面进行检讨和总结，如攻守战术体系、体能、心理建设、赛前准备、临场调度、个人技术等方面。同时，教练员也会做好自我反省，如个人的沟通技巧、压力管理、训练的手法、强度的安排、阵容的配备、训练计划的制订等方面③。薇薇安·斯金格教练认为，作为一名优秀篮球教练的首要品质就是谦虚，要谦虚地向同行学习，向球赛学习，向球员和助教学习。她说，虽然过去的赛季我们输了好多不该输的球赛，但我不气馁，我可以从这些失利的比赛中学到好多，它们教会我如何更好地做好训练、准备比赛和掌控比赛

---

① 詹姆斯·M. 库泽斯，巴里·Z. 波斯纳. 领导力：如何在组织中成就卓越 [M]. 北京：电子工业出版社，2013.

② 詹姆斯·M. 库泽斯，巴里·Z. 波斯纳. 领导力：如何在组织中成就卓越 [M]. 北京：电子工业出版社，2013.

③ The road to 1000 wins [EB/OL]. [2020-11-26]. https://www.theplayerstribune.com/en-us/videos/the-road-to-1000-wins.

过程。

在挑战过程和现状方面,薇薇安·斯金格教练展现出了高超的领导能力,她可以不畏困难,勇于变革创新,不断激励球员提升自我,善于从失败和挫折中学习提升。

(三) 共启愿景

领导者应该是梦想家、理想主义者、各种可能性的思考者。一名卓越的领导者可以给组织提供一个前进的光明方向,勾勒出一个积极美好的未来愿景。他应该做到高瞻远瞩,能够预见未来,看到即将到来的机会,他能够描述一个充满理想的、独特的和未来的愿景。这种能力是领导者带领组织实现团队目标的关键能力之一。为了共启愿景,组织领导者要提升为自己和为组织描绘愿景的能力,包括想象各种可能性、找到共同的目标①。

1. 做一个纯粹主义者

薇薇安·斯金格教练说,她经常把自己看成一个纯粹主义者。当她在切尼大学开启自己的工作时,她担任排球、网球和篮球队的志愿者教练,该岗位是没有报酬的,她只是因为有执教的机会而感到激动、兴奋。当她升任到女篮主教练位置的时候,训练条件也很艰苦,每天只能等男篮训练完成后才能有短暂的球馆使用时间,这就迫使她努力花大量的时间来制订完备且详尽的训练计划,同时,为了取得好的训练效果,还需要她严格高效地执行所制订的计划,她并没有为此感到沮丧和发出抱怨,仍然很纯粹地、心甘情愿地去做好日常执教工作。她还说,她执教的驱动力并不是名和利,她只是很享受执教的过程,因为自己的执教可以给青少年的成长带来积极的影响,可以不断地激励她们变得更好,看到她自己的球员顺利毕业,能有一个健康、成功的未来,是让她最有成就感的地方②。通过以上我们不难看出,薇薇安·斯金格教练纯粹是热爱执教工作,她的这种精神也不断地感染着自己的球员和助教,激发她们不断前进和提升。

2. 有理想

当薇薇安·斯金格教练在罗格斯大学(Rugters University)执教的第一年,她就给自己定下了将球队带到全国四强的水平的目标,并将这一目标给自己的球

---

① 詹姆斯·M. 库泽斯,巴里·Z. 波斯纳. 领导力:如何在组织中成就卓越 [M]. 北京:电子工业出版社,2013:80.
② C. Vivian Stringe. Tucker, Laura. Standing tall [M]. Three Rivers Press (CA), 2009.

员进行了分析和分享。在招收新球员的过程中,她也将这个愿景和理想告知候选球员,达成共识。一名球员评价道,薇薇安·斯金格教练的做法非常有个性。她曾一次性地同时招入6名新生球员,并多次将6名球员集中在一起给她们传递球队奋斗的理想目标,要求她们尽快适应球队体系,与其他球员团结一起,刻苦训练,力争打入赛季全国四强,成为全美大学女篮的精英级球队。最后她们如愿以偿。这与薇薇安·斯金格教练和球员们达成奋斗理想共识是密不可分的。作为一名团队领导者,必须做到有理想,才能让下属自发地追随,心甘情愿地为团队目标贡献自己的力量。

3. 尊重球员和教练团队

为了更好地说服自己的下属跟随自己一起打拼,领导者还需要非常了解自己的下属和具有良好的沟通能力,下属才会坚信领导非常了解他们的需求和设身处地地为他们的利益着想①。薇薇安·斯金格教练非常地清楚,要想让球员在训练场和比赛场都做到全力以赴,就必须尊重每位球员。她说,作为一名教练,你必须意识到尊重每位球员和教练团队成员的重要性。最好的尊重就是让球员通过训练可以得到大幅度的提升,让球队更有战斗力,这就需要我们懂篮球,懂比赛,不断地加强自我执教能力的提升,这才是对团队的最大尊重。同时,还需要很好的沟通技巧,要让团队成员非常了解你的愿景,并达成一致,这样才能拧成一股绳,才能迸发出更大的能量。在努力前进的道路上,难免会有人犯错误,在这个过程中,大家都不要互相指责,互相埋怨,只有互相鼓励,球员才能感受到尊重,从而更努力地训练和比赛②。

4. 将球员培养成全面发展的人

薇薇安·斯金格教练在执教生涯中,始终坚持篮球育人的理念。她说,我关注我执教过程中的方方面面,我要努力影响自己的球员,使她们无论在球场还是在生活中都能获得成功,而不仅仅是夺得比赛的胜利。有时候,球员在人生旅程中,把获得丰盈的人生作为判断教练执教是否成功的最好标准。因此,我必须将球员的学业与篮球摆在同样重要的位置上。我执教的女子球员,他们未来走向职业篮球的机会少且薪资水平与男篮没法比,必须有其他职业技能才能更有发展前

---

① 詹姆斯·M. 库泽斯,巴里·Z. 波斯纳. 领导力:如何在组织中成就卓越 [M]. 北京:电子工业出版社,2013:105.
② C. Vivian Stringe. Tucker, Laura. Standing tall [M]. Three Rivers Press (CA),2009:132-136.

途。她们可以将篮球中学到的工作理论运用到将来的职业生涯发展当中去，如机智、团队精神、拼搏、专注、沟通、抗挫折的能力、抗压能力等，这些无形的素质将决定他们未来职业工作的高度。薇薇安·斯金格教练曾经执教过的球员吉尔摩乌沙（Usha Gilmore）评价道，教练经常给我们灌输学业的重要性。如果让她发现谁旷课或者学业跟不上，马上就会提出批评和督促加强学习。薇薇安·斯金格教练的主管领导评价道，薇薇安·斯金格教练领导力最突出的特征就是她尊重教育。她告诉球员，大学生涯最重要的就是获得学位，篮球位居其次，要学会协调好两者之间的关系，从而在大学中获得最大的收获，为未来的人生奠定基础。

（四）使众人行

库泽尔领导力理论指出，领导力就是要使团队共同努力奋斗，领导者需要识别每个人的优势和劣势，为他们明确自己在团队中的定位和分工而扮演好自己的角色。

1. 通过关心来赋能团队成员达成梦想

薇薇安·斯金格教练说，我的执教工作就是要让团队成员产生化学反应。每个人都会有缺点和不足，而教练就是要让球员们做到刻苦训练和改掉缺点，不断地突破个人极限，从而获得提升，不断追求自己的梦想和极限。作为一名教练，薇薇安·斯金格最大的能力就是可以让球员以高标准要求自己，激发她们为自己的梦想付出最大的努力。她的助教弗里曼（Freeman）评价道，薇薇安·斯金格教练用行动告诉她，设身处地地关心每一位球员是非常关键的，要让她们从内心里感受到你的关心，要像关心自己的孩子一样给予她们尽可能多的爱，从而让她们心甘情愿地追随你，接受你的指导和引领。这里指的关心不仅是指球场上的技术层面，还包括她们作为一个优秀女性发展的方方面面。

2. 对团队成员展现出信心和信任

作为一名优秀的团队领导者，必须有自信和智慧来给予团队指导和方向引领。领导力是一种关系，而该关系的好坏和坚韧程度都源于信任，唯有彼此相信对方才是团队不断进步的根本保障[1]。薇薇安·斯金格教练认为，她在执教过程中，会给予球员和教练团队充分的信任，经常授权下属和球员去做一些决策和实

---

[1] 詹姆斯·M.库泽斯，巴里·Z.波斯纳.领导力：如何在组织中成就卓越[M].北京：电子工业出版社，2013：118.

践操作，如果没有这些，她们就不敢冒险，就会止步不前，就会失去提升机会。她还说，她一个人不可能包办招生、侦查对手、管理球队财务、完成所有训练等，她必须担任好协调领导的主要责任，让其他成员也积极地参与到球队运行过程中来。她相信，每个人都有不同的天赋，只有将每个人的天赋发挥到极致才可能打造一支卓越的团队。她的操作方式就是要注意分权，比如让助理教练担任一定的领导任务，给她们机会展现她们的风采和能力，这是信任和肯定的一部分，也可以为她们将来走向主教练岗位奠定基础和提供锻炼机会。她还会就有关球队问题与球员沟通交流，信任她们的智慧和判断力，让她们也参与到球队事项的部分决策之中去。

（五）以身作则

职位固然重要，作为一名团队领导者，重要的是靠自己的行为赢得成员心悦诚服的尊重。滔滔不绝地谈论自己的价值观是远远不够的，领导者的行为比语言重要得多，它能够切实地反映领导者是否能够对自己所言负起责任。卓越的领导者将自己的价值观与行动保持高度一致，为他人树立榜样。就像习近平总书记说的那样，空谈误国，实干兴邦。

1. 为团队其他成员树立榜样

薇薇安·斯金格教练被她曾经执教过的球员、教练组成员和相关同事一直认为，她为大家树立了很好的典范性形象。其在执教生涯中，一直努力在球场内外都给大家树立好的榜样，凡是要求大家做到的，她自己首先身体力行。因为薇薇安·斯金格教练自身也意识到，团队成员都在看着她，她是发布指令的团队领导者，如果她自己不能以身作则，为大家树立好榜样，她的指令就很难让大家信服，执行效果就会大打折扣①。明确共同的价值观给人们带来共同的语言。如果个人、团队和组织保持一致的价值观，团队就会爆发出巨大的能量。

2. 保持自我的职业化形象

教练员作为一项需要拥有很高专业能力的职业，其专业技术水准和职业化形象无时无刻不对球员产生影响。一名对自己有信心的教练员会对球员的自信产生正面、积极的影响，让球员对自己的团队领导者感到信心满满，对教练下达的训练计划和执教指令信服地执行，从而提升团队工作效率。薇薇安·斯金格教练认

---

① Transform your mind with coach C. Vivian [EB/OL]. [2020-06-16]. https://wfan.radio.com/articles/ap-news/rutgers-coach-c-vivian-stringer-returns-new-outlook.

为,她自己对自我的行为和形象必须保证始终在一个高标准下。她意识到,作为一名教练,每天都应该给球员树立好典范,保持好自己的职业化形象,不断加强和塑造自我的职业化形象[1]。这种形象的深入影响可以让球员和教练团成员心悦诚服地接受主教练的领导,充分地感受到领导的力量,不断地激励他们为团队的成绩和进步奉献自己的力量,坚定理想信念。因此,一名领导者坚守和践行自己的价值观非常的重要。

3. 给团队成员及时的指导

好的领导者往往也是一名好的老师,她应该可以在团队成员迷茫和需要指导的时候给以及时准确的指点,不断地增强她们的实力,从而让团队更有竞争力。就一名高水平篮球教练员来讲,她除了给予篮球方面专业的指导外,还应该是球员的人生导师,帮助他们更好地接受教育,进行高品质的人格塑造,为走好未来的人生道路打下坚实的基础。在薇薇安·斯金格教练的心目中,她不仅要求自己带领球队在球场上获得一场场胜利,为学校获得荣誉,她还要求在自己的影响下,能让所带领过的球员获得丰盈的、成功的职业人生。因此,她对球队所有人实行"大门敞开"制度,如果球员或者教练团成员任何时候有事情沟通,她都敞开办公室的大门欢迎她们的到来,并竭尽所能来帮助她们、指导她们。她还认为,教练最大的价值和幸福就是可以影响一代代年轻人,要珍惜自己的执教机会,不要辜负学校、球员、教练团对自己的期待。

(六) 鼓舞人心

在组织中卓有成效的完成一项工作或任务不是一件容易的事情。攀登到组织的巅峰需要历经艰苦卓绝的奋斗,在竞争激烈的竞技体育领域更是如此。每个球队都在勤奋训练,稍有放松就会被超越。鼓舞人心是库泽尔优秀领导者行为习惯理论中的第五大习惯。要求领导者要激励团队成员不断探索,用勇气和希望鼓舞他人。薇薇安·斯金格教练在自传中写道,她从小就坚定了自己的理想信念,她存在的意义就是要给无希望的人以希望,给没有力量的人以力量[2]。这种理念深刻地影响了她后面的执教生涯。

1. 认可团队成员的贡献

球队的训练是单调的、枯燥的、充满挑战的、进步是缓慢的,如果处理不

---

[1] C. Vivian Stringe. Tucker, Laura. Standing tall [M]. Three Rivers Press (CA), 2009.
[2] C. Vivian Stringe. Tucker, Laura. Standing tall [M]. Three Rivers Press (CA), 2009.

好,很容易让球员失去训练的激情,从而造成训练效果不佳。教练员在执教过程中,要能非常敏锐地观察到球员个人或团队取得的一点点进步或者表现出来的端正的态度,并予以肯定。因为,没有人愿意在没有获得认可的情况下继续付出。认可她人的贡献要注意两点:一是期待达到最佳水平;要对球员展现出积极的个人期待,这样可以给以他们一个信念,教练员坚信她们可以做得更好。这代表教练用心地关心着每一个球员,信任她们①。二是个性化地认可她人的贡献;人们必须知道自己正在迈向目标,而不是虚度光阴。只有当人们面对挑战性目标且不断地得到正反馈时,才会更好地激发前进的动力。薇薇安·斯金格教练经常在团队中或一对一地对球员提出表扬,对她们的点滴进步都会敏锐地观察到,且能及时给予积极反馈。同时,她也会根据球员的性格特点来决定自己对她们赞许的方式。

2. 追求卓越

在竞争残酷的竞技体育领域,从来都是胜者为王,败者为寇。因此,作为一名教练,必须不断鼓舞大家付出百分之百的努力,追求卓越,在超越自我的情况下,才能超越竞争对手。因此,必须高标准地要求团队规范训练和比赛行为。薇薇安·斯金格教练说,她很享受执教过程,喜欢竞争,喜欢带领球队走向巅峰。她从来没想着更换自己的职业。她会花大量时间来研读比赛,制订训练和比赛计划,评估训练效果,寻找每一个可以提高的地方,不忽略每一个细节,力争做到完美。她意识到,每一个微小的疏忽,都可能造成比赛的失利。

三、薇薇安·斯金格教练执教领导力格言及评介

(1) 自信源于努力付出之后所获得的成功。(Confidence is what happens when you've done the hard work that entitles you to succeed.)

评介:这句话告诉我们,每个人的自信心不是凭空而来的,也不是不断给自己打气而得来的,而是需要大量的努力工作和训练,人们需要从付出之后获得成功的果实之中不断积累自信。

(2) 教练员要帮助球员学会控制好自己的情绪,达到好的效果,教练自己要做好控制情绪的榜样。(Help your players to control their emotions-do this through

---

① Vicki Williams. The leadership traits of head basketball coach C. Vivian Stringer: path way to leadership [M]. LAP LAMBERT academic publishing, 2010.

example.）

评介：能很好地控制情绪是一名优秀篮球运动员的重要特征，也是她们情商高低的重要体现。要提升球员控制情绪的能力，首先教练员要以身示范，因为情绪的最大特征具有很强的传染力，教练失控，球员就很容易受到影响。

（3）我的进攻哲学很简单，那就是通过一系列的配合，将球送到球队最好的球员——投篮命中率最高的球员手上。（Our offensive philosophy is to simply find a way to get the ball into the hands of our team's best player.）

评介：这句话告诉我们，球队的得分主要依赖两大要素，一是球权次数，二是球权效率。通常情况下，球权次数相差不多，而攻击效率就显得格外重要，要保证攻击效率，最佳的策略就是为得分能力最突出的球员创造更多的空当和好的投篮机会。

（4）作为一名教练，你必须善于研究，研究其他教练的执教哲学和冠军球队的处理方法，采众家之长，与自己的攻防体系相融合，这是成为冠军之师的不二法门。（In all the research you do as a coach, studying other coaches and championship-type situations, you find that all those teams combined talent with great defense. You've got to stop other teams to win.）

评介：这句话告诉我们，如果想成为一名优秀的教练，就必须保持谦逊的态度，还需要有不断钻研的精神，向一切优秀的教练和队伍吸收营养，来作为强大自我的食粮。

附：〈最知名的女篮教练是怎么炼成的〉作者：　薛涌

引自 http://blog.sina.com.cn/s/blog_ 45f00ef401000aib.html.

罗格斯大学（Rutgers）女篮的主教练 C. Vivian Stringer，最近和学校续签了她的合同。在未来六年，她一个赛季的工资是 95 万美元，比现在的 45 万美元翻了一倍还多。拿如此丰厚的工资，当然和她的战绩有关。她是美国大学女篮中第三号常胜将军，是唯一一位曾经带领三个不同的学校的女篮打入全美大学联赛四强的教练，进入了美国篮球名人堂。不过，她毕竟从来没有拿过全国冠军。这突然之间的薪水翻番，使她拿的和拯救了该校橄榄球传奇教练（是美国大学教练中薪水最高的阶层）一样多，比一个终身教授的年薪高出十倍甚至更多。指导大学女篮凭什么有这么大的油水？

实际上，这笔钱不仅仅是对她的篮球专业的奖赏，也是因为她是一个出色的教育家，在一场围绕着她的球队的文化冲突中表现出了令人信服的领袖能力，并因此一夜之间成为最知名的女篮教练。这一大戏剧，本来已经成为席卷美国媒体的头号新闻，可惜被弗吉尼亚理工学院的枪击案给冲了，至今基本不为国人所知。但是，这一戏剧特别能够展示体育在美国的大学校园里所占的地位，以及在美国的大学当"体育老师"需要什么样的素质，对我们理解体育如何教育化大有帮助。

她带领的队，去年出师不利，输了四场，包括以40分之差惨败于杜克之手，跌到了前二十五强（该校的传统名次）之外。她训斥队员（被认为是该校历史上最精英的选手）：不要自我感觉太好，你们必须证明自己。她要求队员退回有学校色彩的球衣和标志（因为她们还不配，必须自己挣来），加大训练量，重整军威。最后作为一个不被看好的弱旅，该队杀进了全国的四强，并在半决赛中出人意料地击败了头号种子杜克队，可惜在决赛中被田纳西队所击败。

然而，比起杜克和田纳西等传统强队来，罗格斯大学颠覆了既有格局，是最受观众青睐的队。她们决赛的失利，好像在全国电视观众面前演出了一场灰姑娘梦碎的悲剧，赢得广泛的同情和赞誉，也被称为本赛季的无冕之王。然而，正在全队沐浴在一篇赞扬声中时，刺耳的噪音从全国最有影响的一个广播节目中发出。该节目的主持人唐·伊默斯（Don Imus）在报道比赛时，随口开了句玩笑："哈哈，有些毛糙的女孩子从罗格斯大学来了，老天爷，她们还文身呢，一帮厉害的妓女……"

美国的媒体，有一种政治正确的话语格式，遣词造句十分小心，不能触犯任何阶层、种族、性别，或者年龄群体。"种族歧视""性别歧视""年龄歧视"的帽子满天飞。不过，也正是由于有了这些条条框框，一般的节目四平八稳，枯燥无味。这也就刺激出一批新的系列，即不管政治正确的教条的生猛节目。唐·伊默斯主持的"新闻秀"就是其中一种。他拿手的好戏是所谓令人震惊的笑话（shock joke），就是开一些令人目瞪口呆的玩笑。他会用极其粗俗的语言，甚至当面侮辱到他节目中的客人。这一天不怕地不怕的粗野风格，反而在听众中走红。他的节目每周有275万人次的收听率，NBC一年给他千万美元的年薪；美国各界显要，都争先恐后地到他节目中做客，似乎不值得被他辱骂的人，就不是个明星；甚至有人选总统也要到他的节目中宣布。这种玩笑、脏话、辱骂和政治社会评论掺和在一起的广播节目，成为主宰美国的一大公共舆论载体。

这也是为什么他并不觉得拿"妓女"开玩笑有什么了不起。毕竟，骂人说脏话是他的职业，什么都敢说是他成功的基础。你跟他斗也没用。因为你斗不过市场。他是千万的身价。罗格斯大学这些刚刚用汗水换来了一个赛季荣耀的女孩子们，听到这话惊呆了。大部分队员是黑人，在黑人社区和黑人的音乐里，这种玩笑和脏话司空见惯。但是，她们是大学生，是赢得全国荣誉的天之骄子，许多还是全优学生，她们无法想象全国最有影响的广播节目会这样说她们，民权领袖自然也抗议。唐·伊默斯马上道歉，说即兴开玩笑一时出圈，不是他的本意。事情按说也就这么过去了。有许多人还给薇薇安·斯金格出主意：球队的最佳战略是保持高姿态的沉默，让政治家和媒体为自己讨回公平。

但薇薇安·斯金格坚决回答："我不这样认为。"在她看来，当主教练不仅是教篮球，而且是育人。她要让自己的女孩子们看看，碰到这样的事情应该怎么对待。于是，她召开记者招待会，让全队在媒体面前一字排开，自己对着麦克风，一口气进行了36分钟不间断的演讲，质问所有的人："看看我身后这些女孩子，看看她们的成就。'妓女'？你们谁能接受别人用这样的词称呼自己的女儿？"由此媒体立即升温，从要求唐·伊默斯道歉，到要求他下台。

唐·伊默斯见势不妙，马上要求和全队见面，当众解释道歉，薇薇安·斯金格同意带队会晤。但为时已晚。因为舆论的谴责排山倒海，广告商纷纷撤走给唐·伊默斯节目的广告。最后，唐·伊默斯的东家NBC宣布将他解雇。唐·伊默斯起诉NBC违约，要求四千万的赔偿，这一大官司还未了结。

然而，薇薇安·斯金格证明了自己作为大学教练的价值：她不仅是个"体育老师"，而且必要时还是个政治领袖。关键时刻，孩子们就要靠你教她们怎样做人。要知道，美国的大学体育运动员，即使是明星，大部分还是普通学生，毕业后进不了职业队，要从零开始找工作。这样被一个全国的明星欺负，一时当然不知所措。这时就要看教练了。薇薇安·斯金格则不辱使命。难怪队员们说：看看教练，一下子就有信心了。她们学会了怎么应付生活的挑战。因为薇薇安·斯金格的表现，民主党总统候选人奥巴马站出来谴责唐·伊默斯，希拉里·克林顿则要到罗格斯大学来竞选。罗格斯大学女篮成为全国最知名的女篮。薇薇安·斯金格则签约出版自己的自传：《站出来，昂首挺胸》。这，就是教育。

大学篮球教练员领导力理论体系的构建

竞技体育中,运动员在追逐胜利的过程中面临众多挑战,教练员在运动员职业发展生涯中扮演着重要角色,教练员领导力更是对整个团队产生重要的影响[1]。在日常训练或竞技比赛中,教练员发挥自己的领导才能,通过自己的行为方式对运动员个体或整个团队施加影响,帮助运动员实现预期的目标,具有重要的理论价值和现实意义,故教练员领导力已成为体育界关注的一个热点问题。教练员领导力实践已然非常的丰富,尤其是一些精英级优秀教练员所表现出来的领导行为和领导方法值得我们归纳总结。为了更好地开展研究,拓展研究的深度和广度,构建教练员领导力理论体系就显得无比重要。

第一节 当今大学篮球教练员所面临的现实挑战

只有客观地分析和认识到领导者所面临的挑战和现实困境,才能更好地为他们领导力提升指明方向,提出的策略才能更加有针对性。海菲兹给出的领导力原则之一就是首先要界定好适应性挑战在哪儿,然后勇于面对和改变。尤克尔(Yukl)(2006)界定了在领导力分析中要考虑三个变量:①领导者的特征;②追随者特征;③情景特征[2]。我们将从这三个方面对当代大学篮球教练员所面临的现实挑战进行初步解析。

---

[1] 王光辉,李卫东. 教练员领导力:概念、测评与类型 [J]. 心理学进展,2019 (1):82-90.
[2] Yukl, G. Leadership in Organizations, 6 th Edition [M]. New Jersey:Pearson Education, 2006.

一、领导者（教练员）特征带来的挑战

研究表明，领导者的教育背景和丰富、高质量的专业经历对其领导能力具有至关重要的影响。毕仲春教授在 2012 年对 CUBA 男、女各前 16 名球队的主教练进行了运动经历及学历问卷调查[1]。结果显示，32 名教练员中，44%的教练没有专业训练和比赛的经历，人数为 14 名；56%的教练员有过专业训练和比赛的经历，人数为 18 名。32 名教练员中 3%的教练员没有受过高等教育。进一步分析可知：①约有 44%的教练员仅具有体育专业高等教育背景。由于是从高中进入体育院校后才开始从事篮球专业学习，缺少运动实践经历，缺乏对篮球技战术训练的感性认识和实践执教的经验；②约有 3%的教练员是从原来专业运动队引进的。这部分教练员具有丰富运动实践经验和体会，对于篮球技战术训练具有比较深刻的感性认识，但是缺少高等教育的背景和学历；③约有 56%的教练员具有体育专业高等教育背景，在初、高中进入大学之前进行过篮球的训练和比赛，在大学期间继续从事篮球专业的学习与训练。其中的佼佼者所占的人数比例还比较少，甚至尚未获得足够参加高水平大学联赛的机会。从中不难看出，中国大学篮球教练员队伍成分比较复杂，从教经历和教育背景存在一定程度的残缺，致使他们的执教水平和领导水平参差不齐。如何应对这样经历不完善的挑战，加强后期的领导力培养，进行专业学习和成长是对我国大学篮球教练员的一大挑战。另外，在调查中发现，目前大学篮球教练员大部分都是兼职，同时还要承担教学与科研的任务，如何协调好三者的关系也是他们的重大挑战。

二、追随者（球员）特征带来的挑战

"宁可指挥千军万马，不带 10 个大裤衩"，从这句体育界的俗语当中可以体会到当一个篮球教练的难处。中国男子篮球国家队主帅宫鲁鸣和各大学篮球队资深教练普遍认为，现在 90 后的年轻球员比之前的球员难带得多，因为他们所处的时代与原来相比已经发生了天翻地覆的变化。如果再用十年前，甚至十几年前的教学方式来带领如今的大学生球员，难以达到理想的效果。要想更好地领导他们，了解当代大学生的特征是第一步。那么，当代大学生的典型特征是什么呢？

---

[1] 毕仲春，陈丽珠，李征. 对欧美篮球教练员成长过程模式的研究——兼论中国大学篮球教练员培养的现实困境与希望 [J]. 北京体育大学学报，2014（7）：113-118.

①自我意识化。当代大学生更加注重个性的独特化、鲜明化，不愿意从众，更不愿意违背自己的喜好而被迫学习。自我意识化表现在认识和处理个人与他人之间的关系上，存在理论认识和实践选择相脱节的问题，表现在理论认识水平很高，现实选择个人利益，他们更看重于自身个性的表达和自我价值的实现①；②交往和沟通能力越来越差。受多媒体和网络的影响，当今大学生的沟通能力普遍薄弱。与同学之间缺少沟通：大部分生活在自己的世界里，不知道如何与人相处，从而导致同学之间经常因为一些小事发生纠纷乃至使矛盾恶化；③承受能力差。遇到一些很小的麻烦和挫折就觉得生活没希望，天天喊着纠结、郁闷等，遇事很容易冲动，承受能力薄弱，普遍没有形成稳定的内化人格特质；④责任和担当的意识薄弱。受这个浮躁时代的影响，以及普遍都是掌上明珠的独生子女的成长背景，使他们形成了"重索取轻奉献，重功利轻道义"的价值观。

正因为球员这样的特征与教练员当年的成长期所处的时代差异性太大，给教练员的执教和领军带来了比以往更大的挑战，对教练员的采访使这些挑战得到了进一步的印证。问题集中体现在两个方面：

- "团队精神"的培养越来越难。迪恩·史密斯曾说，让球场上的五个人如同一个心跳式的打球至关重要。篮球比赛实践也表明，竞技成绩好的往往是那些团队精神优异的球队。从中不难看出，球员的团队精神对篮球这种集体球类项目无疑是非常关键的。而通过访谈了解到，让现阶段的球员像个整体那样打球越来越难了，因为他们有很强的表现自我的倾向性，爱出风头。团队精神难以培养已成为执教过程中的一大困惑和难点。
- 球队规章制度的执行越来越难。健全管理制度是完成篮球队训练与比赛任务，实现有效管理的基本保障。调查显示，大部分的球队都针对训练、生活等方面的活动制定了严格且全面的规章制度，如不许抽烟、不许喝酒、不许晚睡。但是，再好的规章制度如果不能落实与执行也如空中楼阁，达不到预期的目的。访谈中了解到，球队规章制度的落实情况普遍不理想，制度执行过程中困难重重。浙大教练潘德运认为，这是因为当今大学生球员处在一个诱惑丰富的时代，再加上他们的自律意识越来越薄弱，致使他们的服从性也越来越差。要求教练员必须不断创新管理方式，才能更好地约束好球员，更好地保障训练和比赛的质量。

---

① 潘睿．从当代大学生特征变化谈大学教师教学意识变革［J］．时代教育，2013（11）：109-111．

三、情景特征带来的挑战

(一) 优秀生源的竞争更加激烈

近年来，随着我国大学篮球联赛影响力的逐渐扩大，加入参赛的队伍日渐增多，对有篮球特长的高中生源需求与日俱增，而我国的高中篮球联赛体系尚未健全，优秀的苗子还非常的短缺，致使供需矛盾非常紧张，经常出现一个优秀球员多队进行争夺的残酷现实，这对教练员的招生能力、说服能力、资源整合能力提出了严峻的挑战。

(二) 比赛本身竞争更加地激烈

从对最近的两届（第十七、十八届）CUBA 分区赛和八强赛的比分统计来看，均分差在 8.3±5.6 分，并有多场比赛进入了加时赛的争夺（该届比赛的四强赛半决赛清华对华侨堪称是 CUBA 创办以来最经典的一场比赛，历时三个加时赛的激烈争夺，最后，华侨大学凭借充沛的体能优势以 7 分险胜）。可以看出，各队之间的胜负差距非常小，竞争日趋白热化。这给教练员的执教能力和领导球队的能力带来了很大的挑战和压力，对教练员的训练质量、球队凝聚力的培养、球员的抗压能力的培养、教练员临场应变的能力等方面，都提出了更高的要求。

(三) 学训矛盾的存在

文化学习和训练是在校大学生篮球运动员的两大生活主题。因为两者都需要长时间的辛苦付出，尤其是对文化底子普遍较弱的篮球特长生来讲更是如此。学训矛盾在大学高水平运动队当中由来已久，如今这种矛盾正在日益加深。教练员如何教育和管理球员处理好文化学习与运动队训练及比赛的矛盾已成为一大挑战，也是达到育人夺标最终目标的关键一环。

(四) 经费紧张

经费是带好一支运动队的重要基础保障。从访谈中了解到，大学篮球队的运作经费主要包括学校体育专项经费和外部企业赞助经费，而有赞助的球队非常少，致使各大学篮球队经费普遍不充裕，那么，如何在有限的资源下最大限度地提高球队的竞争力是大学教练员面临的又一大挑战。

国际权威的领导力大师海菲兹对领导力的定义是"动员人们实现适应性变

革"。其核心理念认为,领导力是解决适应性问题,而非技术问题[1]。为了迎接以上种种的挑战,大学篮球教练员的执教观念急需更新,必须不断地发展在球队技战术训练、球队管理制度制定、球队氛围营造、球队纪律执行、球队目标的制定、球队危机的处理、球队运行策略制定和资源充分利用等方面的领导力,从而更加有利于球队和球员个体的良好发展。完成从"管理"到"领导"的转变,以适应不断变化的竞技环境和执教对象的特点,以满足新时期大学篮球运动发展的育人夺标的时代要求,从而更好地促进我国大学篮球联赛的可持续发展。

第二节 大学篮球教练员领导力的特点

在当代,国外对"领导"一词的解读倾向于将领导活动视为一种复杂的、交互式的过程。格拉特(Glatter)认为:"领导在这里是指,在糅合了各种关系、不同背景和任务要求的前提下,在具有复杂性和模糊性的实施环境中执行任务的过程。"[2] 这个定义隐含了有关"领导力"的以下属性——能够在充满不确定性的组织外部环境中保证组织的正常运转;能够从过去所犯的错误中吸取经验和教训,并运用于未来的组织管理中;具有高度的灵活性和敏捷性,对组织外部环境的变化有敏锐的洞察力,并能快速适应环境的变迁;能够在组织中很好地运用分布式领导;能够突破工作中遇到的各种瓶颈问题,以及推动组织成员建立相互信任的人际关系等[3]。在当前的社会认知背景下,这些属性在未来的高校篮球队伍领导中将会变得更加重要。因此,当代的大学篮球教练,需要对当前瞬息万变的球队组织内、外部环境有一个清晰的认知,才能保证球队组织发展与时俱进。

由于大学篮球队组织目标、领导对象和领导环境等因素的特殊性,决定了大学篮球教练员领导力具有自身的一些特点。在综合各类体育领域领导力研究成果的基础上,本书把大学篮球教练员领导力的特点概括如下:

一、教育性

与其他社会组织机构相比,学校的特殊之处在于,学校是一个培养人、教育

---

[1] 刘澜. 领导力沉思录 [M]. 北京:中信出版社, 2009.10:117-118.
[2] Glatter, Ron (2009). Wisdom and bus schedules: Developing school leadership. School Leadership and Management, 29 (3): 225-237.
[3] 李敏, 代蕊华. 国外中学校长领导力提升策略及启示 [J]. 教师教育研究, 2012 (5):67-72.

人的机构，其主要目标不是获取经济利益，而是把学生培养成社会的人。大学篮球教练员作为在大学里球员接触最多的人，有责任担当学生的人生导师。我国教育部体艺卫司在《普通高等院校试办高水平运动队的通知》中明确提出要求，在高校校际竞技体育开展过程中，要始终把握和贯彻"教书育人、育人夺标"的宗旨。树立"运动员第一，获胜第二"（athlete first, winning second）的执教哲学。在 NCAA 官方手册上，开篇即论述了以育人为中心是美国大学校际竞技体育发展的核心，其宗旨是培养竞技运动能力、学术水准、道德规范均衡与同步发展的大学生运动员。

让我们看看那些 NCAA 传奇教练们的观点吧。

- 约翰·伍登曾经过："你有责任引导年轻人走上一条有益于他一生的道路，而不仅限于他们的运动生涯。高中篮球是男孩的比赛，NBA 篮球是男人的比赛，而 NCAA（美国大学篮球联赛）让男孩变成男人。"
- 执教北卡大学的迪昂·史密斯（Dean Smith）强调高度的自律，除执教球队学生的训练外，对学生的公共课与专业课均要求严格[①]。
- 美国篮球教练员霍华德·马库斯（Howard Marcus）在回忆录中写道："有时教练同时也是教师。你在教授技术的同时也在培养一个运动员和人。如此以往，你做得更多的是用场上智慧和篮球技术教授运动员，你将用这个工具把普通的人培养成有成就的人。"（乔治·塞莱克博士《球场上的智慧》）[②]
- 唐·迈耶（Don Meyer）在《打球努力成为全队的态度》中指出："因为篮球是一个很大的教育场所，我们必须运用这个机会教育我们队里的年轻男女。我们必须为他们准备许多决定，这些决定将在他们的生活质量上有着长期的影响。"[③]
- 约翰·伍登还曾说："天赋是上帝赐予的，请保持谦逊；名声是别人给的，请保持感恩；而自负是自己给的，请保持谨慎。"

从以上著名篮球教练的观点不难进一步看出和印证，大学阶段是大学生球员品格、人生观和价值观的重要形成时期。大学篮球教练员领导力最大的特征就是教育性，也应是大学篮球教练在执教过程中始终牢记和把握的一个核心观念。因

---

① 季风. 乔丹 [M]. 北京：中国少年儿童出版社，2005：78.
② 郭永波. 篮球文化的理论框架构建 [D]. 北京：北京体育大学，2004：63.
③ Jerry Krause, Ralph Pim. Coaching Basketball [M]. New York：McGraw Hill Company, 2002：35-42.

为，球队里的学生日后往往不会以体育为业，还有更多的其他领域的职业和挑战等着他们。教练员在带队执教的过程中，总是会有意无意地对球员进行着某一方面的规范、启迪和引导，教育他们成为全面发展的、能为社会作出贡献的好公民。因此，对大学篮球教练员而言，带领球队获得优异的竞技成绩固然重要，更重要的是为每个球员奠定未来人生事业的成功的品格。

二、权威性

无论是从领导过程看，还是从领导结果看，权威性都可以说是领导者的首要特性，因为领导权威是领导者得以开展活动的前提和基础。领导权威是一种理性权威，因为领导活动是以理性为基础，以法律法规为依据。在现代社会，领导权威主要来自两个方面：一是合法性的确认，即按照法律法规的规定产生的领导，其权力也由法律法规保障；二是领导人格等凝聚性要素的同化力，即被领导者对领导者的追随是由于对领导者的能力、学识、品德及魅力等凝聚性要素对他们的影响。可见，权力并不等于权威，一个拥有权力的人不一定能够拥有足够大的权威，人们接受一个领导者的领导，不应是因为对其手中的权力的害怕或恐惧，而是基于对其权威的认可和接受。通过以上分析不难看出，作为球队的教练员，他的权威性是领导力实现和执教带队成效的先决条件。

三、复杂性

这是由大学篮球教练员在执教过程中扮演的多重角色所决定。在现实中，高校篮球教练员绝不仅仅是单一指导运动员完成训练和比赛的角色，教练员所承担的工作和职责使他在运动队扮演着多重角色。多角色思考需要教练员从运动员的训练、比赛、生活、学习中获取各种信息，使教练员能够纵览全局，从而提高运动队整体水平、人才培养质量和扩大影响力。那么，让我们分析下一名大学教练员到底要扮演哪些角色呢？

- 学生球员的招募：要从成千上万的高中球员中甄别并招收符合球队需要和风格的球员，其中要做大量的工作，包括要与球员自己、高中教练、球员家长的沟通等。
- 指导员：教练员要对球员从技术、战术、体能等多方面进行训练和指导。主要包括：首先要分析个体球员的优点和缺点并提出针对性的解决办法、制定适合球队的战术风格并完成训练指导等。
- 教师：教练员要像教师那样给运动员传道、授业、解惑，给运动员传授营养学、心理学、训练学等方面的知识。
- 导师：教练员与运动员朝夕相处，其一言一行都在潜移默化地影响着运动员，是运动员人生的导师。主要包括：各种行为以身作则、人生规划、时间管理、个人问题的咨询等。
- 外交家：教练员要同学院主管领导、新闻媒体和外界保持良好的关系，获得他们对球队发展的支持。
- 学生：教练员要时刻把自己当作篮球的学生，时刻不忘从球员、其他教练、其他专家那汲取知识和营养，不断地完善和提高自己的执教水平。
- 科研人员：教练员要不断地对自己球队、篮球运动发展趋势开展分析、评估等科研工作，以形成新知。

从以上简单的分析可以看出，教练员的执教和领导活动是一项要求多样性、需要激情的复杂活动，包含了多种角色，这也决定了篮球教练员领导力的复杂性，需要他们具备多种技能。

第三节 大学篮球教练员领导力从何而来

教练员领导力指教练运用本身的专业知识及奉献精神，并作为人师的榜样，同时负起学校所赋予的职权，充分而有效运用团队有限的资源及有利条件，维持或寻求社会资源（如球队管理员、赞助、媒体、场地设备提供等），提供篮球运动员较好的运动满足感和较好的待遇及未来人生长远发展的保障，以激励士气，并达成团队目标的任务。因此，作为一名大学篮球教练员，必须思考一个问题，在你带领球队前进的道路上，你如何才能让球员感到满意，让他们心悦诚服地为球队付出，让他们去完成你的篮球训练计划，让他们接受你的训练方式等，所有这些，都来源于你所执教球员对你的尊敬、信服、感恩等。那么，作为球队的领导者，教练员要行使他的权力，我们首先要明确权力的来源和基础是什么。分析领导学著作发现，一般的行政、商业等组织的领导力来源，无法完全说明运动教练的领导。所以，本书试图在借鉴管理学、领导学等理论的基础上，探索性地分析篮球教练员领导力来源。可以概括为：专家权——篮球知识技能、典范权——个人魅力、强制权——惩罚威胁、奖励权——训练补助、推荐工作或保送研究生等、合法权——组织任命。

一、合法权

这里主要指学校安排或聘任担任校队篮球教练，获得了正式执教球队的机会，这时就具有了这一职位上的合法权。在这个前提下，教练员掌握球队各项规章制度的制定和执行，以确立教练员执教和在团队中的权威性。这项权利虽然是教练员领导力的基础，但它却是教练员权力中最弱的一个。如果仅有这项权力，很容易造成球员的"阳奉阴违"，球员表面上可以服从教练，转过头就可以违背教练的安排。

二、奖惩权

调研中了解到，在大学篮球队里，教练员可以根据球员的训练、竞赛、学业、生活等方面的表现给予球员一定的激励措施。奖励又可分为有形的奖励和无形的奖励。教练员有形的奖励权主要体现在：训练补贴的发放、比赛奖金和奖品的分配等；无形的奖励主要体现在：口头的表扬、奖牌的颁发、荣誉心的激励、家庭的安顿、保送研究生的推荐、就业机会的推荐、职业的保障等。以上这些只是教练员管理球队的辅助手段，也是一项比较弱的权力。

三、强制权

作为球队的领导者，教练的强制权主要体现在：球员的去留、先发还是替补、停训等。这种强制权可以对球员产生威慑力，但是仍不能让球员心悦诚服地执行教练的命令和安排。它虽然是不可或缺的，但是仍然是一项比较弱的权力。

四、专家权

专家权，是指对篮球训练领域具有独到且高超的见解。篮球教练是一个技术性非常强的职位，教练员必须通过不断地学习，必须在具备扎实的专业基础知识之上同时具有复合知识背景。在科学化训练快速发展的今天，不仅要熟悉篮球的专业知识和技能，还要具备多元化的知识，成为复合型教练员。如果既具备领导才能，又具备专业技能，那么就有了专家权，所执教的球员就自然而然地服从，就会把教练当作一位博学的领导者，教练员就可以水到渠成地建立起领导者的权威。

五、典范权

典范权是指领导者由个人的品质、魅力、资历、背景等形成相关的权力。所谓典范权，就是人格魅力，包括三个方面，一个是自信和负责；二是有职业道德和职业操守；三是有牺牲和奉献精神。如果一个教练员拥有个人魅力，他的典范权就会很强大。在很多情况下，个人魅力会转换成一种典范的力量，成为球员的楷模和榜样，很容易让球员服从。领导最需要培养的就是这种权利。一旦拥有很强的人格魅力，球员就容易把教练当作楷模和偶像，心甘情愿、死心塌地地接受教练的篮球理念，尽力做好训练和比赛，带领队伍就会轻松很多。

第四节 篮球教练员领导力的理论基础

领导是组织行为的一个重要方面。随着社会的发展、管理复杂性的增加和对管理研究的深入，从20世纪开始研究领导力以来，20世纪末21世纪初西方领导力理论主要经历了特质理论、行为理论、情境理论和当代领导理论四个阶段。

一、领导力特质理论（Traits theories of leadership）

领导力特质理论也称素质理论、品质理论、性格理论，这种理论着重研究领导者的品质和特性。领导力特质理论是领导理论发展的第一个阶段，也是有关领导力的最古老、最普遍的理论。该理论基础来源于奥尔波特（Allport）人格特质理论。理论认为，领导者往往具有一系列的人格和行为特征，正是这些品质才使他们成了领导者。因此，又成为"伟人理论"。采用这一路径进行研究的方法被称作"特质方法"。即研究者极力寻找领导者身上所拥有的那些与众不同的人格特征。比较有代表性的成果和观点有：

- 美国心理学家吉伯（C. A. Gibb）在1969年的研究报告中指出，天才的领导者应具备以下七项天生的特质：分别是①善辞令；②外表英俊潇洒；③智力过人；④具有自信心；⑤心理健康；⑥有支配他人的倾向；⑦外向而敏感。
- 1974年，斯托格第尔（Ralph M. Stogdill）在他的《领导手册》一书中进一步提出领导者特质包括以下10个方面：①才智；②强烈的责任心和完成任务的内驱力；③坚持追求目标的性格；④大胆主动的独创精神；⑤自信心；⑥合作性；⑦乐意承担决策和行动的后果；⑧能忍受挫折；⑨社交能力和影响别人行为的能力；⑩处理事务的能力。

领导特质理论的缺点是忽视追随者的需要，没有指明各种特性之间的相对重要性缺乏对因与果的区分忽视了情境因素，导致它在解释领导行为方面的不全面。

二、领导行为理论（模式研究理论）

由于早期的特质理论的研究结果很难得到统一，人们开始更关注领导者的行为模式。把目标集中在观察领导者及其追随者的一系列行为，研究领导者的工作作风和行为对领导行为有效性的影响。目前，共有七种比较有代表性的领导行为理论。

（1）三种领导方式理论。这个理论是由美国管理学家罗夫·怀特（Ralph K. White）和罗纳德·李皮特（Ronald Lippett）所提出的，认为领导者的领导行为主要可分为三类，分别是：权威式（Authoritarian）、民主式（Democratic）及放任式（Laissez—faine）。①权威式领导。所有政策均由领导者决定；所有工作进行的步骤和技术也由领导者发号施令；工作分配及组合、多由其单独决定；领导者对下属较少接触，如有奖惩，往往对人不对事。②民主式领导。主要政策由组织成员集体讨论决定，领导者采取鼓励协助态度；通过讨论，使其他人员对工作全貌有所认识，在所设计的计划和范围内，下属人员对于进行工作的步骤和所采用的技术，有相应的选择机会。③放任式领导：组织成员或群体有完全的决策权，领导者放任自流，给组织成员提供工作所需的资料条件和咨询，而尽量不参与、也不主动涉及，只偶尔表示意见，工作进行几乎全依赖组织成员、个人自行负责。

（2）领导连续流。美国管理学家罗伯特·坦南鲍姆（Robert Tannen-baum）和沃伦·施密特（Warren H. Schmidt）所表达的领导连续流（Leader-ship as continuum）。这种连续流也称作主管者——非主管者的行为续流，他们认为领导方式各式各样。一个适宜的领导方法取决于环境和性格。他们描述了从主要以领导者为中心到主要以下属为中心的一系列领导方式，这些方式依领导者把权力授予下属的大小程度而不同。因此，领导方式不是在两种方法（独裁的或民主的）中任选其一，领导连流提供的是一系列的领导方式，说不上哪一种方式总是正确的，而哪一种方式总是错误的。应强调指出，他们还在领导方式周围放置了圆形以表示组织环境与社会环境对领导方式的影响。这样做，强调了领导方式具有开放的性质。这就对主管人员的权力提出了挑战，也就是要求他们在作出决定或管辖下属时应考虑组织外部的环境。

（3）利克特的"工作中心"与"员工中心"理论。利克特的"工作中心"与"员工中心"理论又称利克特的四种领导方式理论。1947年以后，美国管理学家利克特（Rensis Likert）及密执安大学社会研究所的有关研究人员，进行了一系列的领导研究，其对象包括企业、医院及政府各种组织机构。

1961年，他们把领导者分为两种基本类型，即"以工作为中心"（Job-centered）的领导与"以员工为中心"（Employee-centered）的领导。

前者的特点是：任务分配结构化、严密监督、工作激励、依照详尽的规定安排；而后者的特点是：重视人员行为反应及问题，利用群体实现目标，给组织成员较大的自由选择的范围。

据此，利克特倡议员工参与管理。他认为有效的领导者是注重于面向下属的，他们依靠信息沟通使所有部门像一个整体来行事。群体的所有成员（包括主管人员在内）形成一种相互支持的关系，在这种关系中，他感到在需求价值、愿望、目标与期望方面有真正共同的利益。由于这种领导方式要求对人采取激励方法，因此利克特认为，它是领导一个群体的最为有效的方法。利克特假设了四种管理方法，以此作为研究和阐明他的领导原则。

管理方法之一："利用—命令式"方法。主管人员发布指示，决策中有下属参与；主要用恐吓和处分，有时也偶尔用奖赏去激励人们；惯于由上而下地传达信息，把决策权局限于最高层等。

管理方法之二："温和—命令式"方法。用奖赏兼某些恐吓及处罚的方法去鼓励下属；允许一些自下而上传递的信息；向下属征求一些想法与意见并允许把某些决策权授予下属，但加以严格的政策控制。

管理方法之三："商议式"方法。主管人员在做决策时征求、接受和采用下属的建议；通常试图去酌情利用下属的想法与意见；运用奖赏并偶尔用处罚的办法和让员工参与管理来激励下属；由上级主管部门制定主要的政策和运用于一般情况的决定，但让低一级的主管部门去作出具体的决定，并采用其他一些方法商量着办事。

管理方法之四："集体参与"方法。主管人员向下属提出挑战性目标并对他们能够达到目标表示出信心；在诸如制定目标与评价目标所取得的进展方面，让群众参与其事并给予物质奖赏；使上下级之间、同级人员之间的信息畅通；鼓励各级组织作出决定，或者将他们自己与下属合起来作为一个群体从事活动。

利克特发现，那些用管理方法之四去从事管理活动的管理人员，一般是极有成就的领导者，以此种方法来管理的组织，在制定目标和实现目标方面是最有成绩的。他把这些主要归之于员工参与管理的程度，以及在实践中坚持相互支持的程度。利克特主要研究成果包括：凯·列文（K. Lewin）的三种领导方式理论、阿·利克特（R. Likert）的四种管理方式理论、领导四分图理论、管理方格理论、领导连续统一体理论等，这些理论主要是从对人的关心和对生产的关心两个维度，以及上级的控制和下属参与的角度对领导行为进行分类，这些理论在确定领导行为类型与群体工作绩效之间的一致性关系上取得了有限的成功，主要的原因是缺乏对影响成功与失败的情境因素的考虑。

三、领导权变理论（又称情景理论）

这个理论是 20 世纪 70 年代初发展起来的管理理论，"权变"的意思就是权宜应变，指每个组织的内在要素和外在环境条件都各不相同，因而在管理活动中要根据组织所处的环境和内部条件的不同而随机应变，不存在一成不变的、普遍的管理方法。权变理论的核心是管理者应不断地调整自己，使自己不失时机地适应外界的变化，或把自己放到一个适合自己的环境中。领导权变理论是继领导者行为研究之后发展起来的领导学理论。这一理论的出现，标志着现代西方领导学研究进入了一个新的发展阶段。该理论的主要贡献体现在三个方面，对分析教练员领导力问题极具参考价值：

- 权变理论整合了领导现象的复杂性，领导是一个极为复杂的社会现象。一种领导现象的出现，不仅是领导者本人的行为结果，而且还有赖于周围的领导环境。
- 权变理论的另一个重要贡献是它为人们提供了一套有效的领导方法。在分析领导力问题时，要考虑三个方面的要素，即：领导者、所处的情景、追随者。
- 权变领导理论更切合实际领导者工作的需要。

四、新领导力理论

新领导理论是在权变理论的基础上,经过专家详细地研究探讨产生的相关理论,新领导理论有两个基本特点,一是强调人本化领导,二是强调组织变革对领导所产生的影响。反映在领导力上,主要包括服务型领导力、魅力型领导力、交易型领导力、变革型领导力、道德领导力等。当前,新领导理论对领导力理论的发展产生了深远的影响,它高度重视当前社会变革对于组织目标和领导行为的作用,重视领导变革能力和组织规划能力,并且将人性化管理放在领导能力的中心位置,将领导上升为一种艺术,而不再将领导活动视作一种单纯的科学或技术,强调团队影响力和协作能力,激励智力开发与个性化关怀。

以上庞大的领导力理论为开展教练员领导力问题的研究奠定了理论基础、研究方法基础、研究思路和问题分析的基础。

大学篮球教练员领导力的提升策略和路径
——来自NCAA的启示

领导力对篮球教练员的执教能力和水平那么重要,他是否可以通过后天的努力和学习得到提高呢?又有哪些提升途径呢?关于领导力的天赋论和后天培养论有过诸多的争论。美国最著名的橄榄球教练员郎巴蒂认为,领导者不是天生的,是后天培养的。朗巴蒂认为,领导力来源于自我学习知识(self-knowledge)的积累,品格和诚信,素质和综合的视野[①]。截至目前,更多的研究结果证实,领导力是可以通过后天的努力获得大幅提升的[②]。约翰·伍登曾经在《伍登论领导力》一书中坦承,他曾经是一个非常害羞的人,领导力非常的弱,他后来高超的领导力主要是通过40余年的不间断地听、观察、学习和试错等途径修炼出来的。因此,他总结到:领导力本身是从不断地学习中获得的。当然,不是任何人都能做领导,也并非所有的领导者都能有出色的表现,但大多数人身上都存在潜能,这种潜能远比我们想象中的要强大得多。说明个人的领导力不是天生的,是可以通过后天的努力提高的。那么,我国大学篮球教练员的领导力应该从哪些方面提升呢?教练员领导力的提升不同于传统意义上教练员管理能力的提升,它是教练员通过自身的能力素养,发挥教练员对球队核心成员和保障成员的影响力,利用权力、威信、人格素养与魅力,引导、激励、督促下属为实现组织目标而展开的艺术过程。

结合众多研究及成功教练员的成长历程发现,教练员领导力的提升路径无非

---
① 杨壮. 橄榄球教练郎巴蒂的领导力哲学 [J]. 商务周刊, 2007 (7): 88.
② Schroeder, P. J. Changing team culture: The perspectives of ten successful head coaches [J]. Journal of Sport Behavior, 2007, 32 (4): 63-88.

有六种：一是完善教练员的知识结构，二是反思——教练员领导力提升的关键；三是师从名帅跟队学习；四是深入了解并关心自己所带领的球员；五是建立自己的执教哲学；六是设立教练员资质认证制度，教练员须持证上岗。

一、完善教练员知识结构

知识是人的各种素质形成的基础，是进行创造性劳动所必需的。由于训练活动在本质上是教练员对运动员进行长期的生物学、心理学和社会学改造的过程，因此，教练员的劳动是创造性的脑力、体能和技能相结合的复杂劳动。教练员的知识结构对运动训练的成功具有重要价值，也是影响领导力的最重要的因素之一。因为人们更愿意听从具有丰富知识人的话，丰厚的知识能带来更多的尊重和信任。因此，如果篮球教练员想赢得更多的尊重，成为一个更好的团队领导者，首先必须丰富自己的知识，完善自己的知识结构①。具体途径有以下两点：①加强教练员的终身自我学习。途径主要包括：图书、影像资料、专业杂志等，尤其是在多媒体和互联网快速发展的今天，使人们获得知识的途径变得异常丰富和便捷，教练员要充分利用这些便捷的资源，不断丰富自己的知识结构，把握篮球执教与训练的最新发展趋势，提升自己的专业水平。②丰富教练员培训的课程设置。在对一些国内外大学篮球教练员进行访谈和篮球教练培训班实地调研时了解到，目前对教练员进行培训时，培养课程主要是相关运动知识，如运动训练学、运动生理学、运动心理学等基础理论知识，或篮球专项训练的思路、计划、手段、方法、技战术、效果评价等，而增强和提高教练员领导力水平、发展潜能的内容明显偏少。并且在调研过程中发现，教练员对目前的培训普遍感到效果不好，针对性不强，没有针对教练员这个行业和现实需要开设课程，也没有了解大学篮球教练员所面临的、最亟待解决的困境问题。建议增加贴近大学篮球队实际的管理学、领导学、团队建设等方面的针对性课程内容。

二、反思——教练员领导力提升的关键

管理大师查尔斯·汉迪曾经在伦敦商学院任教。他在课堂上曾这样说："你们不会把这次培训看成什么难忘的学习机会，除非它能帮助你们反省过去，理解

---

① John Giannini. Court sense: winning basketball's mental game [M]. USA: Human kinetics, 2009: 38.

从前的经历。如果能达到这个目的，它就能帮助你们更好地应付将来出现的难题。经验加上反思，是最重要的知识。"从这段话，我们可以提炼出一个公式：经验+反思=知识。经验本身不是知识，只有经过反思才形成知识。

  在过去的20年，教育学界关注的一个核心课题是反思在教师专业化发展过程中的重要作用。在竞技运动实践领域，反思性实践有一种自我批判或审视，帮助教练员学会反思，可以提高教练员学习过程的效果，学习过程中的反思行为被认为是积累实践性知识，从经验学习中提高的必要前提①。众多研究表明，对执教实践经历的不断反思和总结是提升教练员执教能力和水平的重要方法，作为执教能力中重要一环的领导力水平的提高也不例外②。难怪有一著名橄榄球教练员曾说，如果一个教练员不进行不断地反思，那么，他的执教水平和领导力水平永远就会停留在第一年执教的那个水平上③。可见，反思对一名篮球教练员成长的重要性。那接下来的问题是，如何反思？教练员应该有什么样的心态和观念？如何实践和操作？反思理念的创始人约翰·杜威（John Dewey）（1916）曾建议，在对自己实践经历进行反思之前，个人首先需要拥有三种态度：开阔的心胸、全身心投入和责任感④。

- 开阔的心胸：积极地听取多方的建议和意见，留意来自多方面的咨询，留意各种错误的可能性等。
- 全身心投入：顾名思义，对某一问题或专题进行充分的吸收和彻底的了解。
- 责任感：对个人、组织和社会的无限奉献精神和忠诚。

  该理念经历近90年的发展，对教师和教练员的成长起到了不可估量的作用。一个典型的事例就是著名橄榄球教练韦恩·史密斯（Wayne Smith）关于如何成长为一名高水平教练员的言论，他说，作为一名体育教练员，最关键的一点就是要拥抱学习。始终要保有一颗学习的心，对自己已经掌握的执教知识永不满足，渴望学习与提高，积极探寻自己的边界与不足。

---

① 郭旭昌. 竞技体育教练员教练行为研究 [D]. 福建：福建师范大学, 2008.
② Gilbert W, Trudel P. Learning to coach through experience: Reflection in model youth sport coaches [J]. Journal of Teaching and Physical Education, 2001 (21), 16-34.
③ Irwin, G., Hanton, S., and Kerwin, D. G. Reflective Practice and the Origins of Elite Coaching Knowledge [J]. Reflective Practice, 2004, 5, 425-442.
④ Dewey, J. Democracy and Education: An Introduction to the Philosophy of Education [M]. New York: Macmillan.

态度和理念建立起来之后，接下来就是如何操作了。经验中抽身而出，以便分析经验（知、止）；客观看待经验，放下主观情感（定、静、安）；换一个角度看待经验，包括寻找模式等（虑）；得出经验教训，知道今后的实践（得）。一种行为是否是反思，要看它是否在很大程度上符合反思的四点核心特征：抽身而出、放下情感、转换角度、指导实践[1]。

我们认为，在反思过程中，大学篮球教练员需要结合自身实际，主要有两种途径。其一，作为一名大学篮球教练员来讲，平时要养成做好各方面记录的习惯，如所执教比赛的各种技术统计、各种训练计划、每次训练课的球员表现、自己每个阶段的执教困惑、球员发生伤病的状况、体能方面各类指标的变化等。只有这样，在后面的反思过程中才会有丰富的素材和资料可以依据，才容易发现哪些训练方法、理念是对球员和球队有益的，哪些是错误的，这样才可以在以后的训练和比赛过程中有效避免犯同样的错误，从而提高执教的针对性和有效性。其二，著书立说。我国具有丰富执教经历的大学篮球教练（如白江、林小霖、董志权、李红媛、李笋男等），甚至职业篮球教练员（如蒋兴权、王非、宫鲁鸣、李春江等）出版关于自己执教心得和理念方面的书籍几乎为零，这与国外篮球教练员普遍著述丰富形成了鲜明的相比。这种缺失会造成三个方面的问题，一是不利于教练员提升自己领军执教的理论水平，容易造成始终在低水平徘徊，因为著书的过程就是自己不断总结的过程，就是提高自己思维能力的过程；二是不利于执教经验的分享，不能给年轻人提供好的思路和借鉴，不能帮助他们少走弯路；三是不利于科学研究的开展，在作者从事本课题的研究和写作过程中，搜集了大量的国外大学篮球教练员出版的执教书籍，为本研究的开展提供了丰富的文献资料，而国内大学篮球教练关于执教的书籍未能搜索到一本，这不能不说是一个巨大的遗憾，希望将来国内优秀的大学篮球教练能补上这一课。

作为球队领导者的教练不但自己要反思，还要培养球队其他人的反思能力。尤其是引导自己的直接下属（球员）反思，并在球队组织层面建立反思的制度。

三、师从名帅跟队学习

一名教练的成长必然需要丰富的执教经历来支撑，那么研究这些优秀教练员的执教轨迹有助于我们更好地理解是什么样的经历促进了他们的成功。

---

[1] 刘澜. 反思是领导者最重要的学习力 [J]. 当代贵州，2014（23）：65.

表 7-1 2011—2012 赛季 NCAA 十六强教练员执教路线轨迹表格

序号	姓名	NCAA 执教经历				备注
		助理	年限	主教练	年限	
1	汤姆·佐伊 （Tom Izoo）	1979-1983 北密歇根大学 1983-1995 密歇根州大学	16	1995-至今 密歇根州大学	17	
2	吉姆·博海姆 （Jim Boeheim）	1969-1976 锡拉库扎大学	7	1976-至今 锡拉库扎大学	37	
3	罗伊·威廉姆斯 （Roy Williams）	1978-1988 北卡大学 （迪恩·斯密斯）	10	1988-2003 堪萨斯大学 2003-至今 北卡大学	24	
4	比利·多诺万 （Billy Donovan）	89-94 肯塔基大学	15	1994-1996 马歇尔大学 1996-至今 佛罗里达大学	19	
5	瑞克·皮蒂诺 （Rick Pitino）	1974-1976 夏威夷大学 1976-1978 锡拉库扎大学	5	1978-1983 波士顿大学 1985-1987 普斯顿大学 1989-1997 肯塔基大学 2001-至今 路易斯维大学	26	
6	约翰·卡利帕里 （John Calipari）	1982-1985 堪萨斯大学 1985-1988 匹兹堡大学	6	1988-1996 马萨诸塞州大学 2000-2009 孟菲斯大学 2009-至今 肯塔基大学	19	
7	比尔·塞尔福 （Bill Self）	1985-1986 堪萨斯大学 1986-1993 奥克拉荷马州大学	8	1993-1997 奥波特大学 1997-2000 塔尔萨大学 2000-2003 伊利诺伊大学 2003-至今 堪萨斯大学	19	
8	萨德·马塔 （Thad Matta）	1990-1991 印第安纳州大学 1991-1994 巴特勒大学 1994-1995 迈阿密大学 1995-1996 西卡罗纳大学 1996-1997 迈阿密大学 1997-2000 巴特勒大学	10	2000-2001 巴特勒大学 2001-2004 泽维尔大学 2004-至今 俄亥俄州大学	12	

续表

序号	姓名	NCAA 执教经历				备注
		助理	年限	主教练	年限	
9	博·赖恩 (Bo Ryan)	1976-1984 威斯康辛大学	8	1984-1999 威斯康辛-普特分校 1999-2001 密尔沃基大学 2001-至今 威斯康辛大学	28	
10	汤姆·科瑞姆 (Tom Cream)	1987-1989 艾马尔学院 1989-1990 密西根州大学 1990-1994 西肯塔基大学 1994-1995 匹兹堡大学 1995-1999 密歇根州大学	12	1999-2008 马奎特大学 2008-至今 印第安纳大学	13	
11	巴兹·威廉姆斯 (Buzz Williams)	1992-1994 奥克拉荷马大学 1994-1998 德克萨斯阿明分校 1998-1999 德克萨斯阿明分校 1999-2000 西北州大学 2000-2004 科罗拉多州大学 2004-2006 德克萨斯阿明分校 2006-2007 新奥尔良大学	15	2007-至今 马奎特大学	5	
12	斯考特·德鲁 (Scott Drew)	1991-1993 巴特勒大学 1993-2002 瓦尔帕莱索大学	11	2002-2003 瓦尔帕莱索大学 2003-至今 贝勒大学	10	
13	米克·克罗宁 (Mick Cronin)	1997-2001 辛辛那提大学 01-03 路易斯维尔大学	6	2003-2006 莫瑞州大学 2006-至今 伊利诺伊大学	9	
14	马克·戈特弗里德 (Mark Gottfried)	1987-1995 加利福尼亚大学 洛杉矶分校	12	1998-2009 阿拉巴马州大学 2011-至今北卡州大学	14	

续表

序号	姓名	NCAA 执教经历				备注
		助理	年限	主教练	年限	
15	克里斯·马克 (Chris Mark)	1999-2001 泽维尔大学 2001-2004 维克森林大学	5	2009-至今 泽维尔大学	3	
16	约翰·格罗斯 (John Groce)	1993-1996 泰勒大学 1996-2000 北卡州大学 2000-2001 巴特勒大学 2001-2004 维泽尔大学 2004-2008 俄亥俄州大学	15	2008-2012 俄亥俄州大学 2012-至今 伊利诺伊州大学	4	
	平均年限		9.31		13.8	

注：本统计表数据截止到2011—2012赛季。

通过表7-1我们可以看出，这些优秀教练的执教经历主要可以概括为两大特征。一是经历的质量高。这一点主要体现在以助理教练身份师从名师进行历练。多诺万（Donovan）曾在执教的初期，加入了肯塔基大学的男篮教练组，重新师从自己的大学教练、著名教头瑞克·皮蒂诺（Rick Pitino）。这样的经历对那些没有球员经历的教练员的成长更加重要。如现任北卡男篮教练罗·威廉姆斯（Roy Williams）在执教初期，以助理教练员的身份辅佐传奇教练迪恩·斯密斯10年，他在后来的自传中坦称，这段耳濡目染的经历对他后来的执教水平的提升起到了至关重要的作用[①]；印第安大学教练汤姆·比利（Tom Billy）曾师从密歇根州大学教练汤姆·佐伊6年；斯考特·德鲁（Scoot Drew）跟随其父亲侯摩·德鲁（Homer Drew）（NCAA著名男篮教练），担任助教11年。罗伊·威廉姆斯中学时就在巴蒂·鲍德温（Buddy Baldwin）指导下学习篮球训练基础知识，大学二年级时便作为本科生教练员助理（Coach, Student Assistant）为迪安·史密斯（Dean Smith）的训练课做记录并在他的篮球夏令营中担任助理教练。执教堪萨

---

① Row Williams. Hard work: a life on and off court [M]. USA: Algonquin Books, 2011, 10: 7-13.

斯大学男篮期间接受记者采访时,他毫不掩饰地讲道:"我在这里所做的一切基本沿袭了我从史密斯教练那里所学,从每天的集体学习讨论到组织训练方式及与队员们的关系处理。他让我们每位助理教练员都亲身接触学习了整个大学篮球训练比赛的流程细节,为将来走上主教练位置做好充分准备。"因此,不难看出,长期跟随名帅近距离地学习,能够领悟他们的执教思维方法和领导艺术,会受到潜移默化的教育和影响,这种学习进步的环境、磨砺成长的历练机会,为他们将来担任主教练带领一支球队打下坚实的基础。二是执教的时间长。如果说师从名帅代表他们执教成长经历的质量的话,那么作为助教和主教练的执教时间则代表了他们成长经历的数量。从表7-1统计我们可以看出,平均助教的时间达到了9.31年,平均主教练的时间为13.8年,这个时间段预示着他们参与(助理)和临场指挥(主教练)的比赛将会达到600余场之多(平均每赛季的比赛为30余场)。之所以需要这么久的历练,主要跟篮球教练这个职业的实践性强和复杂度高的特性有关,必须久经战场,反复总结与领悟,才能体会领悟到训练和领军的真谛,达到较高的水平。这与我国大学篮球教练员的经历背景形成了鲜明的对比。因此,要想提升他们的领军水平,给他们创造各种机会跟随知名教练进行跟队学习是非常必要和非常好的举措。

四、深入了解并关心自己所带领的球员

美国通用电气的前 CEO 杰克·韦尔奇说,他每周至少有一半的时间,花在通用员工的身上,和他们相处,深入地了解他们,与他们谈他们关心的问题,去了解他们的问题与需要①。大学生球员普遍的年龄在 18~25 岁,这个年龄阶段正是思维最活跃、价值观逐渐形成和人格走向成熟的重要时期,具有非常鲜明的时代特征。作为球队主要责任人的教练首先要把握这个阶段学生的普遍共性特征。但这只是个前提,具体到大学篮球运动员的管理,人与人之间的差异才是最醒目、最需要关注的。这是因为,每个球员存在不同的成长背景、性格、思维方式、心理特征、打球经历、运动水平等,需要教练员深入把握每个球员的个性特征,要经常询问和关心自己所执教的球员。如了解他们对球队发展有哪些好的建议和意见、球队目前存在的主要问题、是否有归属感、是否对自己有信心、是否有经济困难、学业进展如何、与队友相处是否愉快、是否有压力、伤病恢复情况

---

① 余世维. 领导商数 [M]. 北京:北京大学出版社,2005:20.

如何等问题。让球员感受到教练员对他的关心,自然他们就会追随教练把训练、比赛和学业做好。

五、我国大学篮球教练要建立自己的执教哲学

执教哲学可以为篮球教练员领导力提升起到纲举目张的作用和价值。在美国众多的大学篮球教练中,凡是比较成功的教练都有一套自己的哲学(Coaching Philosophy),如北卡传奇教练迪恩·史密斯的执教哲学就是:努力地打球(Playing hard)、聪明地打球(Playing smart)、团队篮球(Playing together)。美国教练的篮球哲学,并不是简单的一些哲理,都是非常认真地告诉读者如何打造一支高水平的球队,不是讲大道理,而是指导你如何教好你的球员,如何领导他们走向成功,如何制订训练计划,如何塑造球队的独特风格等。5次获得全美高中篮球联赛冠军的著名教练摩根·伍顿(Morgan Wootten)认为,"建立篮球哲学是走向成功的篮球教练最重要的一步。没有篮球哲理,你就缺乏能引领自己和球员走向成功的路线图"。刘丹教授在《球类运动训练理念批判》一书中写道,美国篮球哲学的内容大体上包括以下几个方面:①篮球的教育作用;②队员的训练态度;③获胜的信心;④教练与队员的关系;⑤如何组建篮球队伍等①。CUBA教练员的执教哲学建立途径主要包括:阅读书籍、球员时代的经历、观赏比赛、执教经验等,另外,再结合自己的人生观和价值观,几个方面结合起来最终形成教练自己独到的教练哲学。

六、设立教练员资质认证制度,教练员须持证上岗——来自国际范围内教练员认证体系的启示

教练员的规范性、制度性,在职培训和教练员资质认证制度,以及教练员持证上岗的模式在国外教练员培养和遴选体系中早已实行。国外教练员资质认证制度起步较早。

- 德国教练员分为C级、B级、A级和D级。澳大利亚教练员划分为4个等级,分别是1级、2级、3级、4级。英国教练员分为国家级教练(如教练总监)、高级教练(如地区教练)、教练(如俱乐部教练)、助理教练

---

① 刘丹. 球类运动训练理念批判[M]. 北京:北京体育大学出版社,2006.

和预备教练（如体育辅导）。

- 美国教练员等级划分为志愿者水平、领导者水平、大师级水平。加拿大教练员协会1997年对教练员的系列和等级重新划分为社区志愿者、竞技体育教练员、体育指导者3个系列，其中，竞技体育又分为初级教练员、发展级教练员和高水平教练员。
- 日本2005年实施新的体育指导制度，把竞技体育教练员划分为指导者、上级指导者、教练、上级教练、商业体育指导者、上级商业体育指导者3级6类。
- 加拿大在20世纪70年代开始教练员培训工作，经过长时间运行已建立了较完善的"国家教练员资格证书制度"五级培训体系。目前，加拿大教练员协会正在研究新的教练员培训体系，该培训体系强调以能力为先导，并分类分级进行。根据执教对象的不同需求将教练员分为社区志愿者、竞技体育教练员、专项教练员3个系列，每一系列教练员都有从初级到高级2~3级不等的培训等级。参加培训的教练员会根据其参加课程和学习进度情况，得到"在训""结业""获认证"3个不同阶段的认证。
- 欧洲教练员协会（ECC）携手国际教练员教育委员会（ICCE）和一些国际单项运动协会，利用3a时间研究出新的取代欧盟五级体系的教练员一体化方案和教练员示范课程，在欧盟教育和职业资格认证体系内建立了教练员教育体系和欧盟内部教练员资格认证体系。他们认为，教练员教育和资格认证计划面临的另一问题就是过于注重运动训练学科，而忽视了执教的艺术，而执教艺术恰恰是不容忽视的。科学及科学研究表达了专业技术训练的原理和方法，而艺术则表达了训练中的"实际内容"和"具体操作方法"；同时，执教艺术也赋予人们理解和改变行为的技能，尤其重要的是有关决策的艺术。

从欧美各国教练员教育与培训资质认证体系中可以看出，教练员在职培训具有重要性和紧迫性。在中国的竞技体育体系中也存在着类似的分级制度和体系，并且已经运行了几十年，中国的竞技体育系统的教练员资质认证划分为初级（3级、2级）、中级（1级）、高级（高级、国家级）。国外教练员的等级一般在3~6级，中国教练员的划分等级与国外基本一致。目前，国内教练员培训体系是以学历教育为基础，以岗位培训为重点，包括各类短期培训及信息服务等多种形式。可是迄今为止，还没有一个完整的培训大纲、课程、教材体系，更缺乏像欧美教练员培训体系中建立的教练员一体化方案和教练员示范课程，培训流于形式、走过场，缺乏提升教练员执教水平的指导和促进作用。

综上所述，大学篮球教练员领导力的提升是一个复杂的过程，需要通过观念的转变、球队组织内外部人员的支持及正确把握提升的方向与渠道才能得以实现。希望通过本部分的讨论，能为我国大学篮球教练员领导力的提升提供一些有用的借鉴与参考。

第七章 本研究的局限性和对未来的展望

一、本研究的局限性

（一）没有对教练员的领导力情况进行长期的跟踪调查

研读近年来世界范围内关于领导力问题研究发现，在研究方法方面往往采用长期跟踪调查获得第一手材料，取得了丰硕的研究成果。本研究限于时间、平台等方面的问题，主要选取了美国优秀大学篮球教练们的自传性书籍为分析文本，进行归纳整理他们的执教领导力特征，没有能够长期跟踪研究一些美国优秀大学篮球教练的领导行为，缺少一手资料，造成本研究成果的深度不够。

（二）调查范围不够大造成了一定局限性

美国大学篮球领域存在众多执教水平高超的教练员，本研究限于篇幅和本人的视野，只是选取了五位相对有代表性的优秀教练，但执教女队的教练只有一位，男性和女性教练员的领导力和领导风格具有很大的差异性，造成本研究对女篮教练的执教领导力方面探讨不足，研究成果部分内容的科学性和客观性存在局限性。

（三）对领导力理论认识和把握尚有不足

自从20世纪50年代开始，领导学问题的研究逐渐成为学术界探讨的一个热门问题。纵观国际范围内有关领导力方面的研究，仅领导力理论就有几十种，涉猎众多学科，文献资料浩如烟海，名词概念纷繁复杂，限于个人认知能力和科研水平，目前对领导力理论的理解还尚浅，给本课题的研究带来了很大的局限性。

二、未来的研究展望

（一）研究中国文化背景下大学篮球教练员领导力理论创新

多尔凡（Dorfan）和他的同事（1997）研究发现，不同的文化背景下会对领导力造成一些差异，文化价值观往往根深蒂固地烙印在该文化环境中的领导者身上[①]。目前检索到的领导力理论和体育教练员领导力理论都是源于西方文化背景下提出来的，但是中西方文化背景不同，造成人们的思想观念、管理思维、行事风格差异性较大，因此，简单地运用西方的领导力理论来分析国内优秀大学篮球教练员的执教领导力问题有待商榷。所以，为了更好地阐释和分析国内大学篮球教练员领导力问题，我们必须在借鉴他们领导力研究方法的基础上构建基于中国文化背景和符合我国竞技体制背景的大学教练员领导力理论。

（二）创新研究方法，深入探究大学篮球教练员的领导行为、领导风格以及领导力形成机制和提升策略

1976年，罗纳德·加利摩（Ronald Gallimore）和罗兰·塔尔普（Roland Tharp）两位研究人员经过伍登教练的允许，在伍登教练执教的最后一个赛季（1974—1975赛季）运用系统观察法（System Observation）对他的领导行为进行了一个赛季的跟踪观察记录，撰写完成了题为"篮球教练员约翰·伍登：一个教练的执教对教师的启发"（Basketball's John Wooden: What a coach can teach a teacher）的论文，该文献发表在《当今心理学》（Psychology Today）杂志上，是首次将优秀教练员的领导执教行为进行定量研究的创新之作，目前已经成为研究教练员领导力问题必须参考的经典文献，被其他研究者成千上万次地转载和引用。由此可见，研究方法的创新对探究教练员领导力问题具有重要的帮助。在未来，我们可以借鉴这种系统观察法（System Observation）的研究方法跟踪记录一批我国优秀大学篮球教练员的领导行为来研究我国篮球教练员领导行为问题，必将取得对我国教练员领导力极具参考价值的高质量成果；同时，还要注重引入国际上对教练员领导力研究的其他的最新方法，从而将我国篮球教练员领导力问题研究推向一个更高的水平。

[①] Michael D. Mumford. 领导力 [M]. 杜文东，吕航，译. 北京：人民卫生出版社，2014：194-195.

主要参考文献

英文部分

［1］John Lyle. Sports coaching: professionalization and practice ［M］. Churchill Livingstone, 2010.

［2］THE National collegiate athletic association. 2013—2014 2014—2015 NCAA Division I Manual ［M］. 2013, 8: 223-245.

［3］John Wooden, Steve Jamison. Essential of wooden: a life of lessons on leaders and leadership ［M］. McGraw-Hill, 2007.

［4］Paul Potrac, Wade Gilbert, Jim Denison. Routledge Handbook of Sports Coaching ［M］. Routledge, 2012: 12.

［5］Lee Rose. Winning basketball fundamentals ［M］. USA: Human Kinetics, 2013: 23-26.

［6］Rainer Martens. Successful coaching ［M］. Human kinetics. 4th edition, 2011: 191-195.

［7］Morgan Wooden. Coaching basketball successfully ［M］. USA: Human Kinetics, 3rd, 2012: 33.

［8］John Wooden, Steve Jamison. Wooden on leadership ［M］. McGraw-Hill, 2005: 211.

［9］Dean Smith. The Carolina way: leadership lessons from a life in coaching ［M］. New York: The penguin press, 2004: 145-146.

［10］Hoffman J R, Tenenbaum G, Maresh C M. Relationship between athletic performance tests and playing time in elite college basketball players ［J］. J Strength Cond Res 1996, 10 (2): 67-71.

［11］John Wooden. Practical modern basketball ［M］. Boston: Allyn and Bacon, 1998: 23-25.

［12］Wade Gilbert, Jean Côté, Cliff Mallett. Developmental Paths and Activities of Successful Sport Coaches ［J］. International Journal of Sports Science & Coaching, 2006.

［13］Anthony Caterisano, Brian T. Patrick, Wyatt The effects of a basketball season on aerobic and strength parameters among college men: starters vs. reserves ［J］. Journal of Strength and Conditioning Research, 1997, 11 (1), 21-24.

[14] Robyn Jones, Kathleen Armour Paul Potrac. Sports coaching cultures: from practice to theory [M]. Routledge, 2004.

[15] Rick Pitino. Lead to Succeed: 10 Traits of Great Leadership in Business and Life [M]. Broadway: 38-45.

[16] Kathy McGee. Coaching basketball technical and tactical skills [M]. Human kinetics, 2007: 123.

[17] Christine S. Nash John Sproule. Career development of expert coaches [J]. International Journal of Sports Science Coaching, 2009.

[18] Peter J. Schroeder. Changing Team Culture: The Perspectives of Ten Successful Head Coaches [J]. Journal of Sport Behavior, 2010 (4): 63-87.

[19] John Wooden. Steve Jamison. Wooden on leadership [M]. McGraw-Hill, 2005: 211.

[20] Dean Smith. The Carolina way: leadership lessons from a life in coaching [M]. New York: The penguin press, 2004: 145-146.

中文部分

[1] 茅鹏. 中国男篮徘徊的一个关键问题 [J]. 体育与科学, 2008 (4): 65-68.

[2] 田麦久. 运动训练学 [M]. 北京: 人民体育出版社, 2006.

[3] 陈小平. 由结果到过程的监控——当前运动训练科学化的一个重要发展趋势 [J]. 武汉: 体育学院学报, 2007 (8): 11-16.

[4] 菲尔·杰克逊. 终极赛季: 一支寻找灵魂的球队 [M]. 长沙: 湖南文艺出版社, 2006: 54.

[5] 钟秉枢. 做NO.1的教练——团队管理与领导艺术 [M]. 北京: 北京体育大学出版社, 2012.

[6] Michael D. Mumford. 领导力 [M]. 杜文东, 吕航, 译. 北京: 人民卫生出版社, 2014.

[7] 科兹·鲍斯勒. 领导力 (第3版) [M]. 北京: 中国轻工业出版社, 2005.

[8] 张力为, 任未多. 体育运动心理学研究进展 [M]. 北京: 高等教育出版社, 2000.

[9] 史为临, 季浏. 上海市学校篮球队教练领导行为与运动员满意度之间关系的研究 [J]. 北京体育大学学报, 2004, 40-42.

[10] 赫尔雷格尔, J.W. 斯洛克姆, R.W. 伍德曼. 组织行为学 [M]. 上海: 华东师范大学出版社. 2001.

[11] 科兹·鲍斯勒. 领导力 [M]. 北京: 中国轻工业出版社, 2005.

[12] 詹姆斯·库泽斯. 领导力 [M]. 北京: 电子工业出版社, 2004.

[13] 李宁. 我国教练员执教行为研究——基于三大球的实证分析 [D]. 北京：北京体育大学，2007.

[14] 邱芬. 教练员胜任特征研究 [M]. 武汉：华中科技大学出版社，2012.

[15] 郭旭昌. 竞技体育教练员教练行为研究 [D]. 福州：福建师范大学，2008.

[16] 仇军，陈伟强. 普通高校高水平运动队教练员来源与构成模式研究 [J]. 成都体育学院学报，2002，28（4）：36-39.

[17] 郭修金. 胡守钧. 我国"教练员——运动员关系"研究述评与展望 [J]. 上海体育学院学报，2011（5）：77-80.

[18] 刘建军. 领导学原理—科学与艺术 [M]. 上海：复旦大学出版社，2004.

[19] 彼得诺思豪斯. 领导学：理论与实践 [M]. 南京：江苏教育出版，2002.

[20] 理查德L. 达夫特. 领导学原理与实践 [M]. 北京：机械工业出版社，2005.

[21] 余世维. 领导商数 [M]. 北京：北京大学出版社，2005.

[22] 蔡端伟. 重实践轻理论阻碍我国教练员运动训练创新——教练员培训课程理论与实践关系的辩证思考 [J]. 体育学刊，2015（1）：95-99.

[23] 钟秉枢. 打造教练员领导力 [J]. 中国体育教练员，2009（4）：27-30.

[24] 刘澜. 领导力沉思录 [M]. 北京：中信出版社，2009.

[25] 陈志刚，苗青. 组织领导行为理论：新发展与新启示 [J]. 企业经，2004（1）：41-42.

[26] 张丽华. 改造型领导与组织变革过程互动模型的实证与案例研究 [D]. 大连：大连理工大学，2002.

[27] 李强. 高校教练员变革型领导行为及其有效性的实证研究 [D]. 济南：山东大学，2010.

[28] 曹大伟. 国内外教练员领导力研究述评 [C]//第十一届全国体育科学大会论文摘要汇编，2019：3.

[29] 马克托马斯. 大师论领导 [M]. 王媛媛，译. 北京：华夏出版社，2006.

[30] 熊焰. 竞技教练学 [M]. 苏州：苏州大学出版社，2016.

[31] 约翰纳. 论领导力 [M]. 北京：中信出版社，2007.

[32] 杨邦荣，王润孝. 军队政工领导干部领导力形成因素的实证分析 [J]. 社会心理科学，2007（2）：108-113+103.

[33] 李金华. 上海市教练员领导力及其教学培训模式研究 [D]. 上海：华东师范大学，2011.

[34] 张爱军. 论领导力 [J]. 大连干部学刊，2006，22（5）：8-10.

[35] 丁栋虹，朱菲. 领导力评估理论研究述评 [J]. 河南社会科学，2006，14（2）：123-126.

[36] 王云峰. 领导力理论溯源及创业领导研究方向 [J]. 技术经济，2008，27（6）：21-26.

[37] 中国科学院领导力课题组. 战略领导力模式研究 [R]. 领导科学，2009，4-7.

[38] 黄俊汗．试论提升领导力［J］．经济与社会发展，2015，3（1）：73-76.

[39] 于保鹏．兰州市高校教练员领导力评价指标体系构建研究［D］．兰州：西北师范大学，2017.

[40] 徐建华，黄汉升．美国大学篮球教练成长历程及启示［J］．成都体育学院学报，2013，39（12）：45-50.

[41] 汤姆柯林，拉尔夫皮姆．执教团队篮球［M］．北京：人民体育出版社，2008：46-54.

[42] 迈克沙舍夫斯基，杰米斯帕巧拉．我相信你们［M］．沈化万卷出版公司，2011：1-3.

[43] Michael D. Mumford．领导力［M］．杜文东，吕航，译．北京：人民卫生出版社，2014：194-195.

[44] 徐建华，程丽平．美国大学篮球传奇教练约翰·伍登执教领导力研究［J］．体育成人教育学刊，2016，32（2）：5-9.

[45] 孟献峰，姜忠于．教练员领导行为的"多元领导模式"研究［J］．武汉体育学院学报，2014，38（5）：168-171.

[46] 李金华．教练员领导力内涵及其现状研究［J］．运动，2012（33）：18-19.

[47] 钟秉枢，张霞，李晨峰．打造教练领导力［J］．中国体育教练员，2009（4）：28-30.

[48] 张建福．教练领导行为对球员训练绩效影响的研究［D］．福州：福建师范大学，2010.

[49] 陶健，周汝江．论领导者的非权力性影响力及其提高［J］．现代管理科学，2003（1）：60-61.

[50] 全国体育院校教材委员会审定．实用体育管理学［M］．北京：人民体育出版社，2004：28-29.

[51] 沃伦·本尼斯．成为领导者［M］．徐中，姜文波，译．杭州：浙江人民出版社，2016.

[52] 封子奇，王雪，金盛华，等．领导力的社会认同理论：主要内容及研究进展［J］．心理学探新，2014，34（2）：166-171.

[53] 钟秉枢．打造领导力——记2009国际教练员教育委员会全球教练员大会［J］．中国体育教练员，2009.4：28-30.

[54] 何慧娴，李仁臣．巅峰对话：袁伟民郎平里约之后话女排［M］．武汉：长江文艺出版社，2016.

[55] 陈林会，刘青．制约我国三大球项目发展的瓶颈与突破路径［J］．北京体育大学学报，2017，4：6-13.

后 记

回顾过往的人生历程，自己不禁有些吃惊，从初中二年级至今，已经断断续续与篮球结缘了近30年，可以说把自己最美好的青春都献给了这项运动。从当初的一名校代表队球员，到本科阶段的体育教育专业篮球专修班，再到体育教育训练学（篮球方向）的硕士生、博士生，再到执教10年CUBA代表队的主教练，再到如今的一名主讲篮球专修课程的老师。虽然所扮演的角色在不断地发生变化，但对篮球教练员执教能力及领导能力的思考和探索始终未停歇，尤其是2012年去美国NCAA学习进修并研读了大量优秀教练员执教书籍之后，深感篮球教练员领导力对其执教能力的影响是至关重要的。但研读相关文献发现，目前国内对这个领域的关注尚显不足，希望本著作能够抛砖引玉，引起大家对教练员执教领导力的思考和研究，这也是作者构思并付诸撰写本书的一个根本出发点。

本课题的核心内容是我国教育部人文社科基金项目《大学篮球教练员领导力形成机制和提升策略》（14YJC890029）部分研究成果。本课题的研究和写作之路充满着清苦和甘甜，经过多年的探索性研究，看到成果杀青，略感欣慰；另外，还要感谢我的硕士研究生，林文贤同学、张福达同学、朱晴同学，感谢他们在本课题的研究、资料搜集、部分章节撰稿等方面的辛苦付出；也感谢我所供职的体育科学学院的各位领导和同仁，没有他们的大力支持和鼓励，本书稿的集结完成是一件不可能的事情。同时，还要感谢参与本课题研究的多位同行学者。

囿于本人学养不足和精力所限，拙著中疏漏、错谬和不妥之处难免，敬请识者不吝赐教，我将在以后的研究中进一步完善。

作者简介

徐建华，1977年，男，山东济宁人，教授，体育教育训练博士（篮球方向），毕业于苏州大学体育学院，2012—2013年赴美国瓦尔帕莱索大学访问，师从美国NCAA著名大学篮球教练侯莫·德鲁（Homer Drew）。主要研究领域：篮球科学化训练；篮球教练员领导力理论与实践。曾任职于浙江工业大学，担任校男子篮球队主教练，多次获浙江省高校优秀篮球教练员称号。2014年2月调入福建师范大学体育科学学院工作。现任篮球教研室主任，运动训练专业负责人，曾在体育科学、中国体育科技、体育与科学、体育学刊、成都体育学院学报等核心期刊发表学术论文10余篇，出版专著《CUBA男子篮球比赛负荷特征及专项运动素质评价研究》《篮球项目科学化训练探索研究》两部；参编国家级规划教材《球类运动——篮球》1部，译著《高中篮球执教——打造冠军球队之路》1部。曾多次担任美国来华讲学篮球教练员的翻译和助教。本人致力于篮球运动科学化训练和篮球教练员领导力的研究。

• 论文

（1）国际运动教练学研究的前沿热点及演化分析，中国体育科技，2019.9.

（2）欧美运动训练研究态势，体育学研究，2019.3.

（3）美国大学篮球教练员的成长历程及启示，成都体育学院学报；2013.12.

（4）美国大学篮球联赛篮球队的训练特征研究，中国体育科技，2015.3.

（5）CUBA男子篮球运动员专项运动素质的位置评价，山东体育学院学报，2014.12.

（6）中国大学生篮球联赛球队科学化训练研究，体育科学研究，2014.3.

• 科研项目

（1）主持基于学习理论的教练员执教能力形成机制及提升策略研究，

17BTY094，在研。

（2）主持教育部人文社科基金青年项目一项：基于LMX理论的我国大学篮球教练员领导力形成机制及提升策略研究（14YJC890029），已结题。

（3）参与国家社科基金重大项目：体育学基本理论与学科体系建构研究（14ZDB128），在研。

（4）参与国家社科基金重点项目：国际体育科学研究新进展与我国体育科学理论创新研究（11ATY001），已结题。

● **教材**

（1）参编普通高等教育"十二五"国家级规划教材《球类运动——篮球》，高等教育出版社，2013年。

（2）公共体育专业化改革教材《篮球课堂》副主编，上海大学出版社，2014。